DE

LA MONARCHIE

FRANÇAISE.

II.

Multa dies, variusque labor mutabilis aevi
Rettulit in melius, multos alterna revisens
Lusit, et in solido rursus fortuna locavit.

(ÆNEID.)

DE
LA MONARCHIE
FRANÇAISE,

DEPUIS SON ÉTABLISSEMENT JUSQU'A NOS JOURS;

OU

RECHERCHES

SUR LES ANCIENNES INSTITUTIONS FRANÇAISES, LEURS PROGRÈS, LEUR
DÉCADENCE, ET SUR LES CAUSES QUI ONT AMENÉ LA RÉVOLUTION ET
SES DIVERSES PHASES JUSQU'A LA DÉCLARATION D'EMPIRE;

AVEC

UN SUPPLÉMENT

SUR LE GOUVERNEMENT DE BUONAPARTE,
DEPUIS SES COMMENCEMENS JUSQU'A SA CHUTE;

ET SUR LE RETOUR DE LA MAISON DE BOURBON;

PAR M. LE COMTE DE MONTLOSIER,

DÉPUTÉ DE LA NOBLESSE D'AUVERGNE AUX ÉTATS-GÉNÉRAUX.

Tome Second.

PARIS,

H. NICOLLE, à la Librairie Stéréotype, rue de Seine, n° 12,
A. ÉGRON, Imprimeur-Libraire, rue des Noyers, n° 37,
GIDE FILS, rue Saint-Marc, n° 20.

M. DCCC. XIV.

DE

LA MONARCHIE

FRANÇAISE.

SECONDE PARTIE.

Objet d'admiration pour les peuples de l'Orient sous Charlemagne, leur terreur sous Philippe-Auguste et sous Saint-Louis, maître ou dominateur de presque tout l'Occident, conquérant de l'Angleterre et de la Sicile, de l'Allemagne et de l'Italie ; modèle de grâce, de valeur et d'énergie ; c'est ainsi que le Peuple Français est signalé dans le cours des âges. Un concours de circonstances lui apporte un nouveau régime politique ; un nouveau peuple s'élève à côté de

II.   1

l'ancien peuple. Une autorité qui veut les affaiblir se dispose pour que l'un ait de l'importance sans dignité ; l'autre, de la dignité sans importance. On donne à ceux-ci les ornemens, à ceux-là la puissance. On s'étudie, pendant trois siècles, à les rendre réciproquement un objet de haine.

La convocation de 1789 est le dénoûment de ce long drame politique. On s'imagine d'envoyer à la haine et à la jalousie des hommes qui n'avaient plus que la parure des temps anciens ; et on s'étonne que cet événement soit l'occasion d'une crise. On s'étonne qu'investi de la force, le peuple regarde, comme ravisseurs de la dignité, ceux que l'autorité a poursuivis, pendant trois siècles, comme ravisseurs de la puissance.

Cependant le mouvement qu'on a imprimé n'en demeurera pas à ce terme. On a pu assigner à la barre de la multitude la noblesse de France, pour y être interrogée sur la légitimité de ses titres. Le fils de Louis XIV y sera cité lui-même. Les fleurs ne sont qu'un objet d'envie ; le glaive est un objet de crainte. Vous vous êtes complu à effacer, un à un, tous les pouvoirs secondaires, et vous avez dit en vous-même : « Je suis puissant. » Il se trouvera que vous avez détruit les étais mêmes de votre puissance. Vous voilà seul, réduit à vous sauver de votre propre faiblesse, entre un peuple proclamant sa souveraineté, la pique à la main, et des philosophes répandant partout la lumière avec des torches.

Ce peuple toutefois et ces philosophes ne seront pas épargnés. La destruction attend les instrumens de destruction. Il faut que tout tombe ; il faut que tout soit dissous, depuis le faîte jusqu'aux fondemens.

Tel a été le caractère de cette grande catastrophe ; je désire en signaler tous les traits. J'examinerai d'abord, en principe général, les causes de la chute des États, et j'appliquerai à la France celles de ces causes qui peuvent y avoir un rapport particulier. Je traiterai, dans un second livre, des mesures qui, prises dans leur sens et dans leur temps, pouvaient préserver la France ; et je montrerai que la seule mesure de ce genre était dans une grande et salutaire innovation. J'exposerai, dans un troisième livre, comment, abandonnée à elle-même et à l'esprit du temps, la France a été entraînée à l'anéantissement le plus complet qui soit connu dans l'histoire du monde!

LIVRE PREMIER.

PARMI cette multitude de gouvernemens, que l'histoire livre à notre observation, il en est de difformes, et qui, néanmoins, vivent très-long-temps. Il en est de faibles qui se conservent, comme la nacelle sur la vaste mer, tant que dure le calme; il en est de forts, que de plus forts envahissent; il en est qui éprouvent de grandes crises et qui périssent; d'autres, que ces crises mêmes fortifient. Il en est qui, sans causes apparentes, déclinent insensiblement et disparaissent; d'autres, qui parviennent à conserver long-temps les apparences de la vigueur, mais que le premier ébranlement fait écrouler. Voilà les différens symptômes; ce sont les causes que j'ai à chercher.

SECTION PREMIÈRE.

VUES GÉNÉRALES SUR LE RÈGNE DE LOUIS XIV.

Un nouveau peuple, élevé tout-à-coup parmi nous, ne pouvait manquer d'enfanter des commotions. Cette innovation une fois effectuée, amalgamer les intérêts des deux peuples, donner de la régularité à leurs mouvemens, composer avec sagesse les compartimens d'un nouvel ordre social, et le placer sur les bases d'un bon droit public : voilà où était le salut. Voyons si nous trouverons quelque chose de ces vues dans cette longue suite de siècles.

Le règne de Philippe-Auguste n'est pas totalement nul en ce genre. L'ordonnance sur les fiefs et l'appel aux principaux habitans des villes, ne sont pas des actes indifférens.

Les Établissemens de Saint-Louis furent conçus sur une échelle plus vaste. C'est une sorte de grande chartre nationale. Mais quoique cette chartre fût conçue tout-à-fait dans l'esprit du droit romain, elle n'en fut pas moins un sujet de scandale pour tous les âges qui succédèrent. Les Établissemens de Saint-Louis furent oubliés presque dès leur origine.

Les appels de ce prince aux habitans des villes eurent plus de faveur. On y voit un commencement d'ordre établi.

Je ne m'arrêterai point sur ce qu'on a appelé pompeusement, sous Louis X, *chartres de réformation*. Ce monument est misérable. Les États-Généraux, sous Philippe le Bel, ont plus d'importance. Cette composition, qui se propage dans les provinces, semble faire espérer un ordre fixe : mais cette espérance, qui pouvait se reproduire à l'époque de la rédaction de nos coutumes, s'évanouit.

En approchant de nos derniers âges, je cherche, dans ces âges si vantés pour le progrès des lumières, un siècle où on comprenne le danger de la France. Ce siècle ne

se trouve pas. L'Hôpital aperçoit le désordre, et n'y remédie pas. Nous avions besoin de lois fondamentales. François Ier
nous donne les beaux-arts. Henri IV se contente de concilier, dans l'édit de Nantes,
les contentions des catholiques et des ré-
formés. Richelieu ne sait employer, envers
la noblesse, que la perfidie et la force. Sa
manière est le système de Louis XI, repro-
duit avec méthode.

J'arrive à ce que les cent bouches de la
Renommée font retentir partout comme le
grand règne et le grand siècle. Je vais sans
doute trouver là de grandes réparations et
de grandes institutions. Je vais trouver une
bonne composition entre les intérêts du
peuple ancien et du peuple nouveau ; les
anciens vices corrigés, un nouvel ordre social bien entendu et bien affermi. Je trouve
de beaux discours et de beaux vers ; de
grands édifices et de grandes batailles ; la
volonté d'un individu à la place des mœurs
de tout un peuple. Je trouve un homme
qui, étant tout de son vivant, ne laisse rien
après sa mort. Il est possible que ce soit là
de la grandeur ; je me demande seulement

comment à une pareille grandeur s'attachera de la reconnaissance ou de la vénération.

Oui, sans doute, il est dans notre histoire de grands règnes, ainsi que de grands siècles. Ce n'est pas assez dire. Une nation fière d'elle-même et pieuse envers ses ancêtres, eût donné à ces règnes un plus noble nom. Elle les eût appelés franchement, comme les Grecs, ses temps héroïques. Ce n'est pas vers ces siècles que se portent nos hommages. Notre antiquité n'est rien pour notre admiration. Que le prince vainqueur des Allemands à Bouvines, et cet autre vainqueur des Anglais à Taillebourg, promènent, tant qu'ils voudront, leur courage à travers l'Afrique et l'Asie ! nous permettons à Annibal d'aller défendre sa Carthage sur le sol de l'Italie ; nous ne permettons pas à un peuple chrétien d'aller défendre ses autels sur le tombeau de Jésus-Christ. Tout cela est déshonoré pour les uns sous le nom de fanatisme, pour les autres, comme appartenant aux temps féodaux. Un peu de gloire ne peut appartenir à une terre où il y a des seigneurs et des vassaux. C'est à qui maudira avec le plus d'éloquence le temps où les monarques

traversant la mer et les déserts, vont mourir
simples martyrs de la religion et de la patrie.
Le temps où la guerre s'établira pour des
intérêts que la chicane du barreau aurait
peine à démêler, où le peuple prodiguera
à son chef son sang et ses trésors pour le
butin d'une ville ou d'un territoire; le temps
où le prince envoyant ses soldats au-delà
d'un fleuve, aura soin, lui, de demeurer
en-deçà, indigné (dans le langage de la poé-
sie) que sa grandeur l'enchaîne au rivage;
ce temps aura nos bénédictions. La France
de Louis XIV a nos hommages; celle de
Charlemagne et de Saint-Louis, nos dédains.

Seul, je n'oserais m'élever contre une
doctrine à laquelle s'attache toute la généra-
ration présente. Je me hâte de me réfugier
vers les générations passées. C'est au milieu
d'elles, et s'il est possible, avec leur esprit,
que je vais examiner ce que doit avoir de
valeur à nos yeux le siècle qui a aujourd'hui
notre admiration.

Une chose remarquable dans la vie des
peuples, c'est que les arts naissent toujours
à la suite de leurs longues commotions. Le
talent se produit alors comme une sorte

d'écho qui répète aux nations les grandes
choses qu'elles ont faites. Les exploits d'A-
chille nous sont redits par Homère; ceux
de Léonidas, par Hérodote ; ceux des croisades, par le Tasse. L'âme qui fut dans les
actions passe alors diversement sur le marbre, sur la toile, sur le papier. Plusieurs
siècles se sont fait une gloire de la gloire
des temps passés.

La France figure à cet égard comme les
autres peuples. A mesure que nos anciennes
mœurs pliaient sous un système violent de
compression, l'esprit détourné de ses anciennes voies, a pu, au premier moment
de repos, se réfugier dans la carrière des
lettres et des arts, mettre partout en activité
la plume, le burin et le ciseau, et répandre
sur la France la gloire des talens. Cette
gloire n'a pas été la seule.

Tandis que les hommes de lettres, ces
grands vassaux des Grecs et des Romains,
continuaient à diriger vers ces suzerains
leurs efforts et leurs affections, d'autres,
suivant une plus noble impulsion, payaient
à la patrie un plus noble tribut. Les Condé,
les Turenne, les Catinat, fidèles à la France,

continuaient autant qu'il était en eux les
temps des Godefroy, des Du Guesclin et
des Bayard. Je suis loin de contester ces
deux sortes de gloire; et pourtant, il faut
encore sur ce point savoir faire une estima-
tion juste.

Ce n'est pas la peine, dit un Père de
l'Église, c'est la cause qui fait le martyre.
On peut dire dans le même esprit, à l'égard
de l'héroïsme de la guerre : le succès ne fait
pas toute la gloire. Il faut compter pour
quelque chose la grandeur de l'objet; et
alors je me permettrai de trouver quelque
différence entre la guerre de la Flandre et
celle des croisades, entre la conquête de
l'Alsace et celle de Jérusalem. On connaît
les motifs qui ont engagé les guerres du
règne de Louis XIV; je me permettrai de
les trouver un peu au-dessous de ceux qui
portèrent toute notre jeunesse guerrière
dans l'Orient.

S'il faut rabaisser de quelque chose cette
gloire tant célébrée du talent militaire et du
courage, que dirai-je de cette autre gloire
des lettres et des arts! On raconte que les
moines, occupés de l'histoire de nos pre-

miers rois, ont mis à l'article de ceux des
princes qui n'ont fait aucun établissement
monastique, cette sentence flétrissante : *Nil
fecit.* Les hommes de lettres qui ont remplacé les moines aux fonctions de l'histoire,
les ont imités. Toutes les fois qu'ils ont
trouvé des peuples et des rois fainéans pour
les lettres, un arrêt flétrissant de barbarie
a été prononcé contre eux. Il est convenu
aujourd'hui, dans un certain public, de rechercher, non pas le temps des belles actions, mais celui des belles paroles; non les
actes, mais les livres; non l'héroïsme, mais
le goût. On compte pour peu de chose les
siècles où les actes héroïques se passent seulement sur le théâtre du monde pour l'édi-
fication de la liberté, du courage et des
mœurs; on tourne toute son admiration vers
ces actes livrés sous le nom de tragédie ou
de roman, à l'amusement du public.

On peut vanter tant qu'on voudra les talens du règne de Louïs XIV. S'il ne fallait
apprécier que sur cette règle l'assemblée
fameuse qu'on a vue se former de nos jours,
pour donner une constitution à la France,
il lui faudrait aussi des hommages. J'ai peur

que la postérité veuille juger par les résultats ce que le vulgaire juge par les discours.
Je ne me laisserai point imposer par cet
éclat de talens. La Grèce peut être brillante
au temps de Périclès. Je la vois d'avance
avec ses artistes, ses philosophes et ses
poètes en proie à Alexandre. Cette Rome
assez brillante au temps d'Auguste, je la
vois tomber sous les mains de Tibère, et se
précipiter de là dans celles des légions. Des
nations modernes ont fait assez de bruit sur
la scène du monde. L'Espagne a peine à se
remettre aujourd'hui de son Charles-Quint,
la Suède de son Charles XII. La Prusse,
qui a tant brillé sous nos yeux, a succombé
sous nos yeux. La France a brillé aussi sous
Louis XIV. Qu'est-elle devenue sous son
petit-fils? Je l'ai vue en pièces; et la plus
grande réunion de talens qui se soit vue sur
la terre, n'a pu la sauver.

Qu'on pense ce qu'on voudra de cette
gloire; je m'arrêterai à une seule expression: *le siècle de Louis XIV*; cela veut-il
dire que Louis XIV ait été le générateur
de ce siècle, ou seulement son contempo-
rain? Rome a été appelée *la ville de Mars;*

Bysance, *la ville de Constantin;* plusieurs
villes, plusieurs peuples ont reçu ainsi le
nom de leur créateur. Je me demande s'il
en est ainsi du siècle de Louis XIV; je me
demande si ce prince nous est né, comme
Pierre Ier, dans un pays sauvage ; s'il a bâti
nos villes, défriché nos forêts, et porté chez
nous les élémens de la civilisation. Du côté
de la gloire littéraire, je cherche quelle impulsion ont reçue de son génie Corneille et
Racine, La Fontaine et Boileau, Bossuet et
Fénélon. Je m'interroge de même sur Turenne et Condé, Vendôme et Catinat. Il
se trouve que, sous Louis XIV, la France
est, non un pays nouveau et sauvage, mais
une terre antique, pleine de beaux souvenirs et de l'éclat des âges passés. Il se trouve
que les grands hommes, dont une méprise
fait honneur à Louis XIV, ont tous été cé-
lèbres avant lui et sans lui. Dès ce moment, la question est ramenée à ses véritables termes.

Si on considère Louis XIV sur le pié-
destal de notre ancienne grandeur, nul
doute qu'il ne paraisse très-élevé. Pour le
juger, il faut le voir, non dans sa jeunesse,

avec l'éclat qu'il a trouvé tout préparé, re-
cueillant tranquillement le fruit des siècles ;
mais, dans ses vieux jours, au milieu des
fruits qu'il a semés, et des résultats enfantés
par sa sagesse. Il faut le voir, non avec Turenne et Condé : ces grands hommes ne
lui appartiennent point ; mais avec Villeroy et Chamillard ; c'est-à-dire, avec les
hommes de sa création et de son choix :
voilà ce qui est véritablement à lui. Je vais
nommer le véritable siècle *de* Louis XIV ;
c'est le siècle *de* Louis XV et *de* Louis XVI.
Voilà l'héritage que ce prince a véritablement composé, et qu'il nous a laissé.

Tout pour soi, rien pour le pays ; tout
pour le présent, rien pour les âges ; proclamer pompeusement, comme lois, des ordonnances réglementaires ; avoir un grand
soin que la puissance pénètre commodé-
ment jusqu'aux dernières classes du peuple ;
ne rien faire pour que les besoins du peuple
parviennent à la puissance ; de la magnificence, au lieu de grandeur ; de la décoration, au lieu de force ; enfin un système
continu de compression, à l'effet d'obtenir
un état continu de repos : tel a été l'esprit

de ce règne. Je me représente un père de
famille, sans soin des générations futures,
sans souci des générations passées, plaçant sur sa tête la paix, la gloire, la sûreté
de sa maison. Si un tel homme mérite la
reconnaissance de ses neveux, nous en de-
vons beaucoup à Louis XIV.

La conduite de Louis XIV envers la noblesse française mérite une attention particulière. On a beaucoup cité sa résolution
d'aller mourir à la tête des gentilshommes
de son royaume. Sous Henri IV, cette résolution pouvait encore avoir du sens ; sous
Louis XIV, elle n'est plus qu'une rodomon-
tade. Cette pompe de paroles tient à tout
un système qu'il faut connaître.

En étudiant l'esprit des deux derniers
siècles, une idée principale, à laquelle on
est forcé de s'arrêter, c'est que la noblesse
est regardée comme un ennemi public. Son
esprit, ses institutions, ses mœurs, sont
traités comme autant de choses incompatibles avec l'ordre de l'État. On peut comparer, sous ce rapport, la noblesse et la religion protestante. L'une et l'autre sont in-
quiètes, turbulentes, et, quoi qu'on fasse,

II. 2

obstinées dans l'esprit de révolte. Il serait
facile de montrer, à l'égard de la religion
protestante, comme à l'égard de la noblesse, à quoi tiennent ces dispositions. Je
me demande seulement comment, dans
cette parité de situations, il n'est venu à
la pensée de qui que ce soit d'appliquer
à la noblesse la grande mesure de la Saint-
Barthélemy, et de la révocation de l'édit de
Nantes. Il faut connaître les causes de ces
ménagemens.

Le sort de la noblesse française, depuis sa
décadence, est d'être constamment, sous
divers rapports, un objet d'admiration et
de haine, de persécution et de faveur.
Louis XIV trouva ces dispositions toutes
faites, et il les suivit. D'un côté, comme
le lustre des anciennes institutions plaisait
à ce qu'il y avait de magnificence dans sa
vanité ; et comme, d'un autre côté, le ton
absolu des nouvelles doctrines flattait beaucoup son orgueil, il marcha sur cette double ligne. Des serviteurs bien dressés eurent
soin de ramasser autour de lui tout ce qui
s'était introduit des anciennes mœurs romaines, avec l'attention de ne leur laisser

que ce qui pouvait propager l'esprit servile. Ils y ajoutèrent tout ce qui avait pu
se conserver des anciennes mœurs fran-
ques, en les élaguant de manière à ne leur
laisser que ce qu'elles pouvaient avoir de
pompeux.

Tel fut l'esprit hypocrite de ce nouveau
système. Il consista à fondre ensemble toute
la bassesse de Rome, au temps de Tibère et
de Domitien, avec tout l'éclat de la France,
au temps de Philippe-Auguste et de Saint-
Louis. Il consista à répandre, dans les
esprits, une obéissance de crainte qu'on
eut soin d'apprêter pour le monarque, de
manière à lui faire trouver le goût d'une
obéissance d'amour. Il fut convenu de parler beaucoup d'honneur, de chevalerie, de
noblesse. Il fut question même de rétablir
les anciens tournois.

Mais, en même temps qu'on parlait d'honneur, on en craignait l'énergie : on désho-
norait le duel. En même temps qu'on parlait de noblesse, on craignait ses anciennes
institutions ; on effaçait ce qui restait de ses
anciennes mœurs. On repoussait de toutes
parts des institutions solides et fécondes. On

composait de toutes parts un éclat passager et
stérile. Un monarque ne crut pas alors qu'il
eût été fait pour le monde social , mais
comme le créateur , que ce monde avait
été fait pour lui.

Grâce aux Mémoires récemment publiés,
nous connaissons aujourd'hui les pensées secrètes de ce monarque. *Les peuples sont nés
pour obéir sans discernement , et les rois
pour posséder tout et commander à tout.*
Telles sont les instructions données par un
prince français à son fils.

J'ai peu de réflexions à faire sur ces
maximes; j'admire seulement comme elles
se généralisent , comme elles placent tous
les rois sur la même ligne , sans égard à la
différence des mœurs et à la différence des
temps. Bossuet nous a parlé d'une seconde
religion due à la seconde majesté : il n'a pas
été assez loin. Quand les Romains se dé-
cidèrent à donner à leurs souverains une
autorité de ce genre , ils ne les laissèrent
plus des hommes : ils en firent des dieux ;
ce que j'approuve fort. Sans cela , la servitude n'est pas seulement vile , elle est
insensée.

Toutefois il est sur ce point des vérités que l'humeur ne doit pas pervertir, et que l'esprit de raison ne doit pas dépasser.

Il faut savoir distinguer, dans les grands mouvemens des états, comme dans les mouvemens ordinaires, un despotisme de détermination, qui est, non seulement admis et toléré, mais qui est encore un objet d'estime. On aime qu'un homme, qui a à se défendre d'un grand danger, ou à conduire une grande entreprise, porte, dans ses démarches, cette sorte de résolution absolue qui semble ne plus admettre ni hésitation, ni résistance. Ce despotisme, que développent des situations extrêmes, ou la passion des grandes choses, n'a rien d'insultant pour celui qui le subit, ni de trop superbe pour celui qui l'exerce. Ce n'est que le noble élan de cette énergie, avec laquelle, le but une fois indiqué, un homme d'un cœur robuste s'efforce de l'atteindre.

Tant que le despotisme de Louis XIV s'est montré aux Français avec quelque chose de ce caractère, il a été honoré et secondé. Mais, quand on a vu ce prétendu despote l'esclave d'une femme et d'un pré-

tre ; quand, cessant de marcher avec le
cortége des Turenne et des Louvois, on
l'a vu s'entourer systématiquement de ministres faibles, donner aux armées ses favo-
ris pour généraux ; confondre, dans le rang
de ses successeurs, les fruits du mariage et
ceux de la fantaisie ; quand on l'a vu montrer, dans ses actes de despotisme, non plus,
comme autrefois, la passion du succès, mais
la frénésie de l'orgueil ; ne plus donner au
peuple français, pour dédommagement de
l'humiliation au-dedans, que de l'humiliation au-dehors ; quand on a vu cet homme
si vain mendier une paix honteuse, offrir
de s'armer contre son propre fils, et proclamer pour dernière ressource d'aller mourir à la tête d'un ban et d'un arrière-ban ;
on ne peut s'étonner que celui qui, dans ses
premières années, avait vu partout sur ses
pas le dévouement et l'affection, n'ait plus
trouvé, à leur place, dans sa vieillesse, qu'un
sentiment confus de honte et de haine. Le
despotisme qu'il ne cessait de proclamer, a
paru une extravagance. Les hommes les
plus marquans se sont séparés d'une cour
livrée à des femmes et à des jésuites. La

haine publique est allée croissant , comme
le mélange de faiblesse et d'orgueil qui en
était l'objet. L'homme qui , pendant une
grande partie de sa vie , avait reçu les res-
pects et l'admiration , a semblé succomber
en mourant , moins sous le faix de la maladie , que sous celui des malédictions.

C'est ainsi que la gloire de cet homme
est tombée. J'ai à préparer le lecteur à un
autre événement : c'est que l'État va tomber avec cette gloire. On connaît la réponse de Louis XIV au parlement , qui ,
dans ses remontrances , alléguait le bien de
l'État : *Je suis l'État*. Cette réponse me
plaît : je trouve qu'elle justifie complète-
ment le tableau que j'ai présenté.

Dans les temps anciens , je ne dis pas
seulement l'État , mais la royauté elle-
même n'était pas toute entière dans la personne du monarque ; c'était un grand office
qu'on n'apercevait qu'avec un cortège de
Leudes , de féaux , de barons , réglé par
les coutumes antiques. Le monarque était
ainsi une sorte d'individu collectif qui mar-
chait entouré de toute la sagesse de l'État ,

en même temps qu'il était dépositaire de
toute sa puissance. Un tel roi était essen-
tiellement sage , éclairé , puissant : il était
même immortel. Il a été de principe en
France, que *le roi ne meurt pas*. Dans une
telle constitution de choses, ce n'est pas
l'État qui est dans la personne du prince ;
le prince disparaît lui-même, et se confond
dans l'État. Au contraire, si c'est l'État qui
se confond dans la personne du prince , ce
déplacement aura des conséquences qu'il
est facile de prévoir.

Quand tout l'État est dans la personne du
prince, la royauté qui n'est plus un office n'a
plus besoin d'instrumens officiels. Le prince,
qui n'est plus qu'un individu, n'a plus à
gouverner qu'avec les instrumens qui sont
propres à un individu. N'ayant plus de lois
et de droits à connaître, mais seulement
ses volontés, il n'a que faire d'avoir pour
conseillers, des pairs ou des hauts barons ;
il est beaucoup plus simple d'avoir des
complaisans ou des maitresses. Il faut se
moquer de ces temps gothiques, où le conseil d'État se tenait au Champ de Mars. Il

est beaucoup plus commode de l'établir avec des courtisans dans des salons, ou avec des femmes dans leurs boudoirs.

Et voilà ce qui constitue la différence de ces règnes d'autrefois, si méprisés, avec ces nouveaux grands règnes, auxquels nous portons tous nos honneurs. Autrefois, c'était le prince qui cherchait à s'agrandir, et à se mettre à la mesure de l'État ; ici, c'est l'État qui est forcé de se rapetisser, et de se mettre à la mesure du prince. Dans les règnes d'autrefois, les matières d'État étaient franchement des matières de l'État ; dans les grands règnes d'aujourd'hui, ce sont des cas de conscience. On consulte une femme pour savoir s'il faut faire la guerre, et la Sorbonne pour savoir s'il faut mettre des impôts. Dans les règnes d'autrefois, le monarque, avant d'entreprendre une expédition, appelait les grands pour conférer sur les intérêts publics : dans le règne qui a nos hommages, le monarque arrive au sénat en bottes et avec un fouet, pour imposer ses volontés.

Laissons-là les règnes de Saint-Louis et de Charlemagne. Je vais citer Tibère. Tibère

lui-même affecta de porter honneur et respect au sénat Romain. Un jour qu'on lui
adressait des ambassadeurs d'Afrique : « ce
« n'est pas devant moi, dit-il, c'est devant le
« sénat qu'ils doivent se présenter. » S'em-
portant un autre jour dans les délibérations :
« pardonnez, reprit-il, si en ma qualité de
« sénateur j'ai dit quelque chose trop librement. » Aux temps corrompus de la régence, un prêtre put, en présence du prince, refuser la communion chrétienne à une
princesse d'une vie désordonnée. La débauche respecta la vertu ; et nos mœurs religieuses eurent la liberté du scandale. Il n'en
est pas ainsi sous *le grand règne.* Il ne
reste à la France qu'une apparence de sénat : il est insulté. On donne un air de
piété aux proscriptions des Cévennes et de
la révocation de l'édit de Nantes ; et cependant un zèle religieux qui n'a pu pardonner
à des erreurs, commande hardiment le respect pour des vices. On voit élevés au même
rang et associés aux mêmes droits, les enfans de l'hymen et ceux de la débauche.

Louis XIV répond aux remontrances du
Parlement : *Je suis l'État.* Cette réponse est

très-sensée. Elle explique à merveille comment l'État, qu'on regarde généralement comme quelque chose de fort et de solide, va subir toutes les vicissitudes de fragilité ou d'infirmités qui appartiennent à la faiblesse humaine. Heureuse situation que celle d'un État dont le sort est d'agir quand le prince agit, de veiller quand il veille, de dormir quand il dort, et enfin tomber quand il tombe.

SECTION DEUXIÈME.

Le règne de Louis XIV n'ayant su prévenir notre ruine, et l'ayant au contraire consommée, il ne reste plus qu'à étaler les causes intérieures qui ont provoqué notre chute. Nous pouvons compter désormais les plaies de la France comme on a compté autrefois les plaies de l'Egypte. Nullité de droit public, décadence de la religion, dégoût de la patrie, corruption des mœurs, affaiblissement du caractère national : tels sont les grands acteurs de la calamité révolutionnaire. Commençons par les signaler. Nous les verrons bientôt en scène.

ABSENCE DE DROIT PUBLIC.

QUELQUE opinion qui soit établie aujour-
d'hui contre le gouvernement féodal, c'est
l'ancien gouvernement de la patrie; il a
fait notre gloire pendant des siècles : ce
gouvernement a mon respect. Non que je
le regarde comme applicable aux temps
modernes; le temps en amenant de nouveaux évènemens amène aussi pour les nations de nouvelles habitudes. Il amène également de nouvelles constitutions. Que ce
gouvernement, chef-d'œuvre de grandeur
pour les temps où il a existé, ait été em-
porté par le torrent des âges, c'est la condition de fragilité attachée aux choses humaines. Ce qui m'étonne, c'est qu'il n'ait
pu être remplacé par aucun autre gouvernement.

Le scandale, à cet égard, est d'autant
plus éclatant, que ce n'est pas la France

seule qui a affranchi ses serfs. Le reste de
l'Europe qui a participé à cette mesure, a
participé aussi à ses effets. Et cependant on
est arrivé partout à des modes de constitution fixe. Je vais me replacer un moment
à l'époque de l'affranchissement général, et
me permettre là quelques suppositions.

Se contente-t-on de faire quelques modi-
fications à l'état de servitude? La France
peut se trouver reportée à ses anciens
Champs de Mars. Elle revient peut-être
à ses rois électifs. Sa représentation politique organisée comme au temps de Charlemagne, forme une diète composée de
tout le peuple, c'est-à-dire de tous les chefs
de domaine. Nous avons alors une constitution qui tient de celle de la Pologne.

Accorde-t-on aux habitans des campagnes comme aux villes des droits et une représentation politique? Nous avons de cette
manière quatre ordres au lieu de trois. Nos
Parlemens de barons peuvent prendre en
même temps la constitution d'un sénat per-
manent; nous avons une constitution qui se
rapproche de celle de la Suède.

Après avoir affranchi les communes et les avoir érigées en souverainetés, laisse-t-on ces concessions s'affermir et se consolider ? Les villes de Lyon, de Nantes et de Marseille se constituent dans la forme des villes anséatiques et impériales. Les comtés de Champagne, de Flandre et de Toulouse, les duchés de Normandie, de Bourgogne et de Bretagne se transforment en électorats. Nous avons une noblesse médiate et immédiate, même des landgraviats et des margraviats. La France arrive ainsi à la forme de constitution qui a caractérisé de nos jours le corps germanique.

Enfin, en attaquant la féodalité et la noblesse, ôte-t-on à celle-ci tout reste d'essor et d'énergie ? A la première commotion elle se trouve trop heureuse d'aller demander des lettres de bourgeoisie à la chambre des communes. Nos états-généraux prennent de cette manière un mode plus régulier et plus stable ; la représentation politique de la France se compose sur des formes semblables à celle qu'a subie la Grande-Bretagne.

À Dieu ne plaise que je veuille me rendre l'apologiste d'aucunes de ces formes de gouvernement. Je ne les rappelle que pour montrer que les autres nations de l'Europe avaient touché, comme la nôtre, à leur ancien système de civilisation : elles avaient su s'en former un nouveau. La Suède, le Danemarck, la Pologne, l'Allemagne, l'Angleterre, s'étaient composé ainsi des constitutions positives d'une pratique constante. La France n'avait rien.

Ah ! c'est que chez les autres nations de l'Europe, les attaques qui avaient été violentes s'étaient terminées par des transactions qui avaient été franches. Un système précis avait toujours suivi chez elle un système contesté. Tout était bien connu dans les attaques : le motif et l'objet. En France, au contraire, comme les attaques avaient été constamment hypocrites, elles n'avaient laissé que des résultats incertains. D'un côté, tout était ténébreusement miné; d'un autre côté, tout avait été clandestinement élevé. Les choses nouvelles avaient chassé tout doucement les choses anciennes, et elles s'étaient hâté partout d'usurper les noms anciens, de peur qu'on ne s'aperçût qu'elles étaient nouvelles.

Quelques personnes ont prétendu, en 1789, que la France n'avait pas de constitution. Je ne sais s'il est très-prudent de prononcer une assertion semblable dans un temps où les esprits se portent avec ivresse vers toutes les idées de bouleversement. Je crois au moins que dans aucun temps elle n'a pu être prononcée d'une manière absolue. L'ordre de la succession au trône était certainement consacré. Le Roi était le chef de l'armée et de la force publique. Le Parlement dispensait la justice : quelques provinces et le clergé avaient leurs états. En point de droit, il ne nous manquait ni de monumens ni de chartres.

Mais en convenant qu'il existait, à quelques égards, un ordre établi, on m'accordera que rien n'était clair, réglé, défini. Parmi nos institutions quelques-unes existaient de droit, et n'existaient pas de fait ; d'autres existaient de fait, et n'existaient pas de droit. Il y en avait qui étaient généralement consacrées, et qui pourtant n'avaient pas de base ; d'autres étaient consacrées comme ayant une base antique, et n'avaient qu'une base imaginaire. Les états-généraux, avec le droit d'accorder l'impôt et de coopérer aux lois, passaient pour exister de droit : ils n'existaient pas de fait. L'usage des lettres de cachet et des impôts arbitraires s'était établi de fait, il n'existait pas de droit. Considérés comme corps judiciaire, les Parlemens exerçaient, sans oppositions, les fonctions qu'ils s'étaient faites. Recherchée en point de droit, l'étendue qu'ils avaient donnée à ces fonctions aurait pu ne pas paraître légitime. L'ordre de succession était légitime, mais en le rapportant à la loi Salique, il se trouvait sans base réelle.

Les parties prises séparément n'offraient pas plus de consistance que le tout. Chacun a fait des déclarations contradictoires dans sa cause. Les Rois ont déclaré qu'ils ne pouvaient mettre d'impôt sans le consentement du peuple; ils ont proclamé une doctrine contraire. Les Rois ont déclaré que rien ne pouvait s'instituer en France sans le libre enregistrement des Parlemens;

ils ont déclaré qu'ils pouvaient s'en passer. Les Parlemens, de leur côté, ont
déclaré qu'ils étaient les représentans des
Parlemens de barons; ils ont déclaré qu'ils
n'étaient que des commissions judiciaires.
Ils ont déclaré avoir le droit d'arrêter l'exécution des édits du Roi; ils ont déclaré n'a-
voir que le droit de remontrance.

On s'est récrié avec raison contre la confusion de treize parlemens, d'un grand
nombre d'états particuliers, ainsi que d'une
multitude de constitutions, de capitulations
et de prérogatives particulières. On s'est
récrié encore plus contre la diversité des
coutumes: mais au moins le même territoire
se gouvernait uniformément par la même
coutume. Qu'eût-on dit d'un tribunal qui
eût voulu juger les mêmes causes, un jour
par la coutume d'Auvergne, un autre jour
par la coutume de Paris, un autre jour par
le droit romain? Jusqu'alors ce serait pour...

L'autorité royale était dans la situation
de ce tribunal. Un jour elle invoquait le
droit féodal; un autre jour le droit romain;
un autre jour le droit divin. Un jour elle
était limitée par les lois fondamentales; un

autre jour elle était illimitée. Un jour ses actes cassaient les actes du Parlement ; un autre jour, c'était le Parlement qui cassait ses actes. S'agissait-il de traités onéreux passés dans des momens de détresse ? ces actes étaient radicalement nuls, comme ayant été faits sans la participation des Parlemens. Ces mêmes Parlemens s'avisaient-ils de faire des remontrances qui ne plaisaient pas ? ils n'étaient plus qu'une commission royale et des jugeurs.

Il en était de même de la féodalité. Quelque aversion que l'on eût pour ce régime, il fallait bien plaider dans ses principes, lorsqu'il s'agissait de régler des points de contestation relatifs aux fiefs réunis à la couronne. La noblesse se saisissant de ce titre comme d'un titre commun pour relever ses prérogatives, on se hâtait de revenir à la maxime que la féodalité était un régime d'usurpation. Ce sera peut-être alors l'état antérieur de la féodalité qui sera légitime. Point du tout. On voulait bien alléguer l'état antérieur à la féodalité pour établir contre la noblesse les accusations de brigandage ; mais de peur que les esprits ne fus-

sent tentés de rattacher l'autorité au régime
des Champs de Mars et de Mai, on repoussait de nouveau ce titre, pour aller se placer
je ne sais où, dans quelques chapitres du
droit romain et du Deutéronome.

Tel était l'état de la France. On pouvait
reconnaître qu'elle avait eu autrefois une
constitution et un gouvernement. On en
trouvait partout des traces, mais on ne trouvait aussi que des traces. Les anciennes institutions n'avaient laissé partout que des
ombres. On avait, en place des anciennes
réalités, des apparences. On avait des pairs
et des Parlemens qui étaient une apparence
des anciens pairs et des anciens Parlemens.
On avait des ducs, des comtes, des baillis,
des gouverneurs qui étaient une apparence
des anciens ducs, des anciens comtes, des
anciens baillis, des anciens gouverneurs.
On avait de même une noblesse qui était
une apparence de l'ancienne noblesse, une
féodalité qui était l'apparence de l'ancienne
féodalité. On avait en apparence des aveux
et dénombremens, ainsi que des foi et hommages.

Il n'est pas jusqu'au pouvoir absolu, le-

quel, dans l'esprit de beaucoup de personnes, était la véritable constitution de l'État,
et qui pourtant était encore une apparence.
Ce pouvoir, que tout le monde se réservait
de mutiler; le clergé, à raison de ses immunités; le Parlement, à raison de l'inamovibi-
lité de ses offices; les provinces, à raison
de leurs états et de leurs capitulations particulières; la noblesse, à raison de ses prérogatives, disparaissait ensuite comme une
ombre vaine en présence des lois fondamentales. Depuis quelque temps, le gouvernement ne pouvait faire un pas, sans rencontrer ces fameuses lois, qui, devenues pour
la liberté ce que les cas royaux avaient été
pour le pouvoir, étaient de même vues partout, étendues à tout, et n'en étaient pas
moins elles-mêmes une apparence. Il faut
lire l'article *Lois fondamentales*, dans le
cahier des États de 1614 : c'est une véritable curiosité.

Cet état de notre droit public n'est pas la
seule singularité qui nous soit propre.

Tous les peuples, soit anciens, soit modernes, ont, en général, une histoire; on
n'en peut dire autant de la France. Tous les

jours on reconnaît que nous n'avons rien à quoi on puisse véritablement donner ce nom. D'un côté, notre histoire semblait impossible à comprendre; d'un autre côté, elle était impossible à écrire.

Et d'abord, comme nos études étaient toutes grecques et toutes romaines, il était assez simple que notre histoire fût grecque et romaine. Le peuple nouveau qui s'était élevé était aussi étranger à la France qu'à la Chine. Ce n'est pas assez dire. Ce qui restait de la France ancienne n'était pas seulement étranger, c'était odieux. Rechercher nos faits authentiques, n'eût pas été seulement une entreprise impopulaire, mais une entreprise inutile. Ce fut pendant long-temps une chose établie, que notre histoire ne valait pas la peine qu'on s'en occupât; elle ne présentait aucun intérêt à des juristes, qui ne connaissaient que le droit romain. Elle n'en présentait pas davantage aux hommes de lettres; elle n'était pas *écrite avec goût.* Selon eux, c'était Tite-Live qu'on devait lire, et non pas Grégoire de Tours; c'était Hérodote, et non pas Hincmar. Pour ce qui est du clergé, il eût volontiers étudié les

Capitulaires du royaume de Juda, s'il y en avait eu ; mais ceux de Charlemagne et de Louis le Débonnaire! Je ne suis nullement étonné qu'à la renaissance des lettres, sous François Ier, nos annales aient été complétement oubliées. La première édition de nos lois Saliques n'a paru qu'à la fin du seizième siècle.

Ce champ a été pourtant exploité comme les autres ; mais ce n'était pas peu de chose que s'y faire une route : l'état où se trouvaient les institutions était une première source de difficultés. Nous avions un roi qui n'était pas la même chose que les anciens rois, des pairs et des Parlemens qui n'étaient pas la même chose que les anciens pairs et les anciens Parlemens. Nous avions de même des ducs, des comtes, des seigneurs et des nobles tout différens des anciens personnages de ce nom. Tout était plein de fictions, substituées aux réalités.

Ce n'était pas tout d'apercevoir un tel état de choses ; il fallait encore, pour une histoire, apercevoir les filiations successives par lesquelles il avait passé. Cette difficulté était infinie.

Les destructions et les recompositions
ne s'étant presque jamais opérées que par
nuances progressives, et, en quelque sorte,
insensibles, il était d'autant plus facile de
commettre des méprises, que l'institution
nouvelle, se plaçant dans le moule de celle
qui l'avait précédée, elle avait retenu quelque chose de ses formes. Un objet nouveau
se trouvait consacré alors, tout en retenant
un nom, et, à quelques égards, une figure
antique. Les Parlemens de légistes s'étaient
mis ainsi tout doucement à la place des
Parlemens de barons; les pairs à brevet à
la place des anciens pairs; le pouvoir de
Louis XIV à la place du pouvoir de Louis
le Gros. La transmission héréditaire de la
couronne s'était défait de même, à petit
bruit, du droit électif. Toutes les institutions nouvelles de la France étaient rem-
plies de ces mensonges, colorés d'un vernis
antique, qui les rendait inexplicables et
inconcevables.

La vérité, dans notre histoire, n'était
pas facile à connaître. Une fois connue,
elle n'était pas facile à produire. On avait

au-devant de soi la consécration de certaines doctrines, le crédit de certaines prétentions, jusqu'à un certain point même, la
sûreté de l'ordre établi.

Dans tous les temps, il a été beau de regarder les dépositaires du pouvoir comme
les mandataires de Dieu même, qui est la
source de tout pouvoir. Bossuet a pu appeler, en ce sens, la soumission des peuples
*une seconde religion due à la seconde ma-
jesté.* Il faut prendre garde toutefois aux
dispositions du temps dans lequel on parle;
il faut prendre garde que, dans un pays
habitué à vivre avec des mœurs et des institutions antiques, sous une autorité subor-
donnée à ces mœurs et à ces institutions, il
ne soit entendu par là que tout est à la volonté et à la discrétion d'un seul homme. Le
droit divin des rois, pris une fois à la lettre,
on sent que notre histoire devient inintel-
ligible. Ce n'est pas seulement le seigneur de
Puyset qu'on trouvera irréligieux, pour
avoir osé lutter contre la seconde majesté
de Louis le Gros. La féodalité entière sera
réputée un scandale. Que faire, avec cette

doctrine, des Champs de Mars et de Mai, des Capitulaires, des Établissemens de Saint-Louis et des Parlemens de barons?

Les prétentions particulières n'offraient pas moins d'obstacles. Si les histoires de M. de Boulainvilliers et de M. l'abbé du Bos ont été écrites de manière à passer, l'une, pour une conspiration de la noblesse contre le tiers-état; l'autre, pour une conspiration du tiers-état contre la noblesse, combien d'autres productions de ce genre auront pu être regardées de même comme des conspirations en faveur des Parlemens contre les monarques, ou en faveur des monarques contre les Parlemens?

On ne se douterait pas du poids qu'ont eu, à cet égard, les plus faibles considérations. Veut-on savoir pourquoi le président Hénault, M. de Valois et l'abbé du Bos, ont tort de nier l'existence de la noblesse sous les deux premières races? Le voici : « Cette prétention injurieuse au sang de « nos premières familles, ne le serait pas « moins aux trois grandes maisons qui ont « régné sur nous. L'Histoire éclairerait des « siècles où elles auraient été des familles

« communes ; et, pour que Chilpéric, Pé-
« pin , Hugues Capet fussent gentilhom-
« mes, il faudrait aller chercher leur ori-
« gine parmi les Romains ou les Saxons ;
« c'est-à-dire, parmi les nations subju-
« guées. »

Ces considérations ne sont point d'un
écrivain ordinaire ; elles sont d'un des plus
beaux génies qui aient honoré la France.
On peut juger par là combien la vanité était
facile à blesser.

On peut juger aussi combien devait donner d'alarme tout ce qui touchait à l'ordre
établi. Une histoire de France, écrite avec
candeur, eût paru un acte d'accusation contre tout ce qui existait. La sûreté des temps
présens semblait commander la diffamation
des temps passés. Et voilà comment, par
l'effet d'une certaine situation des États, une
histoire peut devenir impossible à composer, ou impossible à produire.

INDIFFÉRENCE POUR LA PATRIE.

Les anciens prenaient pour devise dans leurs guerres *pro aris et focis*. Cette devise ne pouvait plus nous convenir. Dans ces derniers temps, c'est contre la religion et la patrie qu'on aurait voulu s'armer, et non pas pour elle. L'attiédissement sur les matières de religion se produit assez souvent à la suite des grandes dissensions religieuses. Le dégoût de la patrie est de même un résultat des longues dissensions civiles.

Ces dissensions qui ont divers caractères, peuvent aussi avoir divers effets.

Dès que les déchiremens se font, on s'y précipite avec frénésie. Peu à peu on s'y voit engagé avec peine. On finit par s'en arracher avec dégoût. Il est difficile d'aimer long-temps et avec affection une patrie qui, dans les malheurs publics, offre des douleurs à tous, et qui, dans le succès, n'offre d'avantages qu'à un petit nombre. On tourne alors ses regards vers sa maison, ses vergers et ses champs; un sentiment profond de lassitude s'établit et se propage. Ce sentiment est parfaitement exprimé par le premier des poètes, quand il dit : *Non res romanœ perituraque regna*. Il l'est également bien par le premier des historiens, lorsqu'en parlant d'Auguste, il dit : *Militem donis, populum annonâ, cunctos dulcedine otii pellexit.*

La même situation peut être amenée par une guerre cachée et intestine. On aime peu un champ qu'on a défriché une fois au hasard, et qui n'a ni limites ni étendue déterminées. On s'y affectionne davantage, s'il a des bornes; plus encore, s'il est joint à notre demeure : il s'associe alors aux affections habituelles de la famille et de la maison. Il en est ainsi pour les intérêts de la patrie. On s'attache à des droits connus, fixes, réguliers. On ne s'attache pas à des droits inconnus, qui n'ont ni limites précises ni étendue stipulée, et qui se trouvent envers les autres droits dans un état habituel d'hostilité.

Cette indifférence, qui est en soi un grand phénomène, peut être regardée pour

tout État, comme un avant-coureur de sa
perte.

Des idées, qui ne se rapportent ni à un
passé ni à un avenir, annoncent cette dissolution de la raison, qu'on appelle démence.
Des sentimens désordonnés annoncent dans
la conscience cette autre dissolution qu'on
appelle débauche. Le défaut d'ensemble
dans l'organisation sociale annoncera aussi
sa fin prochaine. Et alors, de même que dans
les individus, le dégoût de soi est précurseur de cette démence particulière, qui se
termine par le suicide, dans les crises qui
précèdent la fin d'une nation, on remar-
quera, et le même dégoût de soi, et aussi
une tendance générale à sa destruction. Ce
phénomène était annoncé depuis long-temps
par un autre phénomène.

Si vous voyez un individu rechercher les
maisons des autres, se produire sans cesse
hors de la sienne, hors de ses intérêts, de
ses affaires, soyez sûr qu'il y a, dans l'intérieur du ménage, mécontentement, inquiétude, ennui. Le premier indice du bonheur
domestique est l'amour de la maison. Il en
est de même d'un État : le premier indice

du bonheur public est l'amour du pays. La préférence que l'on donne à son pays, l'honneur qu'on lui porte, le goût et les inclinations sédentaires ; c'est à ces traits que l'on peut reconnaître la satisfaction générale.

La France ne présentait rien de semblable ; c'était au-dehors qu'il fallait chercher quelque affection pour nous. Telle était la force des souvenirs, que, malgré notre décadence, les nations étrangères continuaient à nous accorder de l'intérêt. Notre sol était regardé comme une sorte de mère-patrie, de laquelle s'étaient répandus tous les bienfaits de la civilisation. On peut dire qu'il n'y avait qu'un seul peuple en Europe, qui n'aimât pas la France ; c'était le peuple français.

On a beaucoup blâmé la manie qui portait nos Français voyageurs à nous vanter les contrées étrangères. Il serait difficile du moins de la trouver inconséquente. Il était assez simple que ces voyageurs aimassent à nous produire les nations vivantes qu'ils avaient parcourues, lorsque les avocats, les orateurs et les poètes étaient sans cesse à nous vanter des nations mortes,

Je ne vois, chez les uns et chez les autres, que la même désertion du pays : ceux-ci dans les temps anciens, ceux-là dans les temps modernes.

De toutes manières, ce nouvel engouement était moins déraisonnable.

La Prusse, l'Angleterre, l'Italie, qui étaient le principal but de ces voyages, avaient avec nous des relations habituelles, et par conséquent bien plus de lumières à nous donner que les institutions de Lacédémone ou celles de la Judée. De tels voyages auraient pu nous être utiles, s'ils avaient été entrepris d'une manière convenable. Mais des hommes légers, qui allaient chez les nations étrangères, ne nous en rapportaient que des futilités. Ce qui frappait, aux revues prussiennes, nos tacticiens en faveur, ce n'était pas l'organisation savante de cette armée, c'était la forme d'une ganse ou d'un chapeau ; c'étaient des actes ou des règlemens minutieux de discipline.

L'Italie, qui était un autre but de voyages, et qui, sous beaucoup de rapports, pouvait nous intéresser, nous valut de même des caricatures. Il n'était aucun voyageur qui ne se crût obligé d'établir parmi nous la musique italienne. On ne concevait pas qu'il pût y avoir quelque obstacle dans la différence des mœurs et des langues. Presque tous ignoraient que cette musique italienne, si vantée, a été elle-même apportée de France.

L'Angleterre a été, à son tour, un objet d'engouement. Je ne conteste pas, à plusieurs égards, les avantages de ce pays : il faut en connaître le principe.

Depuis l'anéantissement de la féodalité, tout était, en France, dans un état de confusion et de désordre. En Angleterre, les circonstances avaient fait que tout avait pu se régler et se classer. Les droits de la chambre des communes, de la chambre haute et du roi, ont pu ainsi s'ordonner, et recevoir une pratique régulière et constante. Ce partage fait, il est nécessaire d'observer que tout ce qu'il y a d'important dans ce pays a été pris et calqué sur la France.

C'est de la France que l'Angleterre a emprunté le christianisme, et ensuite des écoles et des universités. Elle nous a emprunté de même le gouvernement et les lois féodales, ainsi que le jugement par pairs et par jurés. Elle a répété servilement, d'âge en âge, tous nos actes et tous nos gestes. Reims avait une sainte ampoule : l'Angleterre a voulu avoir une sainte ampoule. La France avait un étendard de l'oriflamme les rois français étaient oints et sacrés à la manière des rois d'Israël : l'Angleterre a voulu avoir un étendard de l'oriflamme, et ses rois ont voulu être oints et sacrés. La France a appelé les députés des villes à ses assemblées générales : l'Angleterre les a appelés aussitôt. Les rois de France ont commencé à créer des pairs par lettres-patentes : les rois d'Angleterre en ont créé en même temps. Il n'est pas jusqu'à notre ordre de succession au trône que l'Angleterre n'ait failli adopter. L'usurpateur Henri IV voulut en consacrer les dispositions par un acte formel.

Je parlerai d'un point devenu aujourd'hui très-célèbre, celui de son commerce et de ses manufactures.

Il faut savoir qu'Édouard III ayant voulu

établir des manufactures de drap , ne put
y parvenir. A la fin du treizième siècle ,
les Anglais ne connaissaient pas l'art de
teindre les étoffes. C'est au point que la
piraterie des habitans des cinq ports ayant
forcé les marchands étrangers à s'éloigner
des côtes , toute l'Angleterre fut contrainte
de porter des étoffes de laine blanches ,
faute de savoir les teindre. J'ai vu , à
Londres , un arrêté de la chambre des
pairs, qui constate que ce sont les protestans français, réfugiés , qui ont corrigé et
perfectionné les manufactures du pays , et
qui , de cette manière , ont été les premiers auteurs de sa prospérité commerciale.

C'est ainsi que l'Angleterre a tout emprunté de la France. Telle était cependant,
dans ces derniers temps, l'ignorance qui
régnait sur ce qui nous concerne , que,
quoi que ce fût qui provint de l'Angleterre , était regardé comme une merveille.
Ces merveilles étaient nos propres vieille-
ries. Les hommes réputés éclairés croyaient
sincèrement que la composition des deux
chambres , les débats du parlement , tous

les détails de législation et d'administration qu'on trouve en Angleterre, étaient
un patrimoine particulier de son génie et
de son sol. Des Français zélés, qui craignaient qu'à la faveur de ces exemples,
quelque ombre de liberté ne se glissât dans
leur pays, écrivaient de gros volumes
pour prouver que la constitution anglaise
est entièrement incompatible avec les lois,
les mœurs et le climat de la France, dont
il se trouve précisément qu'elle est dérivée.
Voilà où en était, en France, l'amour de la
patrie.

DÉCADENCE DE LA RELIGION.

CE n'est pas une question à traiter, que
de savoir si la religion peut, dans un
État, demeurer indépendante de sa constitution. Ce qu'il y a de sûr, c'est que le
christianisme a suivi, à cet égard, les vicissitudes de notre état social. On peut en suivre les progrès.

Il n'y avait anciennement, dans l'État, d'autres lumières que celles du clergé, d'autre science que sa science. Il suffisait de savoir lire et écrire pour être réputé clerc. Lors de l'établissement des communes, du droit romain et des universités, un changement immense s'opéra. On compta des savans nouveaux, des sciences nouvelles. Ces savans et ces sciences se propageant par l'imprimerie, ainsi que par le commerce et la découverte d'un autre hémisphère, ce nouvel étalage d'intérêts mondains occupa tous les esprits. La science religieuse commença à perdre de son importance, les disputes scolastiques à paraître frivoles.

Il me paraît nécessaire d'éveiller la sollicitude des amis du christianisme sur un caractère auquel ils ne me paraissent pas avoir fait assez d'attention.

Le christianisme en soi est une religion conquérante, non seulement en ce sens qu'elle vise à la domination de toute la terre, mais encore en ce que, s'établissant dans le cœur, elle veut envahir toutes nos actions et toutes nos pensées. Elle ne se contente pas de préceptes ; elle impose des précepteurs. La conscience étant supposée dans un état continuel de maladie ou de danger, il est établi que le médecin ne doit pas plus l'abandonner que les remèdes. Il en peut résulter dès-lors un état d'obsession qui peut devenir extrême, et dont les conséquences n'ont pas été suffisamment appréciées.

On a beaucoup parlé de la lutte des rois contre la prétention des papes, de celles des tribunaux séculiers contre les les évêques. On n'a pas assez analysé les effets de cette domination relativement à l'intérieur de la conscience et à celui de la maison. On n'a pas vu qu'elle présentait souvent à la liberté individuelle et domestique, les mêmes inquiétudes qu'on voit se développer sur le théâtre des intérêts civils et politiques.

L'histoire appuie ces conjectures. Sous la première race, le clergé avait envahi tous les biens ; sous la seconde race, il envahit tout le pouvoir ; sous la troisième, il était parvenu à envahir tous les actes de la vie.

On a fait au système des indulgences de

reproches que je trouve injustes. C'était une suite assez naturelle de la prise de possession de tous les mouvemens de la conscience ; c'était une réparation intérieure aux maux intérieurs qu'on causait.

En me plaçant dans ce point de vue historique, qui, jusqu'à présent, ne me paraît pas avoir été convenablement aperçu, je trouve que les révoltes contre le christianisme ne datent pas seulement du protestantisme. Il est à regretter qu'il se soit conservé si peu de mémoires sur la spoliation des églises par Charles-Martel. C'est un grand et mémorable événement dont nous ne connaissons pas aujourd'hui les circonstances.

Une autre époque non moins remarquable, est celle des blasphèmes et des juremens. L'impiété de nos derniers temps n'a été que sophistique et raisonnée. Chez nos pères, elle a eu une autre audace. Les géans de la fable ne s'amusent pas à contester l'existence du ciel ; ils entassent les montagnes, et l'escaladent. Il s'établit de même, chez nos pères, non pas de contester la nature de Dieu, mais de le renier. L'usage des juremens, si sévèrement, si vainement réprimé par Saint-Louis, et si généralement et si anciennement établi, forme, dans l'histoire des révoltes contre le christianisme, une époque dont les circonstances morales ne sont pas mieux connues que celle de la spoliation des églises par Charles-Martel.

Le protestantisme appartient au même principe d'envahissement, qui fait le caractère du christianisme.

Il est des temps où une prise de possession absolue de la liberté peut se supporter; il en est d'autres où elle est insupportable. Dans le temps où un esclavage plus ou moins mitigé était établi, le christianisme, venant présenter aux misères humaines les dédommagemens d'une autre vie, surtout l'égalité des récompenses et des peines, fut particulièrement la religion du pauvre pour qui ce mot *égalité* a toujours quelque chose de doux. La servitude religieuse put se montrer alors en adoucissement de la servitude civile. Mais lorsque, par une révolution soudaine, toutes les classes inférieures eurent été rendues à la franchise, des

hommes dans la ferveur des idées d'indépendance, furent peu disposés à la ferveur
des idées de soumission. Les nouveaux intérêts, les nouveaux mouvemens, les nouvelles espérances, qui enivraient les esprits, firent trouver l'ancien joug pesant,
et ensuite insupportable. Le protestantisme
ne fût d'abord qu'une dispute. Il devint
bientôt une révolte, parce qu'un des partis trouvant, dans le mécontentement général, un fond solide, oublia facilement le
point frivole d'où il était parti.

Cependant le protestantisme, tel qu'il s'é-
tait composé, ne pouvait convenir ni à des
cœurs religieux, ni à des esprits droits. On
ne réformait pas seulement le sacerdoce,
on le détruisait. Sous prétexte de régler
le rite religieux, on le flétrissait. En ôtant
aux cérémonies toute pompe, on leur ôtait
aussi toute action; enfin, s'il faut le dire,
on privait le christianisme de l'état monastique : c'était le priver de sa principale
force, ainsi que de son principal lustre.

La France engagée, comme les autres
états de l'Europe, dans cette crise, eut le
bonheur d'y échapper; la réforme tentée

par Luther fut repoussée. Elle se reproduisit d'une autre manière.

Le jansénisme ne fut d'abord, comme le protestantisme, qu'une dispute. Il aurait pu, comme lui, devenir une révolte. Il divisa, comme lui, les classes de la société, le parlement et la cour. On employa contre Port-Royal les violences qui avaient été employées contre les Cévennes. On croyait n'élaguer qu'une branche; on sappa le tronc; on voulut supprimer absolument les paroles; on supprima aussi la pensée. On obtint, comme on le voulait, une indifférence générale pour toutes les matières religieuses; et alors on vit se manifester un phénomène que le temps peu à peu devait amener, mais que les compressions de Louis XIV et de Louis XV achevèrent de déterminer.

Ce n'est pas toujours le plus mauvais temps pour la patrie que les dissensions civiles. Ce n'est pas toujours non plus pour la religion le plus mauvais temps que les hérésies. Il y a encore alors de la vigueur et de la vie. Le véritable mauvais temps est celui de l'indifférence et du silence; car c'est celui de la mort.

Il n'est personne qui ne puisse faire la remarque suivante. A Athènes et à Rome, les choses de la religion se trouvaient sans cesse mêlées à tous les usages. A sa porte, on avait un autel à Jupiter Hospitalier ; dans sa maison, un autel aux dieux pénates. Les libations et les autres rites religieux étaient pratiqués aux spectacles et aux fêtes publiques. Une invocation à Jupiter et à Junon n'était déplacée dans aucun livre. On pouvait, sans inconvenance, prononcer en présence de ses amis le nom d'Hercule, de Cérès ou de la mère des dieux.

Le christianisme avait eu long-temps le même caractère. Ses rites, ses mystères, ses dissensions, avaient occupé tous les esprits. Qu'on se transporte dans ces derniers temps ; tout ce qui est chrétien se trouvait exclus du langage et des habitudes de la vie. Il y avait une sorte d'inconvenance de rappeler dans la société ordinaire quelque chose de pieux. Un homme religieux n'osait lui-même, dans un salon, prononcer le nom de la Vierge et des saints.

Le christianisme, devenu ainsi étranger à toute la vie sociale, se trouva bientôt soli-

taire dans les églises mêmes. Ce ne furent
pas seulement les prières de la nuit qu'on
abandonna à des chantres gagés, il en fut
de même des mystères les plus augustes. Le
délaissement à cet égard fut porté au dernier
point de scandale. Il fut commun de voir
un prêtre disant pour quelque rétribution
une messe à laquelle personne n'assistait.

Cet attiédissement général sur les choses
religieuses donnait beau jeu à l'impiété systématique. Dans tous les temps, il y avait
eu de l'impiété en France; mais ce n'était
sous Louis XIV qu'une débauche passagère
de l'esprit. Cette fois, elle prit un plus grand
caractère. On s'accoutuma à analyser le
culte, comme on analysait les autres institutions. Fortifiée de l'esprit novateur et
frondeur, l'impiété réduisit à combattre
avec les seules armes de la dialectique une
puissance accoutumée au cortége du respect
et des affections. Le christianisme déclina
et succomba. Le clergé déclina et succomba
de même.

Ici, on ne peut pas dire que la constitution fût vicieuse. Le cadre était fort bien
dessiné, les formes parfaites, et cependant

la décadence avançait. Je demande la permission de faire à ce sujet quelques rapproche.. ns.

Si on se souvient de la position dans laquelle se trouvait la noblesse en France,
on conviendra que c'était comme un reste
de peuple antique, une espèce de monument que le temps avait oublié. Ce peuple,
parvenu à se consolider sur son ancien sol,
avait perdu successivement son ancienne
constitution, son ancienne organisation et
ses lois. Le contraste le plus ridicule signa-
lait ses mouvemens au milieu des autres
mouvemens. L'impression que causaient
auprès des maisons de campagne du nouveau peuple, les tours, les fossés, les créneaux du peuple ancien, se trouvait dans
ses usages à côté des autres usages, dans ses
mœurs à côté des autres mœurs, jusque
dans ses affaires à côté des autres affaires.
En vérité, c'était singulier d'entendre débattre dans un tribunal de roturiers des
causes d'hommages, de vassalités et de fé-
lonie.

Ce peuple toutefois dépouillé d'abord de
ses juges, dépouillé ensuite de ses droits

après l'avoir été de ses lois et de ses juges, conservait encore de l'élévation, de la dignité et de la splendeur : tant était puissant d'un côté le regard du monarque, qui en composait principalement sa cour ; tant était puissant également ce concert de souvenirs et de traditions antiques, et aussi cette belle et magnifique chevalerie qui, en mourant, nous avait laissé le point d'honneur ! Ainsi parvint à se conserver la noblesse française au milieu d'institutions mortes et d'un cadre social effacé.

Les nouveaux parlemens me font une impression d'un autre genre. La noblesse, malgré son éclat, suivait progressivement le sort déclinant de ses institutions. Le nouveau parlement, malgré sa roture, s'élevait et s'agrandissait chaque jour. Il n'y a, en vérité, que les lettres d'anoblissement qui puissent nous apprendre cette roture ; car pour le peuple des bourgeois, des procureurs, des notaires, des avocats, et toute leur clientèle, un membre de ce nouveau parlement, n'était sûrement pas un roturier ; ce n'était pas même seulement un noble ;

c'était bien un grand, *un magnat*. Un parlement nouveau, créé pour un peuple nouveau, dont l'importance s'agrandissait chaque jour, suivit ainsi la fortune de ce
peuple.

Ce que j'ai à dire du déclin du clergé, se
rapporte à ces exemples. La noblesse avait
pu se conserver brillante au milieu de formes détruites et d'un ordre social effacé. Le
corps était mort; l'esprit était encore vivant.
Dans la constitution du clergé, le corps se
conserve, mais déjà l'esprit s'efface et s'é-
teint. Comme magistrat de la religion et des
lois révélées, le clergé suivit la fortune de
cette religion et de ces lois. La mousse avait
gagné les créneaux de la féodalité; elle gagna
les murs du monastère. Nos anciennes institutions religieuses parurent n'avoir pas plus
de sens, que nos anciennes institutions civiles. On put trouver dans les rues pêle-
mêle des chevaliers sans chevalerie, des
prêtres sans sacerdoce, des moines sans état
monastique. Les titres de gentilhomme et
de baron n'étaient que surannés. Les noms
de certains ordres monastiques devinrent

un objet de risée. Tel fut le prélude de la décadence du clergé. Les ornemens tombèrent d'abord ; ensuite, les colonnes.

Pour rendre raison de cette décadence, la malveillance a accusé les désordres du clergé ; c'est une injustice. Le clergé se faisait remarquer par sa décence et par sa dignité. Cependant, sur ce point même, il ne faut pas se tromper; on ne demande que de l'honnêteté à un père de famille, de la dignité et de l'intégrité à un magistrat. Les âmes pieuses demandent autre chose à un prêtre. On citait peu de traits de scandale; on citait aussi peu de traits de sainteté. Je ne puis croire, par cette raison, que les Jésuites, dont on a vanté le zèle, fussent parvenus à beaucoup de succès. Les Jésuites ne passaient pas pour avoir plus de piété que les autres, mais seulement plus d'esprit. Ce n'était pas par les menaces de la religion qu'ils se faisaient redouter, c'était par l'art supposé de leur conduite. Tout cela ne peut avoir de durée. C'est de la considération religieuse qu'on veut accorder à un prêtre, et, non pas de la considération politique. C'est à des envoyés de Dieu qu'on veut soumettre

sa conscience, et non à des hommes d'état.
En tout, dans les choses religieuses, ce
n'est pas l'habileté qui fait le succès, c'est
la foi.

Le clergé ne sut point apprécier sa position. Se trompant sur les principes du mal,
il se trompa aussi sur les remèdes. Il était
sans cesse à tourmenter une autorité mon-
daine; elle n'avait à lui offrir que le fer et
le feu, des bûchers ou des échafauds, des
Saint-Barthélemy ou des auto-da-fé. Il n'obtint que trop de ces secours violens, qui le
rendirent odieux. Mais on ne vit pas long-
temps avec ces moyens précaires. Ils ne
vous donnent qu'une vie d'emprunt. Le
clergé devait s'apercevoir que c'est dans ce
cas vers le ciel qu'il faut se tourner; et
qu'une puissance qui est toute de piété et de
conscience, doit principalement s'alimenter
de conscience et de piété.

DÉCADENCE DES MOEURS.

JE n'ignore pas qu'il est convenu de regarder tout ce qui se dit sur la décadence des mœurs, comme des déclamations oratoires. L'histoire offre au moins, à cet égard, de grandes époques.

Je rappellerai d'abord Athènes au temps de Périclès.

A Rome, lorsque tout eut été réuni dans la personne du prince ; lorsque le sénat ne fut plus qu'un vain nom, et que les grands de l'État, soustraits à toute occupation importante, n'eurent plus qu'à dissiper leur opulence en mollesse et leur activité en plaisirs, Tacite nous peint, à sa manière et d'un seul trait, l'état où étaient arrivées les mœurs romaines. *Corrumpere et corrumpi sœculum vocatur.*

Il en a été de même en France.

En traitant précédemment de la cessation des Parlemens de barons, ainsi que du mouvement progressif qui chassa la noblesse des fonctions de l'État, je n'ai considéré que le côté civil et politique de cet événement; il est d'autres conséquences à y rechercher.

Telle est la prépondérance de ton et d'autorité des hautes classes, que l'inutilité, une fois leur partage, s'érigera bientôt en une sorte de bon ton. Ce sera comme une illustration de ne tenir à aucun emploi civil. L'administration sera abandonnée aux hommes d'affaires, la judicature aux hommes de loi, les finances aux traitans. Ce bon ton, une fois consacré, gagnera les classes voisines. Tout le monde s'accordera peu à peu à regarder comme subalternes les occupations graves. L'éducation se dirigera à son tour, non vers les études sérieuses, mais vers des niaiseries.

Le goût et les arts ne pourront manquer d'être atteints par ce mouvement.

Quand un peuple n'a plus pour bonheur que de petits amusemens, lorsque tous les succès sont pour de brillantes futilités, comme il faut varier sans cesse ces futilités, les sources s'épuisent, et alors tout se boursouffle et se dénature. Le faux se met à la place du vrai; le guindé à la place du simple. On devient précieux, à force de vouloir avoir de l'esprit ; maniéré, à force de vouloir avoir des grâces. Une nation se trouve avoir perdu toute tradition du beau, du grand et du naturel, par cela seul qu'elle a fait disparaître le grave et le sévère.

Cette situation aura d'autres conséquences, que je dois marquer. J'ai à parler, à ce sujet, de l'influence des femmes.

Dans les mœurs domestiques, le domaine du dehors est principalement affecté à l'homme; celui de l'intérieur semble de droit dévolu à la femme : c'est à elle qu'est confié spécialement, avec l'économie de la maison, le soin du bon ordre et la conservation des mœurs. L'envahissement, par l'époux, des droits qui semblent l'apanage de la femme, a toujours été réputé une tyrannie : c'est une des plaintes de Clytemnestre dans l'*Iphigénie* d'Euripide.

Le même partage semble s'être introduit dans la vie politique. Les hommes disposent les armées et font les lois; les femmes sont plus spécialement gardiennes des mœurs. Tandis que les premiers délibèrent au Sénat et au Champ de Mars, les femmes s'établis-

sent législatrices dans les salons. Ce sont les
magistrats du bon ton, de la grâce, et de
l'élégance. Plus sensibles, plus délicates,
plus communicatives, plus susceptibles de
recevoir ou de rendre les impressions, c'est
d'elles que part le premier cri du scandale.
Ce cri, qui se fait entendre également aux
veillées du hameau et aux salons des capi-
tales, n'est jamais sans effet.

On ne peut contester l'influence des femmes dans un État; mais c'est surtout en
France qu'on doit l'observer. Elles ont toujours tenu une grande place dans notre état
social; elles en ont suivi aussi les vicissitudes.

Rien n'est beau comme le tableau que Tacite nous a laissé des femmes germaines. On
peut fouiller tant qu'on voudra les monumens des autres peuples, on n'y verra rien
de comparable à la résolution des femmes
des Cimbres, après la victoire de Marius.
On trouve çà et là, dans l'histoire, quelques
femmes qui se donnent la mort pour échapper à la honte; mais vingt mille femmes à
la fois, qui s'immolent, plutôt que de demeurer à la discrétion du vainqueur, offrent

le plus beau trait de magnanimité qui puisse
honorer les annales humaines. (1)

Avec des teintes plus douces, les mœurs
des femmes françaises ont brillé au temps
de la chevalerie. Les femmes alors étaient
ce qu'elles doivent être ; elles aimaient à
s'attacher aux travaux des hommes ; elles
aimaient à s'associer, comme compagnes, à
leurs habitudes, à leur gloire, à leurs passions, jusqu'à leurs combats. Si on observe
nos derniers règnes, cette situation se trouve
intervertie : ce sont les hommes qu'on voit
s'associer aux travaux et aux occupations
des femmes.

Le rang peut, pendant quelque temps,
parvenir à donner à la frivolité un peu de
son importance ; il finit par en prendre la
teinte, et par perdre, aux yeux des classes
inférieures, le lustre qui lui appartient. Il
en sera de même du caractère mâle. Le prétendu bon ton, en l'éloignant des choses,

(1) Ces femmes offrirent de se rendre esclaves des
Vestales. Des Romains voulurent les avoir à leur discrétion. Ces femmes (qui le croirait ?) sont pour nous
des barbares. Les Romains, au contraire, sont des
modèles d'urbanité et de civilisation.

graves, ne le préservera pas aux yeux des femmes d'une impression défavorable. Il arrivera alors une chose assez singulière. A mesure que les hommes prendront la frivolité, qui est regardée comme l'apanage des femmes, les femmes seront amenées à prendre l'importance qui appartient aux hommes. Désormais les hommes figureront dans les plaisirs, les femmes dans les conseils. Des ministres écriront dans leurs dépêches qu'ils parviennent à se débarrasser des affaires, mais qu'ils ne savent comment se débarrasser des femmes.

Je doute que les femmes gagnent à ce changement.

Dans les temps antiques du monde, dans les temps antiques de la France, aujourd'hui même dans certaines parties de l'Europe, où les mœurs ont conservé quelque chose de leurs anciennes teintes, les femmes ne régnent pas dans les salons; elles ne disposent pas des réputations et des places; elles n'imposent pas leurs décisions sur toutes les grandes matières d'État et de politique : elles se contentent d'être honorées et chéries. Les nôtres règnent, et pourtant elles paraissent mécontentes ; elles se plaignent de la décadence de la galanterie.

Les femmes veulent-elles savoir pourquoi, dans les temps anciens, elles ont plus reçu d'une sorte d'hommages qu'aujourd'hui ? C'est qu'alors elles les recevaient avec modestie, comme quelque chose qui leur était donné; aujourd'hui, comme quelque chose qui leur est dû. Les hommes n'ont plus, en ce genre, de bienfaits à accorder ; c'est un tribut qu'ils ont à acquitter.

C'est ainsi que, par le mouvement des choses, la condition des deux sexes pourra se trouver intervertie. Les femmes gagneront beaucoup de ce qui ne leur appartient pas, et perdront beaucoup de ce qui leur appartient. Elles sentiront alors que l'empire de vanité qui leur a été fait ne vaut pas l'empire de sentiment qui leur a échappé.

En même temps que les rapports des deux sexes s'intervertissaient; que, dans les hautes classes, les hommes étaient entraînés vers les plaisirs, les femmes vers les affaires, la même dissolution de liens qui avait déjà rendu étrangers les uns aux autres tous les grands propriétaires de domaines, com-

mençait à entrer dans les classes inférieures ;
elle entrait en même temps dans les rangs
de la science, et de ce qu'on appelait alors
pompeusement l'Université. Peu à peu on
devait voir se confondre également le maître
et le disciple, le maître et l'apprenti, le
bourgeois et le compagnon.

J'ai assez parlé des liens féodaux entre le
seigneur et le vassal, des liens domaniaux
entre le seigneur et le tributaire. Au moment où les villes s'érigèrent en communes, comme il se forma un nouveau peuple
franc, il se forma aussi de nouvelles maisons et de nouveaux domaines. Ces maisons
et ces domaines voulurent se régler par les
anciennes mœurs. Les chefs de ces domaines
exercèrent, à plusieurs égards, les anciens
droits domaniaux. Ils n'eurent point, il est
vrai, des *serfs de la glèbe*, mais ils eurent
des *serfs de l'atelier*. L'apprenti fut pour le
maître un *homme de corps et de pôte*. Il ne
put quitter l'atelier, ni se soustraire à la domination de son seigneur. Peu à peu, avec
une bonne conduite et le temps de service
nécessaire, il mérita d'être élevé à un plus
haut rang.

Il est assez remarquable que le nom de ce nouveau grade d'honneur se soit calqué sur celui que les princes germains donnaient aux jeunes gens qui se vouaient à leur service. Les rois et les empereurs appelaient compagnons , *comites* , ceux qui , vivant avec eux familièrement dans leur palais , étaient ensuite préposés pour tenir leur place dans les armées , dans les villes et dans les provinces. Le chef d'atelier , ou maître , appela de même compagnon celui qui , après le temps d'une juste et convenable servitude , se trouva mériter , par son application , ses bonnes mœurs , sa fidélité , l'honneur de travailler désormais à côté de lui , et de s'associer librement à ses travaux.

Comme un même esprit était alors répandu sur la France , tous les mouvemens étaient dessinés sur une même règle. Dans la profession des armes , qui avait aussi ses apprentis , du moment qu'un jeune homme avait , dans les grades de page , d'écuyer ou de valet , mérité d'être élevé au rang de compagnon du baron et du prince , le nouveau chevalier sortait du château sur son

palefroi, les armes hautes, et allait chercher au loin, plein d'ardeur et d'orgueil,
des aventures, c'est-à-dire, des occasions à
son courage.

Dans les professions ouvrières, c'est le
même spectacle. Le jeune apprenti n'était
pas plutôt élevé au grade de compagnon,
qu'impatient de donner essor à sa liberté
nouvelle, il quittait avec attendrissement la
maison de son maître, pour aller au loin
faire de nouvelles épreuves, et essayer mo-
destement son industrie. Il poursuivait ainsi,
comme le chevalier, ses aventures, jusqu'à
ce qu'affermi dans son savoir, ramassant
avec sagesse le fruit de ses expériences et de
ses économies, il pût s'établir quelque part,
c'est-à-dire, mériter d'une cité la dignité de
bourgeois et de maître.

Telles étaient encore les mœurs de nos
bons temps. La liberté, ce trésor de la Providence, ne se prodiguait point à la paresse,
à la fainéantise, à l'immoralité; elle se dis-
tribuait avec mesure, selon les mérites com-
binés de l'âge, de l'expérience, de la bonne
conduite et du zèle. Tout va changer.

Le mouvement des âges ayant détruit les

liens dans les hautes classes, on les vit tomber peu à peu dans les classes inférieures. En même temps qu'on vit s'effacer les liens militaires et ceux des domaines, on vit tomber dans le même discrédit les liens de la science et ceux de la bourgeoisie. La même philosophie trouva barbares la chevalerie et les châteaux, les corporations et les jurandes. Il commençait à n'y avoir plus, dans l'État, ni amour de la religion, ni amour de la patrie ; il commençait à n'y avoir plus ni liens religieux, ni liens civils ; il commença à ne plus y avoir de liens domestiques.

On conçoit ce que peut être une nation où les anciennes mœurs sont effacées, tous les liens dissous, tous les rangs flétris, où il ne reste ni respect pour la religion, ni amour pour la patrie. Si on trouvait que, malgré ces dispositions, la France n'a pas éprouvé la dégradation rapide à laquelle elle semblait devoir être amenée, il faudrait rendre grâce sur ce point à ce qui nous était resté de nos mœurs guerrières, ainsi qu'aux traditions anciennes de la chevalerie. Peut-être aussi (et j'aime à leur faire cet hommage)

faut-il en rendre grâce à l'austérité des
mœurs des nouveaux magistrats qui s'é-
taient élevés. La France n'oubliera jamais
les noms de ces respectables familles. Leurs
vertus, qui n'ont pu la sauver, ont peut-
être retardé sa chute. Notre destinée était
marquée. Rien ne pouvait échapper à cette
progression de mouvemens, par laquelle
la gravité des uns, travestie en pédanterie, la frivolité des autres en bon ton,
les bonnes mœurs en niaiserie, toutes les
classes ont fini par abandonner les anciennes voies. Une belle jeunesse, toute vernissée d'amabilité et de grâces, mais l'esprit
vide, la mémoire vide, le cœur vide ; modèle de vanité et de fatuité, qui, se conser-
vant dans l'âge mûr, a fini par former une
génération entière de vieux enfans : voilà
ce qui a été signalé à toute l'Europe.

J'arrive ainsi à une autre des calamités de
la France, que j'ai annoncée.

~~~~~~~~~~~~~~~

ALTÉRATION DE L'ANCIEN CARACTÈRE FRANÇAIS.

~~~~~~~~~~~~~~~

Quoiqu'il n'y eût plus ni droit public, ni mœurs, ni religion, ni amour pour la patrie, quelques personnes ont affirmé que la France était au plus haut point de prospérité. Se faisant illusion sur quatorze siècles de notre durée, elles ont regardé, comme une même chose, la France du temps de Louis XIV et celle du temps de Louis le Gros, de Charlemagne et de Clovis. On ne peut s'occuper de tels rapprochemens.

Quels que soient les révolutions et les âges, il est inévitable qu'un pays ne conserve quelque chose de ses anciennes institutions. Quand le caractère d'un peuple a été fortement trempé, il est inévitable de même qu'il ne s'en conserve quelques traits. Les siècles ont eu beau s'accumuler, le Spartiate est demeuré courageux et voleur. Une stature élégante distingue l'habitant de l'Attique. Le caractère romain se reconnaît

dans une partie de la ville de Rome. Une
colonie de Cimbres, cantonnée par Marius
dans l'Apennin, se reconnaît à son langage
et à ses usages. Le temps n'a pu changer les
mœurs de l'Orient. Le temps n'a pu changer en totalité les anciennes mœurs françaises.

Les Germains, dit Tacite, marchent toujours armés; ils ne sauraient, sans cet appareil, vaquer à aucune affaire publique ou
particulière. Ce trait de conformité des
Francs avec les anciens Germains n'a pas
été assez remarqué; il n'est pas le seul.

Plein d'ardeur pour les combats, mais de
dégoût pour le travail; fier, mais fidèle;
belliqueux, mais doux; terrible, et non
pas implacable; colère, et non pas vindica-
tif; familier envers ses serviteurs; esclave envers sa parole; hospitalier envers les étrangers; toute l'élégance de la politesse envers
ses égaux; toute la grâce de la galanterie
envers les femmes; auprès du prince un
genre de courtoisie qui conserve le respect
avec la familiarité, qui laisse de la dignité
dans l'obéissance; de la noblesse même jusque dans la flatterie : ce portrait, emprunté

de Tacite, peut également convenir au
Franc et au Germain, à Joinville et à
Bayard, aux vainqueurs de Tolbiac ou à
ceux de Marengo.

Au moment où elle paraît dans les Gaules, telle est l'impression que fait généralement cette race antique des Germains !
« Nation illustre, fondée par Dieu même ;
« puissante dans le conseil, forte dans les
« armes ; fidèle dans la paix ; d'une stature
« élégante et robuste : nation audacieuse,
« impétueuse, terrible. » Ce sont les ex-
pressions des moines qui rédigèrent la loi
Salique. Il semblait à un ambassadeur de
l'Orient, sous Charlemagne, avoir vu, dans
le Champ de Mars, un peuple de rois.
Saint Grégoire appelle la France la plus
grande nation de la terre. On ne peut s'é-
tonner de la facilité avec laquelle tout se
range dans les Gaules sous sa domination.
Les Francs vainquirent par l'admiration,
autant que par la crainte ; par leurs mœurs,
autant que par leurs armes.

A mesure que nous pénétrons dans les
âges suivans, nos mœurs présentent le même

II. 6

caractère de grandeur. Oh! les barbares qui ont accusé de barbarie nos temps passés! oublions un moment qu'il est question de la France. Si, dans quelque contrée lointaine, on venait à découvrir une institution qui eût pour statut la vérité, la fidélité, toutes les affections nobles de l'âme portées au plus haut degré de l'exaltation; si on découvrait une institution qui, au milieu d'un peuple avide de plaisirs, proclamât l'amour des dangers et le dédain des richesses; qui eût pour premier précepte : « Ton cœur ne connaîtra pas la cupi- « dité; il ne sera jamais atteint par la crainte; « un mensonge ne sera jamais dans ta bou- « che; un artifice dans ton cœur. Tu obéiras, « mais ton obéissance même sera illustre. « Elle aura l'honneur seul pour mobile. » Si on découvrait une institution dont l'objet fût de faire les hommes sans peur et sans reproche, qui sût allier d'une manière magique la soumission et l'indépendance; qui, du sein de ses misères, élevât assez haut le cœur de l'homme pour le mettre au-dessus de ses deux attraits les plus puissans : l'a-

mour des richesses et l'amour de la vie, que
dis-je! qui l'élevât au-dessus même de l'État,
en le rendant supérieur à ses récompenses et
à ses menaces, à l'appareil de la faveur et à
celui des échafauds, comme on s'extasierait
sur cette découverte! C'est ainsi qu'a brillé
l'institution de la chevalerie.

Les savans, les prêtres, les rois, les jurisconsultes, sont parvenus à faire disparaître
ce beau monument. L'esprit a voulu se conserver, lors même que l'institution a été effacée. Cette première place, toujours donnée aux choses généreuses; ce dédain toujours prononcé des richesses et des moyens
d'y parvenir; cette abnégation toujours
prête de sa fortune et de sa vie; cette vive
sensibilité; cette extrême délicatesse qui
compose le point d'honneur; ces traits du
caractère français, continuent à se montrer
dans tous les temps et dans toutes les classes.

J'en atteste ceux qui, jusque dans ces derniers temps, ont observé le plus attentivement nos mœurs. Qu'ils me disent si le mensonge n'était pas la première des accusations; le démenti, le premier des outrages;

qu'ils me disent si l'esprit de désintéressement ne leur a pas toujours paru notre esprit dominant, et si ce n'est pas là la cause
politique qui a conservé dans une sorte d'a-
baissement toutes les professions lucratives.
Noble orgueil, il a été celui de nos mœurs,
et non pas, comme on l'a dit, celui d'une
caste. Personne ne le contestera; c'est la
vie noble, et non la vie opulente, qui était
en France, même pour les dernières classes,
l'objet de l'ambition. Les professions où
s'acquièrent les richesses, n'étaient regardées
que comme un degré misérable, quoique
nécessaire, pour parvenir à la vie noble et
généreuse.

L'armée a été saisie de cet esprit comme
le peuple. Tacite dit des armées germaines :
Une légère distinction, une simple marque
d'honneur, sont la plus précieuse récom-
pense. Il en a été ainsi des armées françaises.
Lorsque l'art de la guerre s'est perfectionné,
et qu'il a exigé un plus grand usage de l'in-
fanterie, on a pu supprimer un grand nombre des anciennes compagnies d'ordonnance. La nouvelle armée a eu les mêmes

mœurs que la précédente. Quelque misérable qu'ait pu devenir sa composition, le
dernier soldat a voulu mettre dans ses dé-
mêlés la même délicatesse que le premier
officier. Les autres armées de l'Europe ont
pu s'accommoder de châtimens affectés aux
hommes d'une condition servile : le soldat
français les a repoussés.

Toutes les classes ont eu à cet égard un
mouvement unanime. Lorsqu'il a été question de la suppression des combats singu-
liers, les prêtres ont eu beau leur opposer
la malédiction du ciel ; les rois ont eu beau
déployer leur puissance, ils ont trouvé dans
les cœurs une puissance encore plus forte. Il
n'a pas été nécessaire de convoquer d'assemblée pour faire décréter à l'unanimité que
parmi les hommes voués à une vie généreuse, les offenses personnelles ont un caractère qui n'est pas du ressort des lois. La
doctrine à cet égard a été aussi invariable
que la conduite. Au milieu de ses menaces,
le monarque a vu sa propre famille n'en tenir compte. Le chef de la magistrature,
après avoir fait proclamer la loi, eût senti

son front rougir, si son fils n'eût su la trans-
gresser. Tout ce qui a été véritablement
français, n'a cédé à cet égard, ni à l'éclat
de la puissance, ni à la terreur des échafauds. On n'a pas murmuré, on n'a pas dis-
cuté; on n'a pas obéi. Les leçons de la philosophie ont été aussi impuissantes que les
préceptes des rois. La révolution elle-même,
après avoir détruit toutes les institutions, a
succombé, sur ce point, avec les rois et la
philosophie. La nation française a conservé ainsi sa grande chartre, le point
d'honneur.

Ces dispositions, qui s'observent dans
toutes les classes, s'observent de même dans
toutes les latitudes. Il n'est personne qui,
ayant occasion d'observer le Français de
Saint-Domingue et celui de Pondichéry,
ne soit frappé de l'affinité qui se trouve
entre eux et le Français de Paris. On ne
peut dire que ce soit l'effet de l'identité du
gouvernement. Dans les forêts du Canada,
dans ce pays qui, depuis quarante ans, est
abandonné par la France, le voyageur reconnaît encore aujourd'hui le caractère fran-

çais; il fait l'admiration des nations in-
diennes. Les Anglais sont ici, qui étalent
une grande opulence ; les Américains là,
qui déploient une grande industrie. L'ancien gentilhomme français est l'objet de
toutes les préférences.

Avec les merveilles d'un tel caractère,
on explique d'autres merveilles. Sous la
première race, la France soumet toutes
les Gaules ; sous la seconde, elle donne
des lois à toute l'Europe ; sous la troisième, on la trouve en Asie et en Afrique.
Elle commande de nouveau à l'Europe sous
Louis XIV. De nos jours, elle triomphe
de la révolution et de l'Europe. Telle est
cette énergie, qui, se produisant sous
mille formes, impose aux autres nations
son génie et son langage, les envahit de
ses erreurs et de ses armes, de ses lumières et de ses modes ; charme et sub-
jugue.

Son nom semble s'associer à cette fortune. L'appellation de Grec n'est pas toujours prise, même chez les anciens, dans
une bonne acception ; celle de Carthagi-

nois est employée comme synonyme de perfidie. Les noms d'Arabe, de Maure et de Juif, ne sont pas très-honorés. Le nom de Romain, long-temps respecté, s'est borné à l'appellation distinctive d'un peuple. Une gloire, unique dans les annales du monde, était réservée aux Français ; c'était de faire de leur nom originaire le nom même d'une vertu. L'Europe s'est accordée, à cet égard, avec la France. Partout le mot *franc* est devenu l'expression d'un des premiers avantages de la vie civile, ainsi que d'une des plus belles qualités du cœur humain.

Quand une nation a été portée à ce haut degré d'élévation, il n'est pas facile de l'en faire descendre. Trois siècles ont envain réuni leurs efforts. Le concert entre les institutions étant un des principes les plus puissans de la vie publique, c'est là principalement que se sont dirigés les coups. La France s'est vue hérissée d'institutions doubles, composées dans un esprit hostile, et continuellement aux prises. On a fait une chevalerie de la science contre la

chevalerie du courage. On a élevé des républiques citadines contre les monarchies
seigneuriales. On a fait des bailliages contre les justices, des milices contre le service féodal; des compagnies de gens de
pied contre le ban et l'arrière-ban. Après
avoir créé des bailliages contre les justices,
on a créé des Parlemens contre les bailliages. On a voulu que les premières fonctions de l'État appartinssent à des hommes
d'une condition subalterne, pour s'assurer
qu'ils ajouteraient à la sévérité de la justice
l'animosité de la jalousie.

La guerre a été mise dans les doctrines
comme dans les institutions. On a élevé
le droit romain contre le droit féodal. On
a traité d'usurpation le droit réel des justices seigneuriales : on a traité comme des
droits réels les usurpations bailliagères et
parlementaires. On a cherché à avilir ce
qui était noble, à anoblir ce qui était vil.
Le cardinal de Richelieu a été célébré par
une corporation comme le patron de la
France ; Louis XI l'a été comme son res-
taurateur. On a voulu diffamer le point

d'honneur : on a dit aux juristes d'en faire une révolte, aux prêtres d'en faire une impiété. Enfin, on a tiré du droit romain les plus lâches maximes, dont on a fait la constitution de l'État, et on les a envoyées à l'éloquence de Bossuet pour recevoir une couverture religieuse.

Cette guerre, qu'on a mise entre toutes les doctrines et toutes les institutions, se trouve établie bientôt entre tous les temps. Dans la crainte que le peuple du temps présent ne croie avoir des droits, parce que le peuple d'autrefois a eu des droits ; dans la crainte qu'on ne soit obligé de supposer à l'autorité quelques bornes, parce que l'autorité d'autrefois a eu des bornes, on prend le parti de diffamer nos temps passés. Il est convenu de les présenter comme des temps de trouble et de honte. Notre prétendue constitution de quatorze siècles n'a pas, de cette manière, une seule époque à laquelle elle puisse s'attacher. Elle devient peu à peu la constitution du peuple hébreu aux temps des rois d'Israël, ou la constitution de Rome aux temps de Com-

mode et de Caracalla. Aujourd'hui même,
si on veut porter attention à nos écrivains,
on verra que tout ce qu'ils savent faire de
mieux est de faire remonter notre généalogie, comme peuple, jusqu'à Louis
XIV.

Je ne sais si on a bien réfléchi à la singularité de cette situation. Certes, la vie
d'une nation ne se compose pas seulement
du temps présent; elle tire une grande
autorité de ses exemples, une grande
force de ses souvenirs : elle en peut tirer
aussi des leçons, et un sentiment de gloire.
Qui pourrait ne pas déplorer cet état d'un
peuple qu'on détache de tous ses temps
passés, pour concentrer toutes ses affections, toutes ses pensées sur le temps
présent ?

Il y avait sans doute, dans notre état de
civilisation, des points qui ne pouvaient se
rapporter avec l'ancien état de civilisation.
Nous avons des domestiques et des labou-
reurs; on avait anciennement des serfs et
des colons : il était juste de tenir compte
de ces différences. L'absurdité était d'en

éprouver de l'irritation. L'absurdité était de
faire un crime à nos pères de ce qui avait
été, de tout temps, l'état commun du genre
humain. Ces Grecs, ces Juifs, ces Romains, qu'on proposait souvent à notre admiration, n'avaient-ils pas aussi des esclaves ? Par quelle fatalité n'y avait-il
que nos ancêtres de coupables, et notre
pays d'odieux ? Mais on trouvait bon que
les Grecs se fussent armés pour une injure
faite au lit de Ménélas : on ne pouvait supporter que nos pères se fussent armés pour
des injures faites au tombeau de Jésus-
Christ. Toutes les écoles retentissaient des
jeux olympiques et de quelques combats de
pugillistes, ou de joueurs de flûte : à peine
osait-on parler de nos joûtes et de nos tournois. On recevait de l'antiquité, comme des
demi-dieux, des hommes armés pour dom-
ter les tyrans et extirper des monstres. On
était tenté de tourner en ridicule des chevaliers armés pour la défense du faible
et du malheureux. On s'extasiait sur les
temps fabuleux de la Grèce, comme s'ils
avaient été réels. On traitait les temps de

l'héroïsme français , comme si c'eût été quelque chose de fabuleux.

Je ne veux point charger ce tableau. On peut surprendre quelques traits de justice rendus à cet héroïsme. Ce sentiment perce dans nos romans et sur nos théâtres. Le médecin, le magistrat, le bourgeois, paraissent successivement sur nos tréteaux. On n'a jamais osé y porter le paladin, ni le chevalier baneret, ni même le seigneur châtelain. Mais, à cet égard, l'admiration et la haine semblaient également honteuses. La haine n'osait contester nos hauts faits; l'admiration n'osait les produire. S'il s'agissait des Hébreux, des Grecs ou des Romains, on avait des Racine et des Corneille. Toutes les richesses d'un poëme épique pouvaient être prodiguées aux querelles d'une église et d'un lutrin. Le soin de célébrer les hauts faits de la nation française était envoyé, au-delà des monts, au Tasse et à l'Arioste ; tant il est vrai que notre gloire nationale n'était pas même populaire ! Les Parlemens, les savans, les bourgeois, toute la nouvelle nation qui s'é-

tait faite, se taisait sur cette gloire, qu'elle
n'osait s'approprier, et qu'elle traitait comme
quelque chose d'étranger, qui appartenait
moins à la France, qu'à une caste odieuse
et ennemie.

Isolé de la gloire, de la sagesse et de la
force des temps qui avaient précédé, isolé
de toutes sortes d'assemblées et d'institutions fixes; battu sans cesse par des lois dis-
cordantes, par des doctrines serviles; repris
ensuite par les lettres de cachet, les prohibitions de la presse, l'institution de la police, les emprisonnemens et les ordres arbitraires, on doit s'étonner que le caractère
français ait conservé quelque chose de ses
traits antiques; c'est un phénomène digne
d'admiration.

Mais ce caractère a pu se préserver d'une
dégradation totale, il n'a pu se préserver de
même de quelques altérations. Accoutumé,
dans toutes les parties de l'ordre civil et
politique, à l'absence de tout système réglé, de tout accord, de toute suite, l'esprit
national a dû prendre cette teinte. Privé de
tout objet grave d'intérêt public, il a pu

s'accoutumer à traiter d'une manière sérieuse les choses frivoles ; d'une manière
frivole des objets sérieux.

Ce n'est pas qu'il ne soit possible de trouver des charme jusque dans cette mobilité
qui s'adapte à toutes les formes, saisit avec
rapidité toutes les combinaisons, compose
en même temps la vivacité et la douceur, la
sagacité et la grâce ; mais pour peu que ces
teintes se renforcent, il y a trop de pertes
du côté de la dignité. On n'a plus qu'une
nation gracieuse et frivole, légère et volup-
tueuse, douce et polie. On a une nation disposée à adopter toutes les manières, parce
qu'elle a perdu les siennes. Une beauté se
trouve pour elle dans tout ce qui est nouveau. La mode y tient lieu de mœurs ; l'esprit d'instruction : la grâce se place au-dessus de la vertu ; l'honneur au-dessus de la
probité. Dans cette nation, toute passion
forte y sera décréditée ; une attitude grave
passera pour de la pédanterie ; l'enthousiasme paraîtra romanesque ; tout sentiment
vif une exaltation. On recherchera la société par le dégoût de la maison ; les nations

étrangères, par le dégoût de la patrie. Enfin, on appellera de toutes parts des jeux,
du mouvement et du plaisir, faute de gravité, de sérénité et de bonheur.

FIN DU LIVRE PREMIER.

LIVRE SECOND.

Il est temps de voir en scène les acteurs que nous venons de signaler. Si un royaume est divisé, il ne subsistera pas. Ces paroles d'une autorité sainte ont été pour la France une prophétie : 1° Désordre du gouvernement et de toutes les parties de l'administration ; 2° désordre dans l'intérieur de l'État ; mécontentement de toutes les classes ; 3° concert de toutes les parties de l'État, à l'effet de détruire l'ancien ordre social, et d'en former un nouveau : tels sont les mouvemens de cette scène.

SECTION PREMIÈRE.

ADMINISTRATION.

A COMMENCER par l'administration, dans un pays où on ne savait à quel principe appartenait l'ordre de succession au trône, et où cependant on avait à traiter à chaque instant avec une multitude de droits antiques, on prévoit quel pouvait être le mode d'administration. Personne ne comprenait l'autorité royale, qui ne se comprenait pas elle-même. L'autorité royale comprenait encore moins les droits, les priviléges, la constitution des grandes corporations de l'État. Les priviléges des villes qui, dans le principe, leur avaient été accordés diversement, leur ayant été repris diversement, l'ensemble de ce régime était devenu un labyrinthe.

Celui des provinces offrait encore plus de

confusion. Ici, c'étaient des états; là, des généralités : ici, c'était un pays de franc-sel; là, un pays de gabelles. Dans les pays de généralité, une province ne ressemblait pas à une autre province. Il y en avait qui avaient des constitutions et des capitulations particulières. Tels états ne ressemblaient pas davantage à tels autres états. Ceux du Languedoc n'étaient pas constitués comme ceux de Provence et de Bretagne. Il faut ajouter, à toutes ces administrations diverses, l'administration du clergé. Cet ordre se gouvernait depuis long-temps, comme s'il eût été un peuple à part.

L'État avait à s'arranger, comme il pouvait, au milieu de ces disparités. Toute l'activité du gouvernement s'employait à louvoyer au milieu d'obstacles de tout genre. Il fallait être sans cesse en étude auprès d'un droit public qu'on ne voulait pas même reconnaître ; il fallait être en négociation continuelle avec des priviléges, qu'il était impossible de ne pas toucher quelquefois, même par inadvertance ; il fallait prendre garde de ne pas exciter des clameurs, qui étaient toujours un danger pour le ministre, quand elles n'étaient pas un danger pour l'État.

Embarrassée dans ces intrigues subalternes, fatiguée d'une multitude de petits efforts, l'administration n'avait plus un moment à donner à aucune disposition générale. Tout se faisait, en quelque sorte, de fortune. Sur certains points, l'autorité était forcée d'abuser, en compensation, de ce qu'en d'autres points elle ne pouvait pas même user. Quelques parties se trouvaient ainsi trop restreintes; d'autres, étendues d'une manière démesurée. Rien n'était plus curieux que d'observer le ministère d'un monarque qui se prétendait absolu. Toutes ses opérations portaient je ne sais quelle empreinte d'une situation mi-partie de licence et de servitude. Rien de franc et de libéral : nulle part un plan large et uniforme.

Dans toutes les situations, un plan de ce genre est indispensable.

Si on veut observer l'ordre ordinaire des États, on verra s'établir un mouvement double, ascendant et descendant, par lequel les demandes du gouvernement arrivent par des degrés composés exprès jusqu'aux dernières classes du peuple, tandis que les demandes des dernières classes du peuple arrivent jusqu'au chef du gouvernement. Ce double mouvement compose d'un côté l'ordre administratif; d'un autre côté, l'ordre judiciaire. L'un et l'autre doivent être dessinés sur des formes parallèles. Dans l'ordre judiciaire, ce ne sont pas ordinairement les juges qui vont chercher les affaires; ce sont les affaires qui vont chercher les juges. Que deviendrait un pays, si toutes les sentences étaient de propre mouvement?

L'ordre administratif en France était précisément composé ainsi. Le gouvernement n'avait jamais à s'occuper de ce qui était demandé, car rien n'était demandé ; on s'était fort bien arrangé pour presser avec rigueur toutes les mesures de besoins ; on n'avait rien imaginé pour connaître les besoins publics, ou pour recevoir les demandes et les plaintes. Le mot gouverner ne voulait pas dire faire prospérer et fructifier; il voulait dire seulement assurer le service. Du reste, comme il n'y avait rien d'organisé pour connaître les choses de détail, tout émanait du pouvoir, tout se produisait d'une manière abstraite, et comme on le disait, par des arrêts d'*en haut*.

Cette disposition entraînait beaucoup de vices.

Quand les demandes partent de la masse du peuple, comme elles sont plus particulièrement l'expression du besoin, elles présentent par cela même quelque chose d'utile et d'économique. Quand les opérations sont seulement conçues d'office dans la tête d'un intendant, d'un administrateur, elles ont un autre caractère. On peut excepter un petit nombre d'objets d'un service habituel et journalier. A cela près, comme, depuis deux siècles, tout était conçu en France par la vanité, tout était exécuté ensuite pour la vanité. Partout où il aura fallu un établissement simple, commode, d'un usage journalier, et qui demande du soin, si cet établissement est de nature à avoir peu d'éclat, on peut être sûr d'avance qu'il n'existe pas. Si, au contraire, vous concevez quelque chose capable de donner de l'éclat au monarque, aux ministres ou aux hommes puissans, cet établissement peut exister. Le voyageur qui parcourt la France, trouve ainsi quelques établissemens d'ostentation. Ceux-là sont magnifiques. Les établissemens d'un usage obscur et vulgaire n'ont point de sens. On a dépensé je ne sais combien de millions à Versailles et à Marly. La ville, réputée le centre des arts et du goût, n'a pu obtenir, ni trottoirs, ni fontaines, ni égoûts. Encore aujourd'hui, elle s'abreuve de ses immondices.

Je ne suis point porté à relever en aucun point l'Angleterre au-dessus de la France. Ce dont je puis convenir cependant à l'égard de ce pays, c'est que les établissemens modernes y sont ce qu'ils doivent être. Comme ils ont été conçus dans leur véritable objet, ils ont été exécutés dans leur véritable mesure. Pour juger convenablement sur ce point les deux nations, il faut comparer les époques. La décadence de la France date du moment où les souverains ont envahi l'influence publique; la prospérité de l'Angleterre, du moment où l'influence publique a envahi les souverains.

Il n'est pas besoin d'invoquer ici l'exemple de l'Angleterre. La France elle-même

présente à cet égard des points de comparaison qui ne laissent aucun doute. Quelque défectueuses que fussent ou la composition, ou l'administration de certains pays
d'État, on convient que leurs procédés
étaient plus convenables, leur conduite
plus éclairée, leurs soins mieux entendus
et plus paternels. Il y a eu sans doute
des provinces qui ont été bien gouvernées
par les intendans; mais en laissant de côté
quelques exemples particuliers, il est facile
de juger ce régime par un seul fait. Il n'y
avait pas en France un seul pays d'élection
qui n'eût voulu être pays d'état; pas un
seul pays d'état qui eût voulu être pays
d'élection.

J'ai parlé de la partie économique de
l'administration; elle était complétement
délaissée. Je passe à la partie fiscale; celle-là
n'était pas régie; elle était tourmentée.

FINANCES.

Des philosophes économistes ont cru qu'à raison du numéraire que les mines d'Amérique jettent tous les ans dans la circulation de l'Europe, les anciens rapports de l'argent et des marchaudises ont dû changer. Ils ont expliqué ainsi la différence des anciennes valeurs aux valeurs nouvelles. Je ne discuterai pas cette théorie sous tous ses rapports. Je puis croire au moins qu'elle est inexacte en un point. La masse de l'argent me paraît avoir moins augmenté en Europe que son mouvement. Si on veut considérer l'augmentation qu'a éprouvée la consommation en objets étrangers, ainsi que la reproduction en objets indigènes; et qu'on se représente ensuite la masse du numéraire fictif que ce mouvement commercial a fait mettre en circulation, on sera convaincu que la différence des valeurs anciennes et des valeurs nouvelles, dépend moins de la masse du numéraire qui s'est accumulée, que de son cours qui s'est précipité.

C'est depuis un demi-siècle que ce cours me paraît s'être surtout accéléré. Il est sûr que, depuis cette époque, les revenus individuels se sont principalement accrus.

En même temps qu'une activité commerciale nouvellement produite doublait les revenus particuliers, ceux de l'État s'accroissaient aussi de quelque chose, mais non pas dans la même proportion. La gêne était dès lors dans tous les services ; car, comme les revenus individuels ne s'accroissaient que par l'accroissement de prix de toutes les productions, l'État, qui, dans ses dépenses habituelles, avait à traiter avec ces productions, ne se trouvait pas à même de remplir ses marchés, lorsqu'avec une somme, restée numériquement la même, il avait à solder des objets dont le prix avait doublé.

Ces difficultés suffisaient seules pour occuper l'administration : elles absorbaient toute la pensée du gouvernement. Après avoir épuisé tout ce qui était légitime, on se fit un jeu des violences et des extorsions. Pendant long-temps, on se permit d'altérer les monnaies : ce qui causa une confusion générale ; on alla encore plus loin.

Sous la minorité de Louis XIV, le surintendant Emery professait publiquement que « la foi n'était que pour les marchands ; et que les maîtres des requêtes, « qui l'alléguaient, pour raison, dans les « affaires qui regardaient le roi, méritaient d'être punis. » On ne se contenta pas alors de vendre les offices anciennement créés ; on en créa exprès pour les vendre. On créa jusqu'à des charges de contrôleurs de fagots, de jurés vendeurs de foin, de conseillers du roi crieurs de vin. Louis XIV lui-même revint à altérer les monnaies ; ce qui ne l'empêcha pas d'imaginer ensuite des conseillers du roi contrôleurs des empilemens de bois, des conseillers de police, des charges de barbiers - perruquiers, des contrôleurs visiteurs de beurre frais, des essayeurs de beurre salé. On connaît ce qui se pratiqua sous la minorité de Louis XIV, et la fortune des billets de Law.

La banqueroute fut, pour le règne de Louis XV, ce que la bataille de Denain avait été pour celui de Louis XIV. Le gouvernement, dégagé, marcha quelque temps; nos finances arrivèrent ainsi jusqu'au ministère de l'abbé Terrai, dont le système, semblable à celui du contrôleur Emery, consistait à user de toute violence d'un côté pour remplir les coffres, d'un autre côté pour se débarrasser des engagemens.

Je dois rendre cette justice au premier ministère de M. Necker; c'est d'avoir porté un peu d'ordre dans cette partie de l'administration : il employa d'abord ce qu'il appelle, dans son *Compte rendu*, des bonifications. Ce moyen, qui consistait à restreindre toutes les parties prenantes, et à forcer toutes les perceptions, réussit au point que les revenus de l'État, qui, d'après le compte de M. de Clugny, n'allaient, en 1776, qu'à trois cent soixante-dix-huit millions trois cent quatre-vingt-un mille soixante - neuf livres, s'élevèrent, quatre ans après, à quatre cent vingt-sept millions cinq cent trente mille cent cinquante-sept livres : ce qui faisait un accroissement de quarante-neuf millions. Cette somme passait alors pour une grande surcharge. Il faut s'expliquer sur ce point.

Quand les anciens gouvernemens altéraient la monnaie, ils s'embarrassaient fort peu des maux qui pouvaient en résulter ; ils ne consultaient, à cet égard, que le besoin du moment. Dans la suite, quand on a créé de nouveaux impôts, on s'est peu embarrassé des conséquences qu'ils pourraient avoir. On s'imagine facilement ce qui devait résulter d'un système qui, se modifiant selon toutes les circonstances, n'avait jamais d'objet général. Formé d'additions et de sur-additions ; entraîné dans tous les changemens qui survenaient dans l'État, un tel système devait en partager la confusion. Or, c'est surtout dans la finance qu'il faut une règle générale et une marche uniforme. Ce n'est pas toujours par leur somme que les impôts sont onéreux ; c'est souvent par leur mode ; c'est encore

par les circonstances qui accompagnent leur
perception et leur répartition.

Les impôts directs ont en soi un grand
inconvénient ; c'est celui d'une répartition
nécessairement arbitraire, et par là même
ou aveugle, ou sujette à toutes les vicissitudes de la bienveillance ou de la malveillance. Tout cet apanage des impôts directs
n'existe point dans les impôts indirects. Les
contribuables de ce dernier genre sont sûrs
de payer également : de plus, on paie à
son jour et à son heure. C'est souvent lorsque vous n'avez pas d'argent, que le per-
cepteur des impôts directs vient vous en
demander ; avec l'impôt indirect, vous
payez quand vous voulez : c'est en vous
donnant une jouissance que vous acquittez
votre contribution à l'État.

Les tailles ne présentaient pas seulement
comme impôt direct un objet de souffrance ; elles présentaient comme affectées
à une condition particulière une teinte
affligeante pour l'amour propre, et des
objets de comparaison douloureux. D'un
côté, nos impôts directs avaient des inconvéniens accessoires qui les aggravaient ;

d'un autre côté, nos impôts indirects (de la manière dont ils étaient établis) n'avaient pas les avantages qui appartiennent à cette sorte d'impôt. La gabelle, par exemple, était regardée généralement comme un objet de souffrance. C'était moins à raison de l'énormité du droit que parce qu'il ne s'appliquait pas à toutes les parties du territoire. L'allégement de tout ce qui avoisinait le pays de gabelle, faisait sentir comme accablant un poids qui, sans cette comparaison continuelle, eût paru léger. Il faut ajouter que l'activité tourmentée par l'espoir du gain, en multipliant, chaque jour, les entreprises contre le fisc, forçait, par là même, le fisc à multiplier les entreprises contre la liberté.

Après avoir pesé mûrement ces considérations, je me suis convaincu que les impôts, en France, n'étaient en réalité un objet de souffrance que par leur mode. Néanmoins on croyait que c'était par leur énormité : d'où il résultait que tout accroissement était devenu impossible. D'un côté, il ne pouvait s'entreprendre directement, à raison de cette énormité suppo-

sée. Il ne pouvait s'entreprendre non plus
indirectement, par un changement dans
le mode, à raison de la résistance que ne
manquaient pas d'opposer tous les droits et
tous les priviléges : résistance d'autant plus
active, que, les rois ne cessant de proclamer qu'ils étaient les maîtres absolus, les
moindres concessions semblaient consacrer une doctrine que tout le monde repoussait.

Cependant la guerre, qui venait de se
déclarer contre l'Angleterre, exigeait de
nouveaux efforts. A la suite du tableau de
bonification porté dans son *Compte rendu*,
M. Necker avait présenté un excédant de
dix millions de la recette sur la dépense.
Ces dix millions bien précaires, un peu
incertains : voilà ce qu'on offrit pour gage
au crédit public, qui voulut bien s'en con-
tenter.

Les difficultés qui s'accroissaient chaque
jour eurent bientôt usé cette ressource. Le
crédit public ayant disparu avec M. Necker, qui l'avait ranimé, le gouvernement,
toujours aux abois, resta comme auparavant, en ce qui concerne les finances au

milieu d'un système suranné et intraitable, qui, retranché derrière des Parlemens, des droits, des priviléges, et tous les autres embarras du système civil et politique, se défendait ensuite avec opiniâtreté contre toutes les attaques.

ARMÉE.

L'état des finances devait influer sur l'état de l'armée.

Les armées, russes, autrichiennes, prussiennes : voilà ce que de toutes parts on célébrait. L'armée française avait perdu son ancienne considération ; elle n'était, en comparaison des autres états, ni assez nombreuse, ni assez disciplinée. C'était un inconvénient d'avoir divisé, par la naissance, les officiers et les soldats.

La conduite du gouvernement ne donna aucune compensation à ces inconvéniens. Pendant long-temps on affecta de s'occuper peu du régime intérieur de l'armée : pen-

dant un autre temps on s'en occupa trop.
Pendant un temps on poussa le peu de
soins jusqu'à l'oubli et la négligence : pendant un autre temps on porta la sollicitude
jusqu'à la tracasserie. L'armée française demeura, en dernière analyse, l'armée la
plus mal nourrie de l'Europe, et la plus
mal payée. Les colonels et les généraux y
faisaient quelque apparition ; mais c'é-
taient seulement des apparitions. L'art de
remuer les protections était plus avancé
que celui de remuer les troupes : c'était à
la cour qu'on faisait son chemin dans
l'armée.

A la fin, la tactique nous fut apportée
de la Prusse. Elle nous arriva, je ne saurais dire, comme une maladie, ou comme
une mode. Les soldats d'une nation vive
et impétueuse furent accablés de règlemens
minutieux. On proposa des châtimens serviles à des hommes accoutumés aux ménagemens consacrés par des mœurs nobles. Le ca-
price en ce genre se montra aussi versatile
que sévère. Les ordonnances succédèrent
aux ordonnances. Depuis les coups de plat
de sabre de M. de Saint-Germain, juqu'au

comité de la guerre en 1788, on ne voit, dans le régime de l'armée, que contradiction, vacillation, puérilité.

~~~~~~~~~~~~~~~~~

POLITIQUE EXTÉRIEURE.

~~~~~~~~~~~~~~~~~

La politique extérieure ne pouvait manquer de se ressentir de cette situation.

Malgré notre décadence, nous étions parvenus, dans la guerre qui se termina par la paix d'Aix-la-Chapelle, à soutenir quelque chose de notre ancien éclat. Il fallut bientôt renoncer à toute attitude imposante. L'affaiblissement de toutes les bases de notre situation au-dedans, prescrivit de changer toutes les bases de notre politique au-dehors.

Le traité de 1756 a été l'objet de beaucoup de reproches. Ils sont surtout détaillés dans des Mémoires du comte de Broglie, qui ont été récemment publiés. Il est sûr qu'on ne sait comment expliquer les conditions d'un traité où, d'un côté, tout est

charge ; d'un autre côté , tout est avantage. On a très - judicieusement remarqué
que l'Autriche s'était élevée de cette manière, aux dépens de la France; qu'elle avait
pu assurer le démembrement de la Pologne ; qu'elle avait vu son alliance recherchée par la Russie et par la Prusse , et que
sa prépondérance n'avait cessé , dès lors ,
de s'accroître. Mais les hommes d'état, qui
ont fait ces réflexions, n'avaient point en-
visagé cette question sous tous ses points
de vue.

Il n'est personne qui n'ait admiré la
partie défensive de notre système militaire.
D'un côté, nous avions , dans notre alliance avec l'Espagne , et dans la disposition de sa puissance maritime ; de quoi
nous rendre respectables à l'Angleterre ;
d'un autre côté, nous avions , depuis Os-
tende jusqu'aux Alpes , qui étaient notre
partie vulnérable, un triple rang de places
fortes. L'Autriche étant presque sans in-
terruption au-devant de nous , voulait bien
se charger de nous défendre ; rien ne paraissait plus avantageux en soi que cette
addition au système défensif que Vauban

nous avait composé, et auquel notre situation nous invitait de plus en plus à nous réduire.

La guerre est toujours un fléau : c'est une vérité qui n'éprouve aucune constestation. Ce fléau toutefois peut être plus ou moins redoutable, selon les circonstances particulières où se trouve une nation. Les ressources anciennes étant épuisées, celles de volonté et d'enthousiasme annullées, une guerre nouvelle, qui ne pouvait se faire sans contributions nouvelles, donnait naissance à tous les prétextes pour des résistances. Ici, c'étaient des États particuliers; là, les Parlemens : partout, une masse de prérogatives et de priviléges. Ce n'était pas tout d'engager une guerre extérieure ; cette guerre pouvait amener de grands sacrifices. Dans la situation où se trouvait la France, ces sacrifices pouvaient amener eux-mêmes une catastrophe. Qu'on blâme tant qu'on voudra le traité de 1756, je ne l'examine que sous le rapport de l'inertie dont le gouvernement d'alors avait besoin, et qui faisait le principal but de sa politique.

Ce système cependant éloignait le mal : il n'y remédiait pas. Sous Louis XIII et sous Louis XIV, un système de compression, bien soutenu au-dedans, combiné avec un système d'activité, bien conduit au-dehors, avait soutenu le vaisseau de l'État. Le cardinal de Richelieu avait eu pour lui l'abaissement de la maison d'Autriche, et la haine du parti catholique contre le parti protestant. Louis XIV avait eu, à son tour, la grandeur de ses entreprises, et l'éclat de ses conquêtes. Notre situation avait été couverte ainsi, pendant quelque temps, d'un vernis de grandeur et de pompe.

Arrivée au règne de Louis XV, elle se montre telle qu'elle est. Notre dégradation au-dedans se trouve en complète harmonie avec notre dégradation au-dehors. L'humiliation nous poursuit et nous atteint partout. Nous sommes effacés d'abord de l'opinion de l'Europe : nous le sommes bientôt de sa politique. Nous avions été regardés autrefois comme la première des nations occidentales : à quel titre conserverions-nous notre ancienne prééminence ?

l'Allemagne est citée pour ses universités et ses écoles de droit ; l'Angleterre, pour le commerce, les manufactures, l'opulence ; la Prusse, pour ses armées, ainsi que pour la tactique et la discipline militaire. L'Italie continue à être le centre des beaux arts, et un objet de recherche pour ses antiquités et ses monumens. L'Europe entière marche d'un pas rapide vers la prospérité et la perfection en tout genre. La France seule descend chaque jour dans l'échelle des nations : on commence à ne la signaler que par sa légèreté et par ses modes.

A mesure que la France perdait ainsi l'estime publique, elle perdait aussi son influence. Dans les anciens temps, on l'avait vue à la tête de tous les grands mouvemens des nations. Elle avait reçu de Rome la première impulsion des croisades, et l'avait communiquée. On l'avait vue ensuite à la tête des puissances de l'Europe contre les prétentions des papes, et leur plan de domination universelle. Elle s'était mise de même à la tête des états d'Italie contre l'ambition immodérée de la république de Venise. La guerre de trente ans laissa , dans la paix de Westphalie , un monument de ses sollicitudes relativement à la maison d'Autriche.

Depuis quelque temps tout était changé. L'Angleterre, l'Autriche, la Russie et la Prusse s'étaient élevées au-dessus de nous. Nos finances n'offraient aucune ressource. Notre armée était dans le même état que nos finances. Nous n'avions aucun système fiscal qui fût susceptible de se développer, aucun général qui inspirât la confiance. Ici on ne pouvait augmenter la taille, qui était peu de chose, à cause de la gabelle, qui était excessive. Ailleurs c'était la taille qui était excessive, la gabelle était légère. Les milices , qui étaient une grande charge, étaient une faible ressource. Les troupes régulières auraient dû être augmentées de plus de soixante mille hommes au pied de paix , avec une expectative de plus de soixante mille hommes au pied de guerre.

Cette situation était connue de toute l'Europe. Nous étions tellement signalés, qu'on nous avait demandé de ratifier le démembrement de la Pologne , en nous offrant pour indemnité de ne point attaquer la

Suède. La Russie nous avait exclus hautement de toute médiation dans ses débats
avec le grand-seigneur, et la cour de Vienne
avait consacré tacitement cette exclusion.
L'Angleterre avait fait désarmer d'autorité
à Toulon notre flotte prête à secourir la
Turquie. La Suède était depuis long-temps
délaissée, l'empire ottoman négligé, la Pologne livrée au premier occupant.

Avec une réputation ainsi établie, on a
beau donner des instructions à des ambassadeurs ; aucune démonstration ne paraît
sérieuse, aucune promesse d'appui, solide,
aucune attitude respectable. Chaque jour
nos mémoires, nos notes, nos réclama-
tions, notre protection, devenaient sans valeur. Je n'ai point à insister sur ce point.
Le traité de 1763 avait donné la mesure
de ce que nous étions capables de supporter
désormais d'humiliation.

Je n'ai point envie de célébrer l'esprit
de conquête. Cependant les avantages de
ce genre peuvent avoir quelque poids.

Depuis une certaine époque, toutes les
grandes nations de l'Europe avaient pris en
ce sens un essor démesuré. L'Angleterre

avait trouvé le moyen de réaliser à son profit
les découvertes des autres nations, dans les
deux Indes, et de s'approprier presque tous
leurs établissemens. Elle avait conquis d'une
manière plus complète encore en Europe le
commerce et la domination des mers. La
Russie sortie nouvellement de ses déserts,
ne s'était pas contentée de doubler son existence en portant le centre de sa domination
sur les confins des grands peuples civilisés;
elle avait agrandi vers le Caucase et vers
la Mer Noire, un empire qui touche à la
Chine, et elle n'avait pas dédaigné de s'é-
tendre encore du côté de la Suède et de
l'Allemagne. L'Autriche, de son côté, avait
envahi une partie de la Pologne; la Prusse
s'était formée subitement, et on l'avait vu
s'élever au rang des grandes puissances. La
Turquie, en décadence, commençait à s'offrir aux spéculations.

Au milieu de cet essor général, la France
avait acquis sans doute deux provinces;
mais sa situation n'était en aucune manière
corrélative à l'extension qu'avaient acquises
les deux autres puissances : deux victoires
suffisaient pour faire arriver un ennemi jus-

qu'aux portes de sa capitale. La France ne remplissait pas toutes les Gaules. Elle n'occupait point la Belgique ; elle ne possédait pas même en entier l'ancien royaume d'Austrasie. Il était malheureusement connu que ce resserrement de limites était l'effet non de sa modération et de son désintéressement, mais de sa faiblesse.

SECTION DEUXIÈME.

TANDIS qu'au dehors le gouvernement
n'était plus occupé qu'à dissimuler sa faiblesse, et qu'au dedans toutes les parties de
l'administration, entravées par une multitude d'obstacles, se débattaient dans des
fonctions constamment embarrassées et la
borieuses, les autres parties de l'État, sous le
poids des mêmes causes, ne savaient comment fixer entre elles leurs rapports. Accoutumées dans leurs contestations habituelles à se refuser tout, de peur de s'accorder trop, leur occupation ordinaire et
constante était de se déprimer mutuellement.

On a publié bien faussement que la France
était sans constitution. Nous en avions tant
qu'on voulait. Est-ce le despotisme qu'on
préfère ? il est préconisé partout. Est-ce une
monarchie tempérée ? *le roi est dans l'heu-*

reuse impossibilité de toucher aux lois fondamentales. Craint-on l'autorité d'un sénat? le roi est seul législateur. Qui veut le roi, si veut la loi. Au contraire, veut-on voir un corps intermédiaire entre le monarque et le peuple? il n'y a qu'à choisir entre le Parlement, les États-Généraux et la Cour des Pairs.

Sous le même rapport, il s'en faut de beaucoup que la France fût sans histoire. Nous étions inondés de systèmes historiques. Une telle surabondance était pire que la pénurie. C'était un arsenal pour tous les partis. Ce n'était pas assez de voir les prétentions s'embarrasser et se combattre; elles combattaient armées.

On parle beaucoup des dissensions élevées sous le gouvernement féodal; la France alors n'était pas dissoute; elle n'était que divisée. En 1789, elle n'était pas divisée; elle était dissoute. Il n'y avait plus, comme autrefois, de guerre ouverte contre le roi, contre le seigneur suzerain ou dominant. Il y avait une guerre secrète entre toutes les institutions; guerre d'autant plus terrible, que, comme toutes les parties de l'ordre social

avaient en réalité, quoique de diverses manières, un côté vicieux, les traits étaient
d'autant plus facilement adressés et avaient
un effet sûr.

J'ai parlé de l'absence de droit public.
Ce n'était pas le seul fléau. Il y avait, dans
la pratique établie, de véritables mons-
truosités.

Des chefs de domaine, d'une condition
réputée illustre, ressortissans pour toutes
leurs affaires à des hommes d'une condition
réputée subalterne, présentent une constitution de choses qui n'est pas seulement ré-
voltante sous le rapport des convenances,
mais qui l'est bien plus encore sous le rapport de l'équité. Celui qui inventerait de
faire juger des dogmes catholiques par un
sanhédrin de Juifs, serait aussi sensé que
ceux qui avaient imaginé de faire juger des
causes de fiefs par les hommes qui n'en
possédaient pas. Les juges des seigneuries
étaient des juges roturiers. C'était avec les
principes de M. Turgot et de M. de Condor-
cet que des magistrats allaient juger les
causes féodales : cette constitution de choses
devait amener la dissolution de l'ancien sys-

tème des propriétés. On peut en suivre les progrès.

Autrefois, c'était le seigneur qui était regardé comme le véritable possesseur. Le censitaire n'était considéré que comme détenteur. Cette maxime, fixée dès l'origine de la monarchie, et consacrée ensuite dans nos coutumes féodales par l'usage de tailler *haut et bas*, avait été exagérée quelquefois per les jurisconsultes. *Omnia tenentur à domino territorii.* Avec des tribunaux roturiers, ces principes ne pouvaient subsister; c'est le censitaire qui a passé désormais pour le véritable possesseur. La seigneurie a commencé à exister de fait plutôt que de droit. C'est une possession qu'on s'est accordé moins à reconnaître qu'à tolérer.

Cette doctrine, envoyée comme une semence, des tribunaux aux hommes de loi, aux savans, aux bourgeois, ne pouvait manquer de fructifier. On la trouve dans ces derniers temps tout-à-fait consacrée. Il s'était établi en dogme, qu'une partie de la nation avait volé l'autre. Le droit de justice, disait-on, avait été usurpé sur le roi; le droit de chasse et de pêche avait été usurpé sur le peuple. Et qu'était-il résulté de ces usurpations ? Un corps illustre, qui avait de grandes possessions, et qui prétendait à de grandes distinctions. Tous les chefs de domaine avaient, selon une certaine opinion publique, des honneurs d'une origine déshonorante, et des propriétés fondées sur le vol. Il semblait nécessaire à la sûreté du pouvoir de reconnaître comme illégitime en principe la propriété des seigneuries. Cependant on n'ignorait pas que l'ordre civil et politique de la France, que dis-je? à beaucoup d'égards celui de l'Europe, reposait presqu'en entier sur ce fondement.

Il serait inutile de dire que dans le reste de l'Europe ces doctrines étaient déjà établies. Il faut remarquer que, quoique les possessions de ce genre commençassent partout à être décriées, elles n'appartenaient pas partout, comme en France, à un ordre de citoyens isolés, sans organe légitime, sans représentation légale, et continuellement en butte aux traits de l'animosité. On peut citer en Europe des empires où une partie de la féodalité avait été franchement détruite; l'autre était franchement conservée. En France, une partie de la féodalité avait été détruite ; l'autre était décriée. En ôtant aux institutions féodales le cortège antique qui avait composé leur grandeur, une politique artificieuse semblait n'en avoir conservé les débris que comme un objet de scandale : ces restes informes étaient désignés d'avance comme des sacrifices à offrir à la première impulsion de la haine publique, ou seulement au désir d'un peu de popularité.

Dans cette absence de droit public et de droit civil, le champ resta abandonné à je ne sais quelle opinion vague. Il est curieux d'examiner les nouvelles manœuvres qui se pratiquèrent sur ce champ de bataille ; j'admire le génie avec lequel chaque parti suivit l'un contre l'autre un plan vaste, profond, uniforme.

Personne n'ignore qu'à Rome les fonctions judiciaires étaient confiées à des sénateurs, à des proconsuls, à des préfets du prétoire, c'est-à-dire à de grands personnages. C'étaient les chevaliers romains qui étaient chargés spécialement de la levée des tributs. La simple administration des villes

II. 9

était confiée à des hommes d'une condition
distinguée, tels que les édiles, les membres
des sénats et des curies. Ces places conser-
vèrent long-temps en France leur ancienne
dignité. Depuis une certaine époque, tout
avait été dénaturé. Nos premiers magistrats
s'étaient vu rabaissés sous le nom d'hommes
de loi et de jugeurs; les hommes de finances, sous le nom de traitans. On sait dans
quelle classe étaient pris les échevins des
villes, les administrateurs, les percepteurs.
Toutes les places de magistrature, d'administration de finance, étaient ainsi ravalées.
Toutes les classes marchèrent sur un plan
uniforme. Il consista pour les uns à dégrader, à cause du manque de lustre, ceux qui
avaient usurpé l'importance; pour les autres à dégrader, à cause du manque d'importance, ceux qui avaient le lustre.

On aurait dit quelquefois que c'était sérieusement qu'on recherchait les véritables
droits de nos Parlemens modernes, discussions oiseuses ou hypocrites. Peu importait
de savoir si les Parlemens étaient, ou s'ils
n'étaient pas les successeurs des anciens
parlemens de barons. Dans aucun cas, on

ne pouvait supporter que des hommes en-
tachés d'une condition subalterne, prissent
un essor qui, en les montrant aux peuples
comme le corps le plus important de l'État,
tendait à leur donner toute la prépondérance. Le despotisme plein paraissait mille
fois moins amer, que cette subversion qui,
élevant par les fonctions des hommes abais-
sés par la naissance, tendait à priver de la
supériorité du rang ceux à qui il ne restait
que la supériorité du rang.

Le Parlement ne savait où se ranger. Il en
était de même de la pairie. Emprisonnée
dans une corporation bourgeoise, cette position ridicule la portait quelquefois à s'éva-
der. Elle aurait voulu se recomposer auprès
de la personne du roi : celui-ci la repoussait.
Elle était ressaisie alors par le Parlement.
Quelquefois c'était de la noblesse qu'elle
cherchait à se séparer : la noblesse aussitôt
prenait l'alarme. La pairie était obligée de
renoncer à ses prétentions. Ailleurs on tâ-
chait d'ôter toute illustration, parce qu'il y
avait une grande importance; ici on ôtait
toute importance, parce qu'il y avait une
grande illustration.

On s'est récrié contre les priviléges pécuniaires de la noblesse ; on a beaucoup parlé
de l'envahissement des places et de l'excès
de la faveur : on peut apprécier ces plaintes.

Si on veut rechercher convenablement
les priviléges pécuniaires, on trouvera qu'ils
étaient un embarras pour l'administration,
plutôt qu'une charge pour le peuple. On
trouvera que les impôts particuliers, tels
que les vingtièmes et la capitation, qui étaient
propres à la noblesse, formaient à peu près
un équivalent.

D'un autre côté, il y avait sans doute
quelques places données à la naissance ; mais
les allégations en ce genre étaient si peu
fondées, qu'au moment même de la révolution, M. Necker, banquier, était ministre des
finances. On venait de voir M. de Sartine,
ministre de la marine. Le tiers-état possédait
toutes les places de magistrature inférieure,
la plus grande partie de celle des cours sou-
veraines, et presque tous les emplois d'administration de commerce et de finances.

Il en était de même des reproches relatifs
à la faveur. Ils ne pouvaient porter que sur
les hommes de la cour. Quel était le crédit

d'un gentilhomme de province auprès de celui d'un intendant, d'un maître des requêtes, d'un fermier-général, même d'un commissaire subalterne? La cour avait certainement plus de besoin d'un conseiller au Parlement et d'un homme de finances, que d'un gentilhomme de nom et d'arme. Le grand seigneur, l'homme à crédit, avaient plus besoin à leur tour d'un procureur du roi, d'un intendant, d'un lieutenant de bailliage, que d'un seigneur châtelain.

On peut le dire franchement aujourd'hui : ces plaintes, dont a fait tant de bruit, n'avaient pas de sens; ou du moins, si elles en avaient, c'était dans des points qu'on ne voulait pas avouer, et qu'on tenait en quelque sorte en réserve. Ces points sont faciles à dévoiler.

Il est remarquable que, malgré l'état de division qui régnait, à d'autres égards, entre les deux classes, rien n'ait été contesté pendant long-temps à la noblesse du côté des prérogatives. Aux États de Tours, les deux ordres ont été parfaitement d'accord sur ce point : la noblesse était puissante. Les attaques commencent aux États de Blois : la noblesse avait déjà éprouvé des pertes. Elles se poursuivent avec violence aux États de 1614 : la noblesse était en décadence. Elles sont extrêmes aux États de 1789 : la noblesse n'était plus qu'une ombre.

Cette corrélation est facile à expliquer. Sous la féodalité, où la noblesse était à la fois la principale source de la justice, à cause de ses fiefs, et le principal nerf de la guerre, à cause du service militaire, il a bien fallu lui rendre beaucoup, parce qu'elle était beaucoup. Dans ces derniers temps, avec l'ordre judiciaire, tel qu'il s'était établi; l'armée, telle qu'elle s'était faite; l'ordre administratif, tel qu'il s'était composé, on aurait voulu lui ôter tout, non pas comme on le disait, parce qu'elle était trop, mais précisément parce qu'elle n'était rien. La noblesse qui, en perdant l'importance, s'était réfugiée vers le lustre, s'irritait de n'avoir plus d'importance. Le tiers-état, qui avait acquis toute l'importance, s'irritait de n'avoir pas de lustre.

Des collisions habituelles aussi animées devaient amener plusieurs grands résultats.

J'ai entendu parler un jour à l'Assemblée

Nationale d'une terre classique de la liberté. Pour ce qui me concerne, je ne connais qu'une seule terre en ce genre : *la France antique.*

J'ai cité précédemment l'acte solennel par lequel la noblesse réclama, comme le droit de tout Français, d'être jugé par ses pairs. Elle put défendre ainsi quelque temps les libertés publiques dans ses propres libertés. Un mouvement élevé des classes inférieures se répandit bientôt, non certes pour conserver cette liberté, mais seulement pour la déshonorer sous le nom de priviléges, ou pour la ridiculiser sous le nom de point d'honneur. Rien ne me paraît singulier comme la bonhomie des écrivains de ces derniers temps, qui ont regardé la noblesse comme une institution vouée à l'esclavage, et le tiers-état, comme le défenseur infatigable de la liberté. Il me suffira de rappeler quelques faits.

Aux États-Généraux, le tiers-état récitait ses harangues à genoux. Et ce n'est pas sur ce que cette attitude peut avoir d'humiliant en soi, qu'il élève des murmures, mais seulement sur ce que la noblesse en est exempte. —

De même ce n'est pas en ce que la taille peut avoir d'arbitraire, que cet impôt paraît onéreux, mais seulement en ce que la noblesse n'y est pas assujétie.

Relativement à cette fameuse liberté de la presse, à laquelle on a mis récemment tant d'importance, si j'ouvre les cahiers du tiers-état de 1576 et de 1614, j'y trouve la demande suivante.

« Qu'aucun écrit ne soit publié sans ap-
« probation et privilége, et ce, sous peine
« du fouet et d'amende arbitraire pour la
« première fois; de galère et de confiscation
« pour la seconde. »

Il faut le déclarer franchement, la servitude la plus entière sous le prince, voilà ce qui, pour le tiers-état, était la liberté. La noblesse le secondait dans un autre genre, du mieux qu'elle pouvait.

L'effet du mouvement général était tel, que toutes les classes se réunissaient pour généraliser, non certes la liberté, mais la servitude. Toutes les classes se rangeaient comme de concert vers le despotisme : les dernières, à l'effet d'ôter aux classes supérieures ce qui pouvait leur rester encore des anciennes libertés; celle-ci à l'effet d'en conserver, s'il était possible, quelque apparence. Pour le tiers-état, le lien le plus léger, s'il était féodal, paraissait de la servitude. Pour la noblesse, la plus petite subordination envers les hommes de la nouvelle caste, paraissait une honte. Obéir au-dessous de soi était une condition d'une amertume insupportable. On bénit le despotisme, par cela seul qu'il venait d'en haut.

La guerre mise ainsi, dans toutes les classes, sous la protection du despotisme, toutes les classes réussirent à s'abaisser réciproquement. La noblesse réussit à abaisser les pairs; la magistrature et l'administration, à abaisser la noblesse. La noblesse réussit à son tour à abaisser l'administration et la magistrature. Un dégoût général de sa situation et de sa condition fut l'effet de ce mouvement. Les pairs se virent avec tristesse enfermés dans une corporation bourgeoise; la noblesse gémit de se voir éloignée de toutes les places d'affaires, de magistrature et de finance. La magistrature, placée sous un rapport au premier rang, souffrit de se voir sous un autre rapport placée au second, mise à la taille et exclue d'un certain nombre de places affectées à la noblesse. La bourgeoisie, instruite selon le catéchisme du temps, que le droit féodal était un brigandage, souffrit de payer des droits seigneuriaux produits de ce brigandage. On a été étonné, dans ces derniers temps, de voir toutes les classes s'élever à la fois, et demander l'égalité à l'anarchie. Depuis long temps on la demandait au despotisme.

Certes, ce n'est là ni le caractère de la liberté ni ses effets. Il est facile de se convaincre que la liberté n'a en soi ni la pernicieuse influence, ni tout-à-fait la puissance qu'on lui attribue. Dans le bon temps des nations, c'est un mouvement doux et conservateur. Ses intempérances n'ont pas même alors les fâcheux effets qu'on veut leur imputer.

Sur la place publique d'Athènes, ainsi que sur celle de Rome, des orateurs ont pu préconiser en présence d'une multitude d'esclaves les avantages de la liberté. De nos jours, un grand seigneur a dit, en présence de trois millions de serfs : Je préfère les orages de la liberté au calme de la servitude. Ces serfs et ces esclaves ne se sont point soulevés. En général, un état vigoureux ne se laisse pas renverser par le vent de quelques paroles. Au milieu des affections qui les entourent, de bonnes institutions dédaignent des vagues qui se brisent à leurs pieds. Les empires ont, dans ce cas, une garde plus sûre que la garde du palais. Tout y marche, indépendamment de l'habileté, ou des erreurs de leurs chefs. C'est le bon temps pour les peuples ainsi que pour les rois.

Il n'en sera pas de même aux temps de décadence.

Dans un pays où le principe des propriétés se trouve dissous, ou, si l'on veut, déshonoré ; où le lustre des dignités se trouve terni, ou du moins leur objet ridiculisé ; dans un pays où les classes supérieures sont vouées à l'inutilité ; où, par un enchaînement de causes qui se perd dans le lointain des âges, on est arrivé à n'avoir ni histoire, ni droit public, et où un dégoût de tout est né de l'incertitude de tout et de l'obscurité de tout ; dans un pays où aucun amour n'entoure les institutions ; où aucun enthousiasme pour la religion ne la protége ; où le cynisme peut se montrer sans honte, le sacrilége sans scandale ; dans un tel pays , si un esprit général, ardent, constant, opiniâtre, se met à combattre des institutions qui se défendent avec indifférence , nul doute qu'il ne parvienne à les renverser.

Tel est le résultat qu'ont amené nos collisions habituelles. On a vu se former sur toute la France un esprit général de destruction. Il faut nous occuper un moment de ce phénomène.

L'esprit destructeur qu'on a vu régner dans ces derniers temps, a été observé par de très-grands écrivains. Il a donné lieu à beaucoup de conjectures. On a supposé à cet esprit une force gigantesque. C'est qu'on supposait à nos institutions une force incommensurable. D'ailleurs on n'a pas voulu remarquer que le gouvernement, qu'embarrassait l'échafaudage de nos institutions, se montra souvent son auxiliaire, et lui prêta toute sa force.

Pendant long-temps, cet esprit parut comme à sa solde. Son emploi officiel étant de diffamer, au profit du pouvoir, nos temps antiques, c'est-à-dire, nos croisades, notre féodalité, nos anciennes libertés, on le tournait ensuite, selon le besoin, plus directement contre la noblesse, contre les pairs, contre le clergé, contre le Parlement.

Cependant tout ne fut pas succès dans ce manége. On laissait scruter nos bases historiques, à l'effet de saper nos institutions. Un regard curieux aperçut les bases du pouvoir. On proclama d'abord, à la voix du monarque, les usurpations de la noblesse. On se mit ensuite à proclamer, à la voix du peuple, les usurpations du monarque. Des barbares long-temps à la solde de Rome détruisirent Rome. Un esprit long-temps sous la bannière du gouvernement se tourna de même contre le gouvernement.

On a observé à cet esprit destructeur un

grand concert dans ses actes. L'imagination a créé encore sur cela des fantômes.

Dans le mauvais temps des nations, il est commun de maudire le joug des mœurs. Ce joug qui a l'air de peser sur nos libertés est le premier soutien de nos libertés, car il est le soutien de l'ordre. C'est par les mœurs que se compose une conscience générale qui sert de fanal aux consciences particulières, et qui marque la route dans les tempêtes de la vie. Ce joug une fois brisé, ce fanal une fois éteint, les portes sont ouvertes à l'anarchie; mais alors les passions ont beau être diverses, comme ce qui reste d'ordre est un obstacle commun, elles se réunissent contre cet ennemi commun. Sur tout le reste, il y aura confusion, dissension, désordre. Sur ce point, il y aura constance, accord, énergie.

Et voilà ce qu'a manifesté l'état de la France. Chacun cherchait comme d'instinct à le changer. L'unité civile, domestique et politique, cherchait diversement à se refaire. Les uns voulaient tout entraîner dans le despotisme, les autres dans un système plus ou moins savant de liberté ; et comme les capitulations des provinces, les priviléges des ordres, et ce qui restait de respecté dans nos institutions, faisait également obstacle à ceux-ci pour leur pouvoir absolu, à ceux-là pour leurs systèmes particuliers, on sapait de partout, et comme de concert, un reste d'ordre, que défendaient mal des institutions énervées.

On a imaginé des conspirations et des trames ; on a eu recours aux prodiges de la profondeur du génie, et de la perversité humaine : il suffisait d'observer l'état de la France.

Le spectacle d'une administration dans laquelle aucune grande vue ne savait se développer, dont toutes les mesures étaient gauches, timides, insuffisantes, a prêté à la dérision : il s'est élevé un esprit frondeur.

En l'absence de titres précis, comme aucune pratique constante n'établissait des routes certaines, l'accès a été ouvert à toutes les spéculations : on a été inondé de théories. Un système nouveau a eu alors d'autant plus d'avantages qu'il n'y en avait point dans l'État : tel a été l'esprit novateur.

Des dissensions survenant entre les divers pouvoirs, ont décélé l'embarras du gouvernement. L'obéissance et l'autorité n'ont plus paru alors que de fortune. Tout ce qui était ambitieux a conçu des espérances : tout ce qui était fier est devenu séditieux.

Enfin, les sentimens pieux qui s'étaient balancés long-temps entre la religion réformée et la religion romaine, étant venus à se partager entre le jansénisme et le molinisme, les troubles élevés par ces divisions ont conduit à l'indifférence religieuse, comme les troubles de l'État avaient conduit à l'indifférence politique : l'esprit d'impiété s'est élevé.

Frondeur, systématique, séditieux, impie, c'est ainsi qu'on peut signaler l'esprit qui a agité la France dans ces derniers temps. Cet esprit s'est produit, non du mauvais génie, ou de la perversité des hommes, mais du mauvais génie et de la perversité des choses. Une fois produit, il a dû avoir une grande puissance et de grands effets.

SECTION TROISIÈME.

Nous avons vu précédemment deux grands ennemis aux prises : l'ancien peuple et le nouveau peuple. Au milieu d'un amalgame d'institutions nouvelles sans force, et d'institutions anciennes effacées, s'élèvent deux nouveaux athlètes. Ici c'est un pouvoir qui a tout détruit, mais seulement dans une mesure particulière, à l'effet d'exister désormais plus à son aise : ce pouvoir médite de se conserver seul, au milieu des compositions qu'il a ébauchées, et des ruines qu'il a faites ; là, c'est un esprit public d'un nouveau genre, qui, emprisonné dans un ordre social mort, se débat au milieu d'un reste de formes qui le retiennent, et qu'il est impatient de déchirer. Ne pouvant subsister dans cet ensemble à demi-détruit, à demi-formé, son instinct est de détruire le gouvernement même, qui veut l'empêcher de tout détruire.

II.   10

Entre ces deux grands contendans, les moyens semblent, pendant quelque temps, se balancer. L'un a pour lui la force armée, les revenus publics, la dignité du trône, et de longues habitudes d'obéissance et de respect ; l'autre a pour lui cette fleur de générosité française, qu'un certain langage ne sachant comment définir, a appelé *point d'honneur* ; il a pour lui tout ce qui s'est conservé dans l'État de droits, de priviléges, d'immunités, et qu'un autre langage ne sachant comment le définir, a appelé *lois fondamentales*. Enfin, il n'a qu'à attendre : il verra bientôt tomber et s'anéantir le gouvernement lui-même. Après avoir détruit nos anciennes mœurs et notre ancien droit public, le gouvernement sera amené à ne pouvoir plus gouverner, et à révéler publiquement l'impossibilité où il est de gouverner.

Dans une semblable situation, les forces sont manifestement inégales ; car, quoique le gouvernement ait un grand éclat, il n'a, avec sa magnificence extérieure, aucune base solide ; quoiqu'il ait des armées et des trésors, ces moyens suffisans pour conserver un état d'ordre, ne le seront pas pour conserver un état d'anarchie. Enfin, quoique l'harmonie et l'ensemble soient en apparence dans ses pensées, une discordance réelle finira par se produire dans ses mouvemens, de la discordance qui est devenue propre à tous les mouvemens.

L'esprit public, au contraire, avec sa faiblesse apparente, occupe tout le sol de la France. Il se fait un corps de tous les débris, une arme de tous les obstacles, et il a pour détruire, une activité et un concert que le gouvernement ne peut avoir pour conserver.

Tels sont les effets qui, dans la décadence des nations, accompagnent l'absence d'un bon esprit public. On croit n'avoir perdu qu'un soutien : il s'est enfanté un ennemi. Vous n'avez plus autour de vous un mouvement conservateur d'affection et de protection ; vous avez un mouvement continu d'aggression et d'hostilité.

Les gouvernemens de ces derniers temps, obstinés dans les habitudes empruntées de

Louis XI, de Richelieu et de Louis XIV,
ne surent tenir compte à cet égard ni de la
différence des choses, ni de la différence des
temps.

Pendant trois siècles, tant que le gouvernement n'avait eu qu'une seule pensée,
celle de détruire l'ancien gouvernement, sa
marche, dirigée par cette pensée, avait été
précise, vigoureuse, uniforme; le plan bien
ou mal entendu de réduire toutes les autorités à une seule, s'était complétement exécuté. Dans ce plan, toutefois, comme deux
choses importantes avaient été omises : la
première, en réglant l'autorité principale
de l'environner d'un cortége convenable
d'autorités; la seconde, en réglant ses propres droits, de régler les autres droits, on
ne fit autre chose que de léguer aux générations futures, d'un côté, l'absence de force;
de l'autre, l'absence d'ordre.

Or, ce qu'on appelle état, n'est ni un
être de raison, ni une vaine image : c'est un
édifice. Après avoir abattu les colonnes, on
se croit très-habile de leur substituer des
décorations. On a ainsi une représentation

et non de la force. Cette représentation
elle-même, honteuse de se trouver sans
virilité, peut nourrir un esprit hostile, attendre des circonstances favorables, pour
réclamer une existence dont elle n'a que le
nom, et exercer en réalité des droits dont
on lui a laissé le lustre.

C'est ce qui arriva.

Lorsqu'on fut parvenu à décrier tout ce
qui appartenait à nos pères; lorsque nos
temps anciens eurent été flétris, et que toutes les bases des temps passés eurent disparu,
les monarques purent sourire de ce contre-
sens, par lequel une nation entière renon-
çait à l'autorité des âges; ils crurent avoir
un bon marché de cette nouvelle nation
qu'ils s'étaient faite. Cependant, après avoir
détruit les parlemens de barons, comme il
fallut créer des parlemens de légistes; après
avoir aboli les anciens pairs, comme il fallut
créer de nouveaux pairs; après avoir réuni
successivement tous les fiefs, comme il fallut conserver dans ces fiefs le système de
liberté que les anciens comtes et les anciens
ducs y avaient établi, des difficultés nou-

velles remplacèrent avec le temps les anciennes difficultés. Des institutions factices se crurent au droit de celles qui les avaient précédées. Les nouveaux pairs, les nouveaux baillis, les nouveaux gouverneurs, donnèrent de l'ombrage. Le Parlement de Paris, si acharné contre le système féodal, fut amené à déclarer la guerre au roi, à la manière des anciens vassaux. On avait cru ne supprimer que des obstacles : on avait supprimé des appuis, et on avait trouvé ensuite de nouveaux obstacles dans les instrumens qu'on avait créés.

Dans une position semblable, quand elle est une fois fixée, les troubles doivent être un objet d'alarme ; le calme ne doit inspirer aucune sécurité. En observant dans l'histoire du temps les divers coups d'autorité et le repos qui leur succède, certains politiques s'applaudissent. Ils voient la force du gouvernement dans l'apathie générale. Il y a à cet égard un grand mécompte.

Qu'on me garantisse des vents, je m'engage à aller en Amérique sur une nacelle. Au moindre orage, je serai submergé. Un

gouvernement voudrait tout tenir dans l'inaction, et s'y tenir lui-même. Ah! on ne
reste pas ainsi immobile. Les temps marchent; il faut marcher avec eux. Les temps
sont difficiles; il faut pouvoir les affronter.
Ils exigent des efforts; il faut les faire. Voilà
en quoi se trouvait surtout fâcheuse la situation laissée par Louis XIV. Elle rendait
tout grand mouvement impossible, tout
grand effort impraticable; elle paralysait
un corps où une grande action est souvent
nécessaire.

Ces dangers n'avaient point été appréciés.
En composant le concert pour ses propres
mouvemens, on avait regardé, comme une
manœuvre habile, de laisser le désordre
dans les autres mouvemens. Le plan paraît
avoir été, non de mettre de l'accord dans
les parties de l'État, mais seulement de
réprimer leurs conflits; non de prévenir
les mécontentemens, mais seulement les
murmures; non d'empêcher les souffrances,
mais seulement les clameurs. Le plan paraît
avoir été de tout affaiblir, afin de tout apai-
ser; de s'isoler, afin de se fortifier. Engagée

dans ce contre-sens, qui passait pour un chef-d'œuvre du génie, la politique du gouvernement s'attacha, non à régler les droits, mais à les diffamer; non à régulariser et à ordonner ce qu'il y avait d'institutions, mais à les énerver. De cette manière, on créait de plus en plus la faiblesse; et néanmoins, de plus en plus on proclamait la puissance. On affecta de la présenter avec un grand appareil. A mesure que notre situation devenait extrême, les mesures devinrent extrêmes. C'est alors que se développa dans toute son étendue un système de compression, ébauché avec atrocité sous Louis XI, repris avec perfidie sous Richelieu, perfectionné sous Louis XIV, poursuivi scrupuleusement par le cardinal de Fleury.

Quand le voyageur passe dans certaines vallées des Alpes, on lui recommande de ne pas faire de bruit. Des avalanches sont suspendues sur sa tête; elles vont tomber à la première commotion. On aurait dit que la France était dans cette situation. Toute espèce de mouvement paraissait hostile; les moindres difficultés faisaient redouter une crise; les moindres dissentimens prenaient l'importance d'affaires d'état. La parole elle-même était devenue un danger. Il s'était répandu, comme une découverte, que l'autorité est quelque chose de merveilleux qui doit rester sous le voile. On consacra en principe que, dans l'état monarchique, comme dans l'état monastique, le silence est une règle de salut.

La marche du gouvernement se réglant sur cette doctrine, les prohibitions de la presse furent dirigées de plus en plus contre les communications de l'esprit; les perquisitions de police, contre les épanchemens de la confiance; les lois contre le duel furent des lois déguisées contre le courage. Au dehors, on cherchait à se préserver de la gloire; au dedans, de l'honneur. On était arrivé à ce point, que la première crainte du gouvernement n'était plus la honte, mais la ruine. Les efforts se réunissaient pour produire, non l'activité et la prospérité, mais la faiblesse.

Avec ce système, cependant tout n'était pas gagné. On avait dit : que le repos se fasse, et il avait été fait. Mais quand un peuple, pressé par douze cents ans de gloire, a, en outre, dans ses traditions et dans sa vivacité naturelle, une multitude de germes d'activité, il faut avoir moins de confiance dans ces interrègnes d'une apathie momentanée. Le roseau qui a plié sa tête sous le torrent, la relève dès que le torrent est écoulé. Il en est de même des peuples sous les débordemens du pouvoir. Aujourd'hui, tout est plié; demain, tout se redresse. Aujourd'hui, tout est tranquille; demain, tout va s'agiter.

Cet effet était inévitable. Malgré tous ses efforts, le gouvernement ne put obtenir complétement, ni l'apathie qu'il commandait, ni l'inaction qu'il se prescrivait. Le silence avait beau être ordonné; à chaque instant on entendait des plaintes. Les droits avaient beau être méconnus; à chaque instant on était obligé de les produire. Les grandes corporations avaient beau être comprimées; à chaque instant il s'élevait entre elles des discussions qu'il fallait régler. On aurait voulu tenir dans l'oubli nos anciens temps qu'on avait déshonorés; à tout moment on était obligé de les ressusciter et de les invoquer. Tantôt c'était à l'occasion des pairs et des princes légitimés; tantôt à l'occasion des impôts et des parlemens; tantôt à l'occasion des droits de certaines provinces et de certaines corporations.

Cependant, dès qu'on recherchait les bases de nos institutions, le despotisme, dont on avait fait la constitution de l'État, s'évanouissait. On était tout étonné de trouver en point de droit : ici, que l'impôt ne peut s'établir sans le consentement des trois états; là, que la loi doit être faite avec le consentement du peuple. On était tout étonné de découvrir que les rois de France n'étaient ni des Trajan, ni des Justinien, comme le voulaient les gens de loi; ni des Saül ou des David, comme le prétendait le clergé; mais seulement des rois Français, ayant à ce titre des devoirs à remplir, et des droits et des lois à respecter.

Dans cette situation, qui développait mille causes de trouble, les finances ne doivent point être oubliées.

Dans leur état de pénurie, diminuer les

dépenses, accroître les impôts, étaient les
seuls partis qui restaient. L'un et l'autre
avaient des inconvéniens. Le ministère se
décidait-il pour les impôts? il fallait qu'il
forçât la main aux Parlemens; et alors la
résistance simultanée de tous les ordres de
citoyens, l'énormité supposée des contributions, le cri de toute la France, effrayaient
le monarque; le ministre était sacrifié. Le
ministre se décidait-il pour des réformes?
comme elles tombaient sur des hommes qui
avaient la faveur, il trouvait à la cour la résistance qu'il avait voulu éviter au Parlement.

Depuis un siècle, l'autorité était occupée
sans cesse à faire disparaître un écueil qui
se reproduisait sans cesse. J'ai traité précédemment du règne de Louis XIV. La France
eut au moins dans ce règne une glorieuse
agonie. Je ne sais comment peindre les
règnes qui ont succédé.

Certes, s'il y avait alors, comme dans ce
temps-ci, des hommes qui croient que les
troubles des États dépendent uniquement
de la faiblesse des gouvernemens, le repos
de la France, sous la minorité de Louis XV,

a dû bien les étonner. C'était une belle occasion de trouble, que la minorité d'un
prince de cinq ans, ayant auprès de lui des
hommes de la force de l'évêque de Fréjus
et du maréchal de Villeroy : je dois ajouter
la régence d'un prince que Louis XIV avait
nommé Fanfaron de Crime, titre qu'il s'em-
pressa de justifier par ses débauches, ainsi
que par son association à un misérable sans
talent comme sans mœurs; je veux parler
du cardinal Du Bois.

Rien ne bougea : un peuple qui n'avait
pu supporter une injustice sous le cardinal
Mazarin, supporta le bouleversement de ses
fortunes sous le ministère de Law.

Se réchauffant des cendres de Louis XIV,
le gouvernement de Louis XV obtint, dans
la guerre qui se termina par la paix d'Aix-
la-Chapelle, une gloire qui fut obscurcie
par la paix de 1763. Le gouvernement de
Louis XVI, se ranimant de l'esprit public,
auquel il accorda un peu d'essor, obtint à
son tour, dans la guerre d'Amérique, une
gloire qu'effaça le délaissement honteux de
la Hollande. Quelques personnes n'ont vu,

dans ce dernier gouvernement, qu'inertie, lâcheté, mollesse. On n'a point été juste. Et d'abord, il faut le louer d'avoir compris, à beaucoup d'égards, le nouveau mouvement du siècle.

La religion déclinant chaque jour, l'autorité, qui se sentit faussement placée dans le droit divin, eut le bon esprit de vouloir devenir plus humaine et plus paternelle. Les mesures de compression furent plus douces. On ne repoussa pas tout-à-fait l'autorité des âges, ou, ce qui est la même chose, l'autorité d'un droit public. On peut citer, dans l'administration de ce temps, des actes d'une intention bienfaisante. On ne peut même refuser à ce gouvernement des actes de force. Il fut assez vigoureux, et dans la guerre des Blés, et lors de l'exil du Parlement, ainsi que lors de la première émeute populaire du faubourg St.-Antoine.

Il est vrai qu'il n'a pas su prévenir la révolution. Il me semble qu'il y a à cet égard des méprises.

La première est de prendre toujours pour un manque d'énergie, un manque d'autorité. Si on compare ce qui a pu se pratiquer alors, avec ce qui a pu se pratiquer depuis ; je veux dire, si on compare la marche d'un gouvernement entravé par une infinité d'obstacles sur un terrain hérissé de constitutions et de priviléges, à ce qui a pu se faire dans la suite, lorsque la France n'a plus été qu'une plaine rase, où tout a été égalisé et nivelé, on commet une erreur.

Il est une autre différence dont il faut tenir compte.

Après dix ans de révolution, où les forces de tout genre ont été continuellement aux prises, et ont donné par là leur mesure, telles entreprises qui pourront être conçues avec hardiesse et exécutées avec succès, n'auront pu être imaginées, du moins avec sagesse, dans un temps où une effervescence générale présentait au ministre, au monarque, à tout le monde, des situations nouvelles impossibles à apprécier.

Ces méprises me paraissent, au surplus, provenir d'une autre méprise ; c'est de croire que, dans un État, tout peut se faire par la force. Je ne saurais assez le répéter. Ces

lettres de cachet, ces prohibitions de la
presse, ces coups d'état, dans lesquels on a
tant de confiance, ne doivent être pour les
gouvernemens que des mesures instantanées
et provisoires. Toutes les forces du monde
se réuniraient en vain pour arrêter le cours
d'un faible ruisseau : elles ne peuvent que
le suspendre. Les mesures de despotisme ne
peuvent que suspendre de même l'action
lente et continue d'une cause morale, quelque faible d'ailleurs qu'elle paraisse.

Je vais dire le véritable tort du gouvernement de Louis XVI. Il a été l'imprudence,
et non pas la faiblesse ; il a été de continuer
à s'aveugler sur un despotisme qu'on voulait
avoir, et qu'on n'avait pas ; il a été de vouloir faire, de mesures temporaires, un régime
stable, et de ne connaître rien sur une position qui n'était pas stable.

J'ai loué ce gouvernement d'avoir adouci
le système de compression employé par ses
prédécesseurs : cette mesure était sage. Il
était imprudent de lutter avec la force seule
contre un esprit aussi animé et qui, à la
longue, devait l'emporter ; mais il n'était

pas moins imprudent d'abandonner à son essor un esprit aussi dépravé, et dont l'instinct particulier était de tout bouleverser.

On demandera ce qu'on devait faire d'un tel esprit : ni le comprimer. Ni lui céder ; il fallait le changer.

J'en dirai autant de cette espèce de droit public qu'on avait l'air de temps en temps de chercher et d'interroger. Il fallait connaître une grande vérité : c'est qu'il n'y avait en France aucun véritable droit public pour régler les prétentions respectives. Il n'y avait aucun droit public pour l'ordre public ; mais en même temps, il y en avait un parfait pour le désordre. Il n'y avait aucun droit public que je pourrais appeler d'action ; il y avait un droit public de résistance.

Un grand malheur du gouvernement de Louis XVI est de n'avoir pas su apprécier cet échafaudage. Un gouvernement peut être très-fort avec une absence totale de constitution : il se compose tout entier en lui-même. Il peut être fort aussi avec une constitution ; car il y peut trouver de l'appui. Le gouvernement ne pouvait trouver

II.

aucun appui dans l'espèce de constitution qui existait alors. C'était pour lui un embarras, et non pas une ressource. Tout était détruit; ce n'est pas la même chose que si rien n'eût existé. Les souvenirs sont souvent une difficulté, les ruines un obstacle. Il n'y avait point de constitution pour aider la marche du gouvernement de Louis XVI; il y en avait une très-forte pour l'embarrasser et l'entraver.

On regarde ordinairement le despotisme comme un malheur pour les États. Je connais un malheur encore plus grand; c'est la faiblesse, vernissée d'une apparence de despotisme. Sous un despotisme véritable, tout marche du même pas, tout est dessiné sur le même modèle; toutes les ressources du sol, toute l'énergie des habitans, sont mises en activité. Mais avec treize parlemens, les droits des ordres, les priviléges des corporations, les capitulations des provinces, rien de grand ne peut être conçu, rien d'uniforme ne peut être tenté. Le ministre qui veut entreprendre est assailli de plaintes; celui qui n'entreprend pas, décrié. Embar-

rassé dans toutes ces entraves, un despotisme d'illusion semblait n'avoir été inventé
que pour irriter ce qu'il y avait encore de
sentimens généreux, engager dans de fausses
démarches les ministres et le monarque lui-
même, et compromettre ce qui restait d'autorité.

On ne savait comment garder cette situation. On ne savait non plus comment en
sortir. Le despotisme ne voulait pas la liberté. Nos mœurs ne voulaient pas le despotisme. Le gouvernement voulait le repos:
tout portait au mouvement. Rien ne pouvait
aller avec une multitude de ruines, restes
des anciennes destructions. Les hommes
généreux se cantonnaient dans ces ruines
mêmes, comme dans le dernier rempart de
nos libertés.

Telle était la situation d'un gouvernement
qui, de quelque côté qu'il voulût se diriger,
ne pouvait arriver à aucune de ses fins. Au
dehors, il était tellement connu, qu'il craignait la guerre, qu'il était par cela même
sans cesse au moment de s'y voir entraîné.
Achetait-il la paix par des conditions humi-

liantes, cette humiliation qu'il aurait voulu enfouir, lui revenait de toutes parts en traits éclatans et acérés. D'un côté, tout semblait se réunir pour entraîner au mouvement un ministère qui voulait absolument le repos : d'un autre côté, tout se réunissait pour entraver ce même ministère, dès qu'il voulait se mouvoir. Un esprit public d'une espèce toute particulière, semblait avoir été composé exprès pour le harceler et le tracasser, quand il voulait demeurer dans l'inaction, et pour l'embarrasser dès qu'il voulait agir.

Une situation aussi violente commandait une résolution décisive. Quand une nation, de mœurs fières, a conservé une multitude de constitutions et de droits, et que tout cela est désordonné et mutilé, il n'y a point à balancer. Ce n'est pas avec la force qu'on disciplinera cette multitude de priviléges et de prétentions diverses ; c'est avec une transaction entre tous les intérêts, c'est-à-dire, avec un bon droit public.

D'un autre côté, quand une nation isolée de ses temps anciens, se trouve n'avoir plus ni droit public, ni esprit public, il est facile de deviner ce qui manque désormais au pouvoir. Ce n'est pas la force, c'est l'autorité.

Rechercher tout doucement l'état des institutions, et préparer des moyens de les ordonner et de les améliorer; rechercher tout doucement ce qui restait d'autorités secondaires, et les aider à affermir et à ranimer la principale autorité, voilà le parti qu'il fallait prendre. Ce parti, il faut lui donner son véritable nom; c'était une grande et salutaire innovation.

J'ai souvent entendu reprocher à la féodalité son antipathie contre la liberté et les idées libérales; mais si un système représentatif est quelque chose dans ces idées libérales, on conviendra que la féodalité avait mieux traité sur ce point ses vassaux, que les rois de France leurs sujets. La Bretagne, le Brabant, la Provence, avaient des systèmes de représentation un peu plus sages et un peu mieux composés que ceux que nous avons vu établir ensuite avec beaucoup de fracas. Il est une chose remarquable sur les temps antiques : c'est qu'on ne s'y est jamais mépris sur aucun grand sujet d'État.

On s'effraie aujourd'hui au seul mot d'assemblée publique; on y voit des germes de trouble. Nos pères y voyaient des moyens de salut. Les Romains ne paraissent pas avoir redouté beaucoup ces assemblées, qui nous paraissent si redoutables; ils en tenaient partout. Pour peu qu'un gouvernement ait de sens, il ne périt pas par les puissances qu'il crée. Charlemagne ne fut pas victime des Champs de Mai; Louis le Gros, de l'établissement des communes; Philippe le Bel, des États-Généraux. Philippe-Auguste et Saint-Louis assemblèrent tant qu'ils voulurent des parlemens de barons. Ils trouvèrent en eux fidélité et appui.

Eh quoi! des États ont été bouleversés par des assemblées? Ils ont été bouleversés aussi par des armées. Rien ne sera plus redoutable que des hommes armés, s'ils ne sont gouvernés, et disciplinés. Disciplinés et dressés, ils sont la force de l'État. Si vous abandonnez à soi-même l'intempérance des sentimens et des pensées, elle pourra, dans certaines circonstances, causer des troubles.

Réglée et ordonnée, la manifestation des sentimens particuliers devient le premier ciment des constitutions. Elle est l'organe des mœurs et de l'esprit public. C'est le fondement de la liberté de la presse.

Il en est de même de ces convocations dont on a l'habitude d'effrayer les souverains. Cette manière de gouverner peut être fâcheuse pour l'orgueil, qui veut tout concentrer en soi, pour l'impéritie, que la moindre complication embarrasse, pour la paresse, que la moindre peine épouvante. Des hommes faibles s'effraient de ce qu'il faut de soins pour dresser cette masse d'énergie publique, et se l'approprier. Ils préfèrent de la comprimer et de l'anéantir. Des hommes sages auront une autre pensée. Ils reconnaîtront que dans cet amalgame de forces et d'autorité dont se compose le pouvoir, une représentation nationale est une armée pour l'autorité, comme les soldats sont une armée pour la force.

Ces vues ne doivent pas seulement être regardées comme sages ; dans la position de la France, elles étaient commandées. L'esprit public, qui appelait de toutes parts des innovations, n'avait pas seulement des appuis dans l'inquiétude de toutes les classes et dans le mécontentement général ; il nourrissait à cet égard des intelligences dans le gouvernement même. Depuis des siècles, d'une manière ou d'une autre, tous nos grands personnages s'en occupaient. Je n'en excepte pas même Louis XIV.

Embarrassé des difficultés où l'avaient jeté son orgueil et sa faiblesse, ce prince commença à avoir un peu moins de confiance dans sa maxime chérie ; savoir, qu'il était le maître de nos mœurs, de nos propriétés, de nos institutions et de nos lois. La harangue suivante me paraît sous ce rapport digne d'attention.

« Jusqu'à cette heure, dit le monarque, « j'ai mis en usage les moyens extraordi- « naires dont, en pareille occasion, on s'est « servi pour avoir des sommes proportion- « nées aux dépenses, pour soutenir la gloire « et la sûreté de l'État. Présentement que « toutes les sources sont quasi épuisées, je « viens à vous pour vous demander votre

« conseil et votre assistance en ce ren-
« contre. »

Cette harangue est telle qu'elle eût pu être
prononcée par Henri IV et par Louis XII;
mais, si j'en comprends bien le sens, elle
doit avoir été préparée pour des États-Généraux.

Ce qu'il y a de sûr, c'est que le duc de
Bourgogne, dauphin, avait également senti
la nécessité des États-Généraux. « La com-
« paraison qu'il faisait des pays d'États avec
« les autres, dit M. de Saint-Simon, lui
« avait donné la pensée de séparer le royau-
« me en parties, de les faire administrer par
« des États, et de former d'un extrait sim-
« plifié de ces divers États, des États-Géné-
« raux du royaume. »

Il paraît que le régent s'était occupé de
même des États-Généraux. Cette innovation
ne fut peut-être écartée que par une autre
innovation très-célèbre : les billets de
banque.

M. de Maupeou, avec ses conseils supérieurs; M. de Saint-Germain, avec ses réformes militaires; M. Turgot, avec ses ré-

formes féodales, figurent successivement sur le théâtre des innovations. M. Necker vient à son tour, avec ses administrations provinciales; M. de Calonne, avec cette fameuse assemblée des notables, qui devait l'entourer de ses lumières, et qui ne l'entoura que de ses intrigues. M. de Brienne se montre ensuite avec sa cour plénière et ses grands bailliages.

LIVRE TROISIÈME.

L'ÉTAT de la France avait rendu une grande innovation nécessaire. Il ne s'agit plus que d'examiner l'espèce d'innovation qui était convenable, et dans quel esprit et avec quelle forme elle devait être effectuée.

Cet examen toutefois pourra se trouver inutile, si le gouvernement ne comprend pas cette nécessité, s'il ne regarde le vœu général que comme une effervescence passagère, et que, par des détours, il cherche à l'éluder ou à lui échapper.

Cette supposition, qui s'est réalisée, présente un nouvel ordre de mouvemens. Le gouvernement ayant été signalé partout comme un obstacle, on s'est élevé partout contre cet obstacle. Le gouvernement ayant succombé, il y a eu ce qu'on appelle, déplacement de pouvoir, autrement révolution.

SECTION PREMIÈRE.

J'ai dit qu'une grande innovation était nécessaire. Oui, sans doute, c'était pour éviter une grande catastrophe : toutefois, il fallait prendre garde qu'elle ne devînt elle-même une catastrophe. Il fallait ne se méprendre à cet égard, ni sur la forme, ni sur l'objet; il fallait surtout la faire et ne pas se la laisser imposer.

Pour parvenir à ce but, deux grandes routes pouvaient s'ouvrir avec d'autant plus de facilité, qu'il y avait à cet égard des directions ébauchées. De ces routes, l'une pouvait partir de nos anciens États-Généraux, en se dessinant à peu près dans la forme projetée par le duc de Bourgogne Dauphin; chaque province aurait eu alors des États particuliers, dans lesquels on aurait pris, à des époques marquées, une dé-

légation propre à former des États-Généraux. L'inconvénient de ce plan était de
laisser intacte la constitution vicieuse de la
pairie, des parlemens et de tout l'ordre judiciaire.

L'autre route pouvait partir des anciens
parlemens de barons, en se dessinant à peu
près dans la forme qui fut projetée par
M. de Brienne. On avait alors de grands
bailliages et une cour plénière. L'inconvénient de ce plan était d'effacer un peu le
corps de la noblesse, et de ne tenir aucun
compte de la haute bourgeoisie, ainsi que
de l'importance des villes.

Il était facile de se défaire des inconvéniens propres à ces deux plans : on n'avait
qu'à les fondre ensemble, et les modifier
réciproquement. En changeant d'un côté la
constitution du Parlement et de la pairie,
qui n'était pas tenable, de l'autre, la situation de la noblesse, qui n'était pas supportable, on pouvait ouvrir à la bourgeoisie
l'accès à certaines places, qui avaient été
jusqu'alors affectées à la noblesse ; ouvrir
en même temps à la noblesse toutes les parties de la magistrature, de l'administration

des finances, dont elle était éloignée, et y composer pour elle des siéges et des offices particuliers.

Dans tous les cas, quelque système nouveau qu'on eût voulu adopter, il importait de l'attacher, non à une conception purement spéculative improvisée aux temps présens : (conception arbitraire, sans poids et sans autorité ;) mais à la chaîne des âges et de nos institutions antiques, en cherchant seulement à les plier à ce qui s'était composé d'intérêts nouveaux et de situations nouvelles.

Rien de semblable ne fut imaginé.

Quand le régent eut abandonné son plan d'États-Généraux pour les billets de Law, la France fatiguée du bouleversement qu'elle éprouva, put prendre pour une sorte de félicité un moment de repos dont on la laissa jouir. Des troubles ne tardèrent pas à reparaître. Les parlemens, exilés déjà en 1755, le furent de nouveau en 1771. M. de Méaupeou nous donna ses conseils supérieurs.

Cette innovation avait un premier vice, qui tenait à cet ancien faux-système dont j'ai parlé, et qui était, non d'accroître les forces, mais seulement de diminuer les obstacles. M. de Meaupeou ne diminua pas même les obstacles, il les multiplia. Les conseils supérieurs auraient fini par se croire aux droits des parlemens, comme les parlemens s'étaient cru aux droits des parlemens de barons.

Un autre vice de cette mesure consistait dans le dénûment où se trouvait l'autorité royale. C'était avec beaucoup de peine que les pairs et les princes consentaient à se rattacher au Parlement, pour former avec lui la cour des pairs. Un pareil amalgame fourmillait déjà d'inconvenances. La composition nouvelle, qui était l'œuvre de M. de Meaupeou, portait ces inconvéniens jusqu'au scandale. Cette innovation ne pouvait avoir de durée.

M. de Saint-Germain commit une faute plus grave que M. de Meaupeou : celui-ci avait affaibli et délustré le pouvoir royal, en lui ôtant le cortége antique avec lequel se composait l'autorité. M. de Saint-Germain l'affaiblit et le délustra d'une autre manière, en supprimant la maison militaire,

c'est-à-dire le cortége avec lequel avait coutume de se composer la force.

Je ne sais si je comprends bien les plans
de M. Turgot : ils portaient, si je ne me
trompe, 1°. sur l'abolition des restes de la
féodalité : c'était là la partie populaire et
philosophique; 2°. sur une répartition générale de tous les impôts sur les terres :
c'était la partie fiscale et économique; 3°. sur
une représentation régulière et indistincte
de tous les citoyens : c'était là la partie
politique.

Je ne m'arrêterai pas sur ce qui concerne
la répartition de tous les impôts sur les
terres : cette partie des projets de M. Turgot
est aujourd'hui surabondamment jugée. Je
ne m'arrêterai pas davantage sur ce qui concerne un système indistinct de représentation. Je doute que le monarque, s'il eût été
bien conseillé, se fût prêté à un système
semblable. Je ne veux examiner un moment
que ce qui a rapport à l'abolition de la féodalité.

Ce serait se tromper grandement, que de
voir dans cette partie des plans de M. Turgot,
quelque chose qui approche des conceptions

d'un homme d'état. C'était tout simplement la fraternité et l'égalité ; c'était tout le délire du temps ; c'était la révolution en germe. Sous ce rapport même, les projets de M. Turgot m'offrent quelque chose de mal entendu et de prématuré.

Au temps de Louis X, lorsqu'un monarque français se mit à déclarer que, *selon le droit de nature, tous les hommes sont francs, et que son royaume étant appelé le royaume des Francs, il voulait que la chose fût accordante au nom*, cette doctrine de l'insurrection et des droits de l'homme n'eut pas seulement pour elle l'appui de popularité qui s'attache à de pareilles doctrines ; elle fut soutenue par les corporations, par les parlemens et par les bailliages. Filée ensuite avec prudence pendant près d'un siècle, elle put avoir du succès. A l'époque du ministère de M. Turgot, quelque avancée que fût l'opinion sur toutes les choses féodales, le Parlement cependant, soit par la pratique des anoblissemens, soit par la possession des grands fiefs, commençait à avoir des intérêts tellement identifiés sur ce point avec ceux de la noblesse, que

II. 12

je ne comprends pas comment ce ministre entendait réussir, à moins d'associer à ses plans, comme on l'a fait depuis, la confiscation, les proscriptions et toutes les autres mesures du Comité de Salut Public.

Maître de l'État, je ne doute pas que M. Necker n'eût cherché à réaliser, je ne dis pas le système économique, au moins la partie politique et philosophique des plans de son prédécesseur. Quoique ce ministre n'ait pas figuré heureusement dans la convocation, ni dans la direction des États-Généraux, à l'époque dont je parle, il avait pourtant des vues plus raisonnables et surtout une idée beaucoup plus juste de l'état de la France et de la disposition des esprits. Mais ses Administrations Provinciales qui étaient d'une bonne intention, avaient un grand inconvénient : c'était de ne rien ordonner, d'offrir au pouvoir de nouveaux obstacles (il n'en manquait pas), et d'augmenter encore la confusion qui était partout.

Elles avaient encore un autre inconvénient. C'était depuis long-temps une passion de nous donner des institutions bâtardes, sans filiations et sans généalogie. Les rois qui avaient leur raison pour se placer dans le droit divin, craignaient de laisser à aucune chose l'autorité des âges qu'ils récusaient. Les parlemens de légistes, par cela seul qu'ils avaient pour père putatif les parlemens de barons, en avaient réclamé quelquefois les prérogatives : on craignait que les administrations provinciales, si elles se rapportaient en aucune manière aux anciens États de province, ne prétendissent de même à leurs droits. L'intention secrète était de les opposer aux parlemens. On ne vit pas que des corps jetés ainsi au hasard, qui avaient leur établissement à former et leur fortune à faire, seraient bien plus disposés à se liguer avec le Parlement contre la cour, qu'avec la cour contre le Parlement.

Le système novateur de M. Turgot était vicieux, parce qu'il était violent et révolutionnaire. Le système novateur de M. Necker fut défectueux, parce qu'il était mal entendu et insuffisant. M. de Calonne alla beaucoup plus directement au but avec son Assemblée des Notables.

Dans la situation où se trouvait alors la France, avec l'agitation des esprits, le mauvais tour de l'opinion publique, l'industrie et l'activité de toutes les intrigues, la faiblesse du roi et du pouvoir, je ne puis dire s'il y avait beaucoup de succès à espérer de la révélation soudaine et franche d'un système nouveau de constitution politique, quel qu'il fût. Je crois, au contraire, qu'une sage innovation devait être conduite d'une autre manière, et que surtout elle ne devait avoir aucun rapport à des concessions d'impôts. En général, avant de construire un grand édifice, il me semble qu'il faut commencer par construire ses instrumens, se rendre maître de son terrain, et surtout asseoir ses fondemens.

Jamais ministre n'avait été, sur ce point, dans une situation plus favorable. Maître de la composition des notables, pouvant faire discuter d'avance, dans des comités particuliers, les bases principales d'un plan de restauration ; pouvant prévoir toutes les difficultés, les peser à son aise, se placer avec avantage pour les combattre ? tout devait faire espérer à M. de Calonne un beau résultat. Il n'en eut point par les deux fautes suivantes.

La première fut d'avoir donné à cette convocation, pour objet évident, une concession de subsides, à quoi elle n'était nullement propre par sa nature; la seconde, de n'avoir rien eu de préparé sur des innovations attendues depuis long-temps et qui ne pouvaient manquer d'être le premier objet des demandes. Le ministre n'ayant rien de prêt, il était vraisemblable qu'il se fourvoierait, si on l'amenait brusquement à s'expliquer. C'est ce qui arriva. Obligé de discuter prématurément des plans qui portaient sur l'état de la France, passé, présent et futur, il présenta trop de surface, laissa trop de prise. On ne vit dans ses vues rien de mûr, rien de fixe, rien d'égal à la tâche pompeuse qu'il s'était imposée. M. de Brienne parut sur la scène.

J'ai déjà dit ce que je pensais de ses grands bailliages et de la cour plénière. Cette mesure, dont le grand mérite était de se rattacher aux anciens parlemens de barons, avait l'inconvénient d'être donnée, moins

comme un moyen de réparation en faveur
de l'État, que comme un châtiment à infli-
ger à des magistrats qui étaient alors chéris,
et dont la résistance courageuse avait été
universellement bénie. Ce système, produit d'irritation et à la hâte, ne parut ni
plus mûri, ni plus médité que les projets
proposés par M. de Calonne : il n'inspira
aucune confiance.

Depuis un siècle et demi, on avait invo-
qué successivement le pouvoir absolu de
Louis XIV, les billets de Law, les rapines
de M. Terray, les conseils supérieurs de
M. de Meaupeou, les réformes militaires
de M. de St.-Germain, les réformes féodales de M. Turgot, les administrations
provinciales de M. Necker, la cour plénière et les grands bailliages de M. de
Brienne; et cependant tous les efforts continuaient à être traversés; les finances ne
pouvaient s'ordonner, les prérogatives se
régler, le gouvernement marcher. Les ministres, placés sans cesse entre les réformes
qui faisaient crier la cour, et les impôts
qui faisaient crier le peuple, ne savaient

que résoudre et ordonner. Le gouvernement et la nation, également lassés des désordres qui s'accumulaient et des remèdes partiels qui étaient décrédités, appelèrent tout d'une voix les États-Généraux.

SECTION DEUXIÈME.

Entre tous les modes de restauration, j'ai
peine à croire que ce fut celui des États- —
Généraux qui méritât la préférence. C'é-
tait une apparence de représentation qui figurait depuis long - temps entre les autres
apparences, et qu'on semblait tenir en réserve, non pas pous nous la donner en réalité, mais seulement pour nous ôter l'idée
d'en avoir une ; c'était un fantôme qui
semblait à la fois sous la garde du despotisme, et sous celle de la licence. Le despotisme nous le montrait pour ne le réaliser jamais, et demeurer, en attendant,
maître, s'il pouvait, de nos propriétés, de
nos institutions et de nos lois. La licence
nous le montrait comme un beau prétexte
de révolte, un point de ralliement tout composé, un drapeau tout prêt à la première

commotion. La fidélité n'eût osé invoquer formellement une révolution : elle invoqua les États-Généraux.

Toute innovation, quelle qu'elle fût, était, comme on a vu, une opération difficile. Je n'ai pas dit toutefois la plus grande des difficultés. Elle était moins dans la nature de l'œuvre que dans le caractère des personnages qui avaient à y coopérer. L'arbre se balançait à la surface ; il n'importait à personne de savoir s'il avait des racines. Le système absolu de Louis XIV, sanctionné par plusieurs années de gloire, passait pour le plus haut degré de perfection. Il y avait je ne sais quelle apparence de défection et de mauvais service, de vouloir y toucher. Ce n'était jamais qu'à toute extrémité qu'on osait penser à une composition nouvelle. Le ministre, qui voyait tout l'édifice s'ébranler, abordait alors le monarque, comme on aborde un malade à son lit de mort.

Cependant, quelque sage que fût un plan, il ne pouvait manquer d'éprouver d résistances. Il demandait, par cela même, une attitude imposante, et une suite de mesures fermes et vigoureuses. L'habileté consistait à obtenir du monarque une grande détermination. Même alors, le ministre n'était pas plus avancé. Le monarque, enflé de sa nouvelle énergie, l'employait, non à faire réussir l'innovation, mais à s'en passer. L'État ne changeait cependant pas de situation. C'est ainsi que se sont succédés une multitude de plans informes, de tentatives timides, de mesures ébauchées, tour à tour reprises et abandonnées, et qu'on a eu enfin, sans le vouloir et sans le prévoir, les États-Généraux.

Quoique les États-Généraux ne fussent, en aucune manière, une mesure convenable, et qu'à raison de l'activité extrême de tous les intérêts et de toutes les prétentions, ils présentassent le danger d'être inutiles s'ils délibéraient à part, ou celui d'un bouleversement s'ils délibéraient réunis, le plus grand malheur de cette convocation fut que le monarque parut prendre ce parti, non de choix, mais de nécessité. Quel que fût le parti qu'on jugeât à propos de choisir, ce qui importait avant tout, c'est que le monarque parût le prendre et non pas le subir. En cédant à la nécessité d'une innovation, la première démarche était de se mettre avec franchise à la tête de ce mouvement, d'en composer soi-même les formes, et d'en poser d'autorité toutes les bases.

A une certaine époque, rien n'eût été plus facile. Dans l'attente où on était d'une grande nouveauté, les anciennes divisions des pairs et de la noblesse, de la noblesse et des parlemens, des parlemens et de l'autorité royale, les débats de la puissance temporelle et de la puissance spirituelle, les constitutions particulières des provinces, les priviléges des municipalités, les droits des corps judiciaires, tout était en silence.

On avait repoussé avec unanimité le plan d'une cour plénière; mais ce plan, dirigé de vengeance contre les parlemens, ne paraissait pas sincère; il ne composait aucun régime durable, n'offrait aucun système de représentation et de redressement. Un plan qui, produit avec réflexion et maturité, eût eu sincèrement pour objet d'assurer un mode quelconque de représenta-

tion nationale, n'eût trouvé, à une certaine
époque, que de la soumission et du respect.
Plusieurs pays avaient reçu ainsi, avec reconnaissance, des administrations provinciales, quoiqu'à beaucoup d'égard les formes de ces administrations s'éloignassent de
celles de leurs anciens Etats. On s'assembla
en trois ordres aux assemblées bailliagères :
le roi n'avait qu'à prononcer, on eût formé
une assemblée unique. Les trois ordres se
formèrent à Versailles en assemblée unique.
Si le roi l'avait ordonné, ils se seraient
conservés en trois ordres.

Cette politique ne fut point celle du gouvernement. Au milieu de la crise qui appelait des moyens extraordinaires, tout
projet d'assemblée lui parut un crime; toute
innovation une extravagance. Il ne sut ni
se faire un appui de l'esprit public en l'a-
doucissant, ni une force du droit public en
l'améliorant. Son désir était de demeurer
dans la position que les gouvernemens précédens lui avaient laissée. Son désir était de
vivre comme eux au jour le jour. Il ne chercha ni à vaincre ses ennemis, ni à leur
échapper. Incertain dans tous ses projets,

timide dans toutes ses résolutions, chancelant dans toutes ses altitudes, il ne sut s'arrêter à aucun dessein, ni à aucun parti :
l'esprit public, se fortifiant chaque jour de
sa faiblesse, ne lui demanda plus d'innovation, il la lui arracha. Ce fut là un grand
malheur. Un autre grand malheur, c'est
que, dans cette crise, le gouvernement ne
sut pas même changer de dispositions.

Composé comme il l'était d'élémens divers, une bonne conduite était extrêmement difficile. Chaque parti voyait le nouvel événement à travers le prisme de ses
préjugés. Accoutumés à tout concentrer
dans la personne du monarque, les uns
regardaient toute participation à l'autorité
comme un dépouillement. Ce qui éclatait
de joie aux approches de cet état nouveau,
semblait moins l'expression du bonheur public que celle de l'humiliation du prince,
et un triomphe de révoltés. Ce parti, qui
avait le secret du cœur, voulait bien rendre
le prince supérieur aux États-Généraux ;
mais ce n'était pas pour les diriger, c'était
pour s'en passer. Enfoncées dans des pra-
tiques routinières, ces personnes ne s'ima-

ginaient pas qu'il pû ty avoir d'innovation nécessaire; elles voyaient le renversement de l'État dans celui de leurs habitudes. Les États-Généraux leur paraissaient un jouet qu'il fallait livrer un moment à l'effervescence publique; elles pensaient du reste qu'il fallait se hâter de s'en défaire, et surtout n'en laisser sortir aucun établissement durable.

Il y avait un autre parti dans le gouvernement. Obtenir de grands sacrifices, délivrer l'administration de l'embarras des droits et des priviléges, c'étaient les deux points dont ce parti était principalement occupé. Il croyait sérieusement que la noblesse était très-puissante, le clergé extrêmement redoutable. Il était convaincu que ce dernier refuserait tout, que l'autre mettrait obstacle à tout, et qu'ainsi le grand objet politique et fiscal des États-Généraux serait manqué. Il ne voyait, d'après cela, de ressource qu'en s'assurant de la faveur du troisième ordre; il croyait s'assurer cette faveur en lui donnant des moyens de supériorité et de prépondérance.

Au milieu de leurs bévues, les deux partis

n'avaient pas même le courage convenable
dans ces sortes de dissensions : l'un n'osait
conseiller ouvertement une organisation politique, de peur de déplaire au parti de la
cour ; l'autre n'osait mettre à découvert l'espoir de la dissolution des États-Généraux,
de peur de la haine publique. Tous les deux
se réjouissaient en secret, l'un de la prépondérance du tiers-état, comme devant
assurer et faire éclater la sienne ; l'autre des
troubles et des excès, comme devant empêcher le nouvel ordre de prendre une assiette fixe.

Esclave de ces impulsions divergentes,
l'autorité n'osa prendre sur elle de former
les États-Généraux. Elle regarda comme
habile d'abandonner au hasard un point
qu'elle pouvait facilement diriger. Elle fit
un appel à l'opinion publique.

Quand des institutions sont d'une pratique constante, elles offrent peu de difficultés. Ce qui s'est fait hier montre ce qui
est à faire aujourd'hui. Mais lorsqu'elles
n'ont lieu que d'une manière irrégulière,
et qu'elles ont été long-temps interrompues,
le dernier état de choses n'a pas même toute

son autorité. On peut supposer que, dans
l'intervalle, le mouvement des temps a ap-
porté des changemens incompatibles avec
la dernière forme. Cette allégation acquiert
du poids, si les temps précédens offrent des
variations.

Il en était ainsi des États-Généraux. Aucune impression récente ne restait sur leurs
formes : il fallait aller chercher sur ce point
des lumières dans la poussière des bibliothèques. Le Parlement sentit très-bien cette
difficulté ; il prescrivit les formes de 1614.

Cette démarche ne pouvait avoir de succès. Sans parler de la jalousie qui s'attachait
toujours, soit du côté de la cour, soit du
côté de la noblesse, à toutes les démarches
du Parlement, l'arrêté qu'il venait de publier ne faisait le compte ni de cette partie
du gouvernement, qui croyait ne pouvoir
obtenir de grands sacrifices que par l'abaissement des deux premiers ordres, ni celui
de cette autre partie qui redoutait par-dessus tout un établissement durable. Il fut facile de remuer les vanités plébéiennes. On
prouva que, depuis 1614, la France avait
éprouvé des changemens considérables. Il

fut constaté qu'anciennement le régime de parité entre les ordres n'avait pas toujours été scrupuleusement observé ; et notamment qu'en 1483, les trois ordres avaient délibéré réunis.

Ces difficultés ainsi présentées, on convoqua les notables pour savoir comment on convoquerait les États-Généraux. Les notables instruisirent ce procès plutôt qu'ils ne le jugèrent : il fut décidé par les adresses qu'on provoqua, par des mécontentemens qu'on excita. La faible voix des notables fut facilement effacée par des clameurs qu'on présenta comme la voix de la France, à laquelle on joignit, comme auxiliaire, *le bruit sourd de l'Europe.*

Tel fut le fameux résultat du conseil qui, contre l'avis des notables, assura au tiers-état une représentation double. Ce résultat eut un autre grand résultat, qui fut d'abaisser aux yeux de la nation les princes, le clergé, la noblesse, les parlemens ; de faire croire qu'un grand intérêt séparait les classes supérieures des classes inférieures, de provoquer dès-lors contre cet intérêt, désigné sous le nom d'aristocratie, une

fougue de haine qui, s'échauffant de plus
en plus, ne pouvait manquer de faire
naître le meurtre et les violences. Tout ce
que je puis dire à ce sujet, en faveur de
l'autorité, c'est qu'elle prit au moins à temps
une résolution franche et décisive.

Que n'en fit-elle de même relativement
à la réunion des ordres ? Cette question
pouvait être plus ou moins importante en
soi ; mais elle était liée à une question qui
était plus importante alors : savoir ce qu'é-
tait l'autorité. Tout l'État dépendait de l'o-
pinion qui s'établirait à cet égard.

On ne tint aucun compte de cette considération. Cette faute, plus grave que la première, fut présentée dans de petits comités
comme une manœuvre habile. Pour obtenir
plus d'influence sur les deux premiers ordres, on regarda comme un parti savant de
les tenir quelque temps en échec, de manière qu'à la fin, tout sacrifice qui ne serait
pas entier, pût paraître un bienfait ; tout
résultat qui ne serait pas une honte, un
salut.

Mais ce plan, qui devait avoir pour première condition de rester supérieur aux

États-Généraux, et qui n'aurait dû avoir alors d'autre objet que de les diriger, exigeait une grande habileté, un grand concert, une grande énergie. Dans un gouvernement composé d'élémens hétérogènes, il s'en fallait de beaucoup qu'il se trouvât l'accord et la suite de vues qui étaient indispensables pour un plan quelconque; à plus forte raison, pour une manœuvre de cette difficulté.

Tiraillée sur ce point comme sur le précédent, l'autorité, qui était indécise, prit une attitude gauche; elle se conduisit de manière à faire croire, tantôt qu'elle voulait échapper aux États-Généraux, ou les convoquer seulement pour la forme; tantôt qu'elle avait des desseins contre les deux premiers ordres. Depuis le commencement jusqu'à la fin, elle ne sut avoir, ni auprès de ceux-ci, le mérite de l'énergie, ni auprès de ceux-là, le mérite de l'habileté. Elle sembla avoir appelé les États-Généraux, moins pour les faire délibérer, que pour les faire combattre.

Le combat ne pouvait être douteux. Une fois dans cette arène, le tiers-état s'essaya d'abord sur la vérification des pouvoirs en

commun. Cette question préalable lui était
nécessaire pour prendre la mesure de ses
forces. Une crainte vague, je ne sais quel
respect de convention, relativement au roi
et aux premiers ordres, subsistait encore.
Ce sentiment, qui pouvait modérer les intempérances, prévenir à quelques égards
les exagérations, devenait une gêne. Il importait aux chefs de ce parti de la faire disparaître, ou d'en connaître exactement la
nature.

L'expérience fut bientôt faite. La noblesse
eut beau donner à sa résistance le caractère
de l'énergie; la cour à son embarras, les
apparences de la modération; le tiers-état
ne se méprit ni sur l'impuissance de l'une,
ni sur l'irrésolution et la timidité de l'autre.
A l'imprudence de ne pas décider quand il
le fallait, la cour joignit l'imprudence de
décider quand il n'était plus temps. Elle
n'eut pas même l'énergie qui convient aux
partis désespérés. Le triomphe du tiers-état
fut complet. La noblesse vint déposer ses
panaches; le roi remettre son épée. L'assemblée victorieuse eut à traiter désormais,
non avec un souverain et des collègues,

0# FRANÇAISE. 197

mais avec un sujet et des captifs. L'innovation avait déjà été arrachée; le mode ayant
été arraché de même, le déplacement fut
complet. On a raison de dater de cette
époque la révolution française. C'est alors
qu'elle a eu tout son caractère. J'ai quelques
mots à ajouter sur ce caractère.

SECTION TROISIÈME.

Oɴ a vu un grand État délabré et chancelant : on le voit actuellement tombé. Il y a long-temps que le lecteur doit être préparé à cet événement ; et cependant telle est l'impression que fait en soi toute masse de pouvoir, qu'on ne peut se faire à l'idée de sa chute.

On s'obstine alors à chercher au moment même des causes bien violentes et bien extraordinaires. Au temps de la Fronde on demandait comme aujourd'hui, comment un pays où il y avait en apparence tant de force, de grandeur et de splendeur, s'était troublé aussi subitement. Voici la réponse du cardinal de Retz :

« Qui eût dit, trois mois après la petite « pointe des troubles, qu'il en eût pu naître « dans un État où la maison royale était

« parfaitement unie, où la cour était esclave
« du ministre, où les provinces et la capi-
« tale lui étaient soumises, où les armées
« étaient victorieuses, où les compagnies
« paraissaient de tout point impuissantes;
« qui l'eût dit, eût passé pour un insensé.

« . . . .

« Il paraît un peu de sentiment, une lueur,
« ou plutôt une étincelle de vie. Ce signe de
« vie, dans les commencemens presque im-
« perceptible, ne se donne pas par Mon-
« sieur, il ne se donne pas par M. le prince,
« il ne se donne point par les grands du
« royaume, il ne se donne point par les
« provinces; il se donne par le Parlement
« qui, jusqu'à notre siècle, n'avait jamais
« commencé de révolution, et qui certai-
« nement aurait condamné par des arrêts
« sanglans celle qu'il faisait lui-même, si
« tout autre que lui l'eût commencée. Il
« gronda sur l'édit du tarif, et aussitôt qu'il
« eut seulement murmuré, tout le monde
« s'éveilla. On chercha en s'éveillant, comme
« à tâtons, les lois, on ne les trouva plus.
« On s'effara: on cria, l'on se les demanda,
« et dans cette agitation les questions que

« leurs explications firent naître, d'obscures,
« qu'elles étaient, et vénérables par leur
« obscurité, devinrent problématiques, et
« de là, à l'égard de la moitié du monde,
« odieuses. »

On voit qu'au temps de la fronde on ima-
ginait comme aujourd'hui des causes d'une
dimension gigantesque. Frappé une fois de
cette idée, on imagina, comme aujourd'hui,
de grandes conspirations ou de grandes trames. Je citerai encore le cardinal de Retz.

« Je suis assuré que vous avez la curiosité
« de savoir quels ont été les ressorts qui ont
« donné les mouvemens à tous ces corps,
« qui se sont presque ébranlés tous ensem-
« ble ; quelle a été la machine qui, malgré
« toutes les tentatives de la cour, tous les
« artifices des ministres, toute la faiblesse
« du public et la corruption des particuliers,
« a entretenu et maintenu ce mouvement
« dans une espèce d'équilibre. Vous soup-
« connez apparemment bien du mystère,
« bien de la cabale et bien de l'intrigue. Je
« conviens que l'apparence y est, et à un
« point, que je crois que l'on doit excuser
« les historiens qui ont pris le vraisemblable

« pour le vrai, en ce fait. Je puis toutefois,
« et je dois même vous assurer que jusqu'à
« la nuit qui a précédé les Barricades, il n'y
« a pas eu un grain de ce qui s'appelle ma-
« nége d'État dans les affaires publiques.
« . . . .
« Ce n'est pas sans sujet que je vous ai dit
« en plus d'un endroit de ce récit, que l'on
« ne doit chercher la cause de la révolution
« que dans le dérangement des lois, qui a
« causé insensiblement le dérangement des
« esprits, et qui fit qu'avant qu'on se fût
« aperçu du changement, il y avait déjà un
« parti. »

En 1789, la France s'est trouvée dans une
position semblable. Deux choses étonnent
toujours, la facilité de la destruction et la
promptitude de la destruction. Une illusion
est la cause de cet étonnement. On s'obstine
à regarder comme robuste un corps depuis
long-temps expirant.

Lorsque des amas de soufre et de salpêtre
sont entassés quelque part, il ne s'agit pas
de craindre seulement ou la foudre du ciel,
ou des trames de la malveillance; un choc

fortuit, une étincelle, vont faire disparaître
tout à coup une ville entière. Ce ne sont pas
seulement les tremblemens de terre qui renversent les montagnes ; minées depuis long-
temps par de petites causes, elles s'affaissent
et s'écroulent.

La catastrophe de la France, préparée
par la malveillance et l'ineptie de deux
siècles, s'offre de même au plus petit acci-
dent qui viendra la déterminer. On cherche, au moment précis de la chute, de
grands phénomènes ou de grandes causes.
Tout cela est dans les antécédens. Les événemens de 1788 et de 1789, auxquels on
met tant d'importance, n'ont fait que mettre
à découvert une caducité pré-existante. La
debilitation progressive de toutes les parties
du corps politique, amenée par une débi-
litation parallèle dans toutes les parties du
corps social, voilà le vrai siége du mal. On
a voulu supprimer toutes les résistances, on
a supprimé l'action. On a cru n'enlever que
des obstacles, on a enlevé les appuis. On a
regardé comme un chef-d'œuvre de conserver dans le pouvoir ce faible levier qu'on

appelle la force, on a affaibli progressivement et bientôt anéanti cette partie capitale
qui compose l'autorité.

Ce dernier point mérite surtout l'attention. D'autres États de l'Europe se sont
trouvés, relativement aux commotions populaires, dans des crises aussi violentes, et
relativement à l'organisation sociale, dans
des circonstances aussi fâcheuses. Je citerai
particulièrement l'Angleterre.

Si j'avais à traiter de l'état intérieur de
ce pays, on peut croire que j'y trouverais
aussi quelques vices. Les cent mille Jacobins qu'on a vus à diverses reprises dans les
plaines de *Copenhagen-House*, la révolte
des matelots, la suspension des paiemens de
la Banque, la maladie fâcheuse du monarque, ont offert de belles occasions de bouleversement. Dans ces circonstances criti-
ques, ce qui a préservé le pays, ce n'est
point l'armée, c'est-à-dire, la force; c'est la
représentation nationale, et l'influence de
cette représentation sur l'esprit public, c'est-
à-dire, l'autorité.

Voilà, en 1789, ce qui a manqué à la
France. Le premier caractère de la révolu-

tion, considérée dans ses causes, nous amène à d'autres caractères qui se trouvent dans ses résultats.

L'histoire du monde nous offre assez d'exemples de ces événemens appelés aussi révolutions. Dans ces révolutions toutefois, un souverain peut faire place à un autre souverain, un culte à un autre culte, une forme de gouvernement à une autre forme de gouvernement. La croix s'élève ainsi sur le Capitole, le croissant sur Sainte-Sophie. Les faisceaux succèdent aux sceptres, les sceptres aux faisceaux. L'ordre social n'éprouve que de légères et de partielles altérations.

Il ne suffit pas de dire, au sujet de la France, que c'est une révolution populaire. Le peuple fit aussi une révolution à Rome, quand il se retira sur le Mont-Aventin; car il fit changer d'une manière notable la constitution de l'État. Dans cette révolution toutefois, il ne brisa pas les tables des lois, il ne massacra pas les sénateurs, il ne brûla pas leurs maisons, il ne renversa pas le Capitole, il n'insulta pas les vestales; il ne traîna pas dans les rues en dérision la statue de Cérès, déesse des moissons, ni la statue de

Cybèle, la mère des dieux. Les anciennes mœurs, les anciennes institutions furent respectées.

Ici, au contraire, tout est extrême. Ce n'est pas seulement un souverain qui est dépossédé, ce sont tous les chefs de domaine; ce n'est pas seulement une forme de gouvernement qui est repoussée; ce sont toutes les formes de gouvernement. Si on entend par mœurs les notions communes du bien et du mal, tout est confondu; si on entend le lien des habitudes, tout est effacé. La loi, dont le nom seul est imposant, quand il se rattache à une grande et antique autorité, n'est plus que la conception arbitraire de quelques hommes nouveaux. On voit se succéder sous ce nom des réglemens de discipline imposés par la force, exécutés par la crainte. Un grand empire dissous dans ce qui lui reste de mœurs, de lois, d'institutions, abandonné ensuite au flux et au reflux de toutes les réactions et de tous les partis, voilà la France, telle qu'elle a été façonnée par la révolution.

Au moment où une grande innovation, qui devait être faite par le gouvernement, serait subie par le gouvernement, ce résultat était commandé.

Cependant, tombé du haut du trône, que deviendra le pouvoir? Il pourra s'arrêter à quelque grande corporation, s'il s'en trouve. Il se réglera sur quelque principe de droit public, s'il en existe : c'est ce qu'on a vu chez les autres peuples. Mais dans un pays où, par l'effet d'une longue politique, toute grande corporation aura été effacée ; dans un pays où, par l'effet de la diffamation des temps passés, il ne se trouvera plus de droit public respecté ; le pouvoir, précipité du haut du trône, n'aura plus d'un côté qu'à se distribuer à la multitude ; il n'aura plus d'un autre côté à se régler que par le droit de nature.

Voilà précisément notre situation. Le malheur de la France à cette époque est, que le pouvoir dans sa chute n'ait pu trouver pour le recevoir aucune corporation imposante. La noblesse et le clergé étaient sans puissance. Le Parlement ne pouvait davantage servir de boulevard. Rabaissé à la condition de jugeur, on le laissait en liberté exercer sa dictature sur les petites affaires du palais; du reste, la noblesse de la cour, celle des provinces, celle des armées, ne l'auraient pas laissé se mettre long-temps à la tête d'un grand intérêt public, prendre dans l'État le premier rôle, et acquérir ainsi le lustre et l'importance du patriciat. Du côté des classes inférieures, il eût trouvé moins de crédit encore. Aux yeux du peuple, il se confondait avec la noblesse même, et prenait ainsi une couleur d'aristocratie qui le désignait à la haine publique.

Enfin, en supposant que ce qui nous restait de corporations eût conservé de la consistance, je doute, à cette époque, qu'elles eussent pu nous être de quelque secours. Le premier effet de nos divisions, relativement à la parité ou au doublement du tiers, ainsi que de celles qui s'élevèrent ensuite relativement à l'opinion par tête ou par ordre, avait été la dissolution complete de ce qui restait encore de liens sociaux. Le Parlement s'était ainsi séparé des bailliages; il fût à peine parvenu pendant un temps à se faire obéir de ses huissiers. Le clergé inférieur était dans la même situation avec ses évêques; la noblesse avec les habitans des campagnes. Dans l'armée, les soldats et les officiers commençaient à être désunis. Dans les maisons même, les domestiques n'étaient pas du même parti que leurs maîtres. Le pouvoir une fois tombé du trône ne pouvait plus être reçu évidemment par aucune corporation.

Voyons s'il pourra se régler par quelques principes.

Hélas! les principes n'offrent pas plus de ressource. Le mouvement des temps avait été tel, que les principes étaient aussi décriés que les corporations. Il n'y avait aucune doctrine sur laquelle on pût fonder raisonnablement un plan de réformation. Le droit romain ne se prononçait sur aucune institution particulière, excepté sur le despotisme, qui était en aversion. Il en était de même du Code hébraïque. Notre ancien droit français était imprégné de cette féodalité, qui était odieuse.

C'est ainsi que l'innovation, mise une fois hors de la main du gouvernement, n'a pu trouver, pour se régler, que la loi de nature; et comme elle n'a pu avoir en même temps pour la diriger qu'un seul agent : la masse du peuple, les droits de l'homme et la souveraineté du peuple, sont demeurés notre partage.

Ce peuple souverain, qu'on ne le blâme pas avec trop d'amertume : il n'a fait que consommer l'œuvre des souverains ses prédécesseurs. Il a suivi de point en point la route qui lui était tracée depuis deux siècles par les rois, par les parlemens, par les hommes de loi, par les savans. En mettant dans ses mains cet amalgame de décoration et de puissance, qu'on appelle noblesse, le peuple a traité la décoration, comme les rois avaient traité la puissance. Il a traité les justices seigneuriales qu'on lui avait désignées comme une usurpation sur les rois, de la même manière que les droits féodaux, qu'on lui avait désignés comme une usurpation sur les propriétés. Il n'a fait que mettre en exercice cette haine de nos temps passés, que les uns avaient pris tant de soins de lui inspirer, et le mépris des temps présens, que d'autres s'étaient plu à lui inculquer.

De cette manière, on peut dire qu'il a

II.   14

moins fait une révolution, qu'il n'a manifesté des révolutions déjà faites. On l'accuse d'avoir abattu un édifice ; il n'a fait qu'ouvrir un sépulcre. Dans ce sépulcre, où gissaient notre ancienne royauté, notre ancienne pairie, nos anciens parlemens, notre ancienne noblesse, notre ancienne chevalerie, nos anciennes corporations, nos anciennes mœurs, j'ai vu entrer à la première commotion les vaines formes qui leur avaient succédé.

L'état de notre civilisation moderne a aussi dans cet événement une portion d'influence qu'il ne faut point omettre.

Dans les temps anciens, lorsque des États tombaient en dissolution, ils pouvaient attendre qu'il leur arrivât, des contrées lointaines, des conquérans ou des barbares. Dans les temps modernes, avec notre état de civilisation et les dispositions d'un certain esprit public, on n'a besoin ni de conquérans ni de barbares. Deux classes qu'il faut toujours surveiller dans un État, l'une, par rapport à la vanité, qui est son ver rongeur ; l'autre, par rapport à la cupidité, qui en est particulièrement l'âme, sont là pour remplir leur office. La première, d'une éducation honnête, au-dessus des besoins de l'indigence, adonnée à une vie active et laborieuse, cultive d'une manière plus sensée, plus profitable, plus robuste, les sciences, les lettres et les arts, qui font l'amusement des grands. Pleine d'artifice, de sagacité et de lumières, elle observe avec attention dans les hauts rangs cette masse brillante, diversement agitée et frondeuse, molle et énervée, qui, s'abaissant chaque jour vers les rangs inférieurs, semble se croire indigne de sa supériorité.

La seconde, vouée à l'indigence, fait bientôt les mêmes observations, mais dans un autre sens. L'ambition, pour celle-ci, est plus franchement le pillage; l'énergie de la férocité, la liberté de la licence; son égalité est le partage des richesses. Dans cette classe, l'ignorance produit souvent l'audace, et la témérité peut prendre les apparences du courage.

Soulevées par le nouveau mouvement, ces deux classes se dirigeront d'abord avec les classes supérieures contre le pouvoir. Ce n'est pas là leur véritable objet. L'une aperçoit les rangs ; l'autre, les richesses. Et alors, si le lien des corporations est effacé, les mœurs sans force, les lois sans autorité, ces deux classes se précipiteront de concert sur l'État entier, comme sur une proie qui leur appartient.

FIN DE LA SECONDE PARTIE.

TROISIÈME PARTIE.

Une grande révolution est consommée. Un nouveau souverain règne sur la France. L'égalité est devenue notre état social; les droits de l'homme, notre droit public. Sous cette nouvelle bannière, la révolte est dans les villes, la dévastation dans les campagnes. La demeure de l'ancien souverain est envahie; on porte en triomphe les têtes de ses serviteurs.

Des voix s'élèvent alors : invoquant l'ancien honneur français, elles lui demandent grâce pour des violences passagères; elles annoncent que les sages du pays sont convoqués. Encore quelques jours, et un nouvel ordre social, produit des lumières nouvelles, sortira de leurs conseils; encore quelques jours, et ce qui reste de notre *barbare* antiquité sera pour jamais aboli. Á tout un peuple honteux de l'ancienne patrie, on promet ainsi une nouvelle patrie.

Ces paroles ne sont pas plutôt entendues, que des jours de fête succèdent partout à des jours de deuil, l'enthousiasme à la consternation. Chacun s'empresse de contribuer à la régénération qui s'apprête. On espère un nouvel âge d'or. Pour y revenir promptement, on se met à déclamer contre le fanatisme, il n'y a plus de religion ; contre la féodalité, elle est effacée ; contre l'aristocratie, il n'y a plus de liens ; contre le despotisme, il n'y a plus de pouvoir.

D'un autre côté, des voix s'élèvent contre ces voix. A ceux qui disent, il faut tout détruire, on entend répondre : il faut tout conserver. On entend dire : le temps présent est parfait, nos institutions sont saines, le pays, florissant, toutes les conditions, heureuses.

Ces débats des opinions contre les opinions amènent enfin un résultat. Une constitution savante, des lois protectrices de la liberté et de la sûreté, sont écrites, ainsi que le bonheur public, ainsi que la monnaie publique sur du papier. La révolution semble s'arrêter un moment en présence de ces tables consacrées par l'enthousiasme. Elle les a bientôt brisées. Une nouvelle constitution s'élève alors, non pour terminer la révolution, mais seulement pour lui donner des règles; non pour réprimer les violences, mais seulement pour leur donner de l'ordre. Deux ans sont à peine écoulés, un nouvel édifice s'élève encore. On ne sait quand se terminera cette succession de lois, de constitutions et de codes.

Des scènes de confusion ne forment pas le seul caractère de ces temps malheureux. A mesure que les Solon du temps accumulent chefs-d'œuvres sur chefs-d'œuvres, les intrigans s'agitent; les ambitieux se tourmentent; les hommes courageux se réunissent; les hommes désespérés se révoltent. Tout le pays est en stupeur. Dans cette nouvelle période où, au lieu d'aréopages, on ne voit plus que des champs de bataille, des partis s'élèvent au dedans et au dehors avec divers objets, et sous diverses formes. La Renommée, qui a publié les traits d'éloquence, publie alors les exploits du courage. Mais l'honnêteté sans lumières com-

bat en vain l'énergie en délire. Les constitutions ont succédé aux constitutions sans
laisser d'édifice; les victoires et les défaites
se succèdent sans laisser de résultat.

Au milieu de cet horizon sans terme, un
ami de la patrie élève ses regards vers le
ciel. Il se demande, comme le prophète,
undè veniet auxilium mihi? Ce secours ne
lui viendra ni des grands de la France réunis en armée, ni des potentats de l'Europe
formés en croisade. Il ne lui viendra pas
même de ces nobles paysans, qu'une divine
fureur semble animer. Un homme que le
monde ignore encore, mais que la Providence a marqué, voilà le libérateur (1)
qu'elle tient en réserve. Elle lui donnera
un jour des élémens informes, dont il aura

---

(1) Je dois ici, à cause des opinions dominantes du
moment, dévoiler d'avance toute ma pensée. Elle est
que la France a été réellement délivrée de la révolution par Bonaparte; qu'elle ne pouvait être délivrée
que par lui; qu'il a été, à cet égard, un instrument
de la Providence. Après cela, j'expliquerai comment,
ayant voulu se mettre à la place de la révolution
qu'il avait fait succomber, il a succombé lui-même.
                                        (*Note ajoutée.*)

à faire un peuple. En attendant, elle met devant lui des élémens informes, dont il a à faire une armée.

Dès le premier moment, la victoire semble à ses ordres. Celui qui doit subjuguer la révolution, s'essaie, comme en se jouant, à subjuguer l'Europe. Après avoir poussé loin devant lui sur le sol étranger les généraux et les armées, les monarques et les peuples, on le voit se tourner précipitamment vers les barbares qui sont dans notre sein, et renverser la révolution, qui a tout renversé.

Je traiterai, dans un premier livre, des diverses tentatives de constitutions qui ont été faites sur les principes de l'égalité et des droits de l'homme. Je parlerai, dans un second livre, des tentatives d'opposition qui ont été faites dans le cabinet du monarque et dans les assemblées. J'exposerai, dans un troisième livre, les grands mouvemens armés, et leur succès divers.

LIVRE PREMIER.

On a vu un grand édifice délâbré, chance-
celant, prêt à tomber, et enfin abattu. On
va voir actuellement des architectes de
toute espèce, se débattre au milieu de ces
ruines, s'amuser à mutiler des tronçons déjà
mutilés, mettre en poudre les colonnes, les
architraves et les chapiteaux, et s'imaginer
sérieusement qu'ils relèvent un édifice, en
composant de la poussière.

La France se trouvant livrée aux droits
de l'homme et à la souveraineté du peuple,
on voit figurer tour à tour divers interprètes
de ce Code, divers mandataires de ce souverain.

Je parlerai en premier lieu des travaux
de l'Assemblée Nationale, qu'on appelle
Constituante; 2°. du Corps-Législatif et de
la Convention; 3°. du régime directorial et
de la constitution de 1795.

SECTION PREMIÈRE.

———

C'EST une grande chimère en soi, que de songer à donner une nouvelle constitution à un peuple. Au moment où, sous le prétexte de je ne sais quelle perfection idéale, on traite ainsi de son existence future, on ne fait pas attention à tout ce qu'il faudra de violence pour lui arracher son existence présente. Qu'est-ce que la constitution d'un État ? c'est sa vie. Une constitution nouvelle est donc un meurtre. Au milieu des résistances que ce meurtre amènera, et des situations nouvelles qu'il déterminera, des législateurs peuvent-ils se flatter que leurs opérations seront toujours justes, droites et compassées ?

On a trop dit qu'il fallait tout refaire à neuf. On a trop dit de même qu'il fallait reprendre les institutions des anciens âges. Les rides du temps ne changent pas seulement les formes, elles changent aussi les rapports. Quoi que les hommes fassent, leurs institutions subiront ce balancement perpétuel de la nature, qui ne laisse rien de stable sous le ciel. C'est une folie de prétendre arrêter le courant où sont emportées les affaires humaines; c'en est une autre de vouloir l'accélérer, ou le précipiter. Depuis long-temps en France les esprits ne savaient se partager qu'entre ces deux extrêmes. Les uns voulaient tout rétablir; les autres tout renouveler. Une assemblée sage se fût préservée de ces deux excès.

La France était comme ces pays depuis long-temps abandonnés, où le voyageur rencontre à chaque pas des médailles, des statues, des colonnes, restes d'une antique grandeur. En travaillant sans relâche à la destruction, comme nos rois n'avaient jamais voulu paraître détruire, l'État se trouvait embarrassé en même temps des ruines qu'ils avaient faites, des apparences qu'ils avaient conservées, ainsi que d'une multitude de foibles et petites ébauches.

A quelque degré de confusion que fût arrivé un mélange d'institutions en activité, surchargé d'une multitude d'institutions invalides ou parasites, ce fonds n'était point à dédaigner. L'art était de discerner ce qui, n'ayant plus de rapport à notre état de civilisation, appartenait comme suranné aux chartriers et à l'histoire, d'avec ce qui était demeuré analogue à nos habitudes, ainsi qu'à l'ordre généralement établi. Cette règle était impérieusement prescrite.

Il ne suffit pas d'élever la constitution d'un peuple selon la nature des choses, telle qu'on l'aperçoit. Il faut, avant tout, consulter la raison, c'est-à-dire les habitudes, et aussi la justice, c'est-à-dire le droit. Il faut encore avoir sur ce point autorité, c'est-à-dire une mission expresse. Telle a été sans doute la pensée des anciens législateurs, quand ils se sont donnés pour inspirés. L'Assemblée Nationale n'ayant point pour elle l'autorité des prodiges, devait s'investir de celle des âges.

On a allégué à ce sujet l'autorité de la nation; il faut prendre garde de commettre des méprises. Si par ce mot *nation* on n'en-

tend que cette partie fugitive de la population qui existe à un moment donné, je con-
viendrai que sa volonté mérite toujours du
respect ; et cependant, cette volonté même,
je ne la regarderai pas toujours comme une
décision irrécusable. Qui me répondra que
la nation de demain aura la même volonté
que celle d'aujourd'hui ? Si elles ne se trouvent point d'accord, laquelle de ces deux
nations aura le plus de droit à mon obéissance ?

Dans les contrats civils, on ne regarde
pas comme consommée de la part d'un individu une transmission de propriété, lorsqu'elle n'est annoncée que fugitivement et
par une simple parole. Pourquoi regarde-
ra-t-on, de la part d'une nation, comme un
engagement irrévocable un vœu pris à la
hâte dans des assemblées passagères ?

Au surplus, cette question même est hors
de mon sujet. Ce n'était pas seulement la
raison qui commandait à l'Assemblée Nationale de s'investir de l'autorité des âges ;
ce parti avait été impérieusement prescrit
par les assemblées bailliagères. Les cahiers
recommandaient, non de faire une consti-

tution nouvelle, mais de fixer l'ancienne
constitution. C'était la volonté de toute la
génération présente, que l'Assemblée ap-
pelât à ses séances les générations passées.

J'entendais souvent parler alors de faire
un souverain soumis aux lois : jamais de
faire des lois soumises aux mœurs. J'entendais parler sans cesse de la composition du
corps politique : il me paraissait bien plus
pressé de s'occuper de la recomposition du
corps civil.

Il fallait connaître avant tout le grand
vice de notre situation : c'est que tous les
liens étaient dissous. Ce n'était pas seulement dans la noblesse que les anciennes différences de rang étaient effacées : dans la
science, les grades de l'Université étaient
un objet de dérision ; dans les classes ouvrières, les jurandes elles-mêmes étaient
abolies. Nos ancêtres avaient détruit l'esclavage : on trouvait qu'il fallait encore effacer l'obéissance. On peut juger la situation d'un pays où, par un enchérissement
graduel de tous les âges, les esprits sont
arrivés au point que tout engagement paraît une servitude, l'obéissance une honte,

et où, par un concert singulier, on s'est
mis à briser tous les liens, sous prétexte
qu'on a déjà brisé toutes les chaînes.

Quelque fâcheuse que fût à cet égard
notre situation, l'Assemblée ne manquait,
pour la changer, ni de direction, ni de
modèle. Sans parler de l'armée, du clergé
et de l'administration qui offraient des élémens plus ou moins entiers de subordination, on en trouvait de même dans les autres parties de l'État. Les campagnes étaient
dessinées sous la juridiction d'une maison
principale appelée *château*, et d'un propriétaire principal appelé *seigneur*. Les
villes étaient dessinées de même, sous la
juridiction d'une maison principale appelée *hôtel de ville*, et de propriétaires
principaux appelés *maires et échevins*. Les
villes et les campagnes se partageaient ensuite; les premières, sous le rapport des
variétés d'industrie en corporation d'arts et
métiers; les secondes, sous le rapport des
variétés du sol en paroisses, villages et ha-
meaux. Tout cela avait, jusqu'à un certain
point, des droits établis, des lois, des réglemens.

Il en était de même de la noblesse, de la science, de l'ordre judiciaire.

J'ai remarqué, comme un premier vice de l'institution de la noblesse, qu'elle se trouvait sans représentation légale. Il n'y avait qu'à recomposer sa hiérarchie. Il y avait dans l'institution des pairs, des maréchaux de France et des divers ordres de chevalerie, tout ce qui était nécessaire pour donner une forme convenable à son institution. Les nobles, comme grands propriétaires, pouvaient s'attacher facilement à la représentation générale des propriétaires : tandis que comme adonnés à la profession des armes, et plus particulièrement soumis aux règles du point d'honneur, ils se seraient trouvés appartenir à l'institution des maréchaux de France. Comme juges seigneuriaux, on les aurait vus attachés d'un autre côté à tout le corps judiciaire, et notamment à un sénat national et à une cour des pairs.

J'ai remarqué, comme un second vice de l'institution de la noblesse, qu'elle se trouvait en dehors de l'état social : c'est ainsi qu'elle y rentrait. Elle eût formé une

II. 15

classe, en cela même qu'elle eût été à la tête de toutes les classes. Ce n'est point ici une vue nouvelle. Dans les temps anciens, la noblesse se tirait de plusieurs professions différentes. Dans nos derniers temps, on accordait le cordon de Saint-Michel aux artistes et aux savans, des brevets de conseillers d'État à de simples jurisconsultes, la croix de Saint-Louis aux militaires.

Les défectuosités de l'ordre judiciaire pouvaient s'amender par les mêmes procédés. A le prendre par sa base, il se trouvait lié à l'ordre même des propriétés; car les premiers juges étaient les seigneurs. On peut penser que les justices seigneuriales devaient être touchées en quelques points. On leur aurait donné, si on avait voulu, la forme qui a été donnée depuis aux justices de paix. Personne ne s'y serait opposé. Ce qui importait par dessus tout, était de les laisser comme elles étaient sous nos pères, un apanage des grandes propriétés.

Cette grande base du système judiciaire une fois fixée, on pouvait régler facilement l'ordre des appels. S'assurer 1°. de l'uniformité de règle dans la composition, ainsi que

dans la discipline intérieure de chaque tribunal; 2°. de l'uniformité de jurisprudence
dans le prononcé des jugemens : voilà tout
ce qui était à régler.

Ces deux grands points qui étaient indispensables en rendaient un troisième également nécessaire; c'est que toutes les cours
judiciaires fussent rangées sous la juridiction d'un sénat principal. Il convenait qu'il y
eût une grande cour nationale pour les pré-
varications d'État. Il convenait en même
temps que le souverain eût une chambre
haute à laquelle il pût renvoyer les demandes de la chambre des propriétaires.

Aucun corps n'était constitué convenablement pour ces fonctions. On peut dire
de notre ancienne pairie, qu'elle avait de
la dignité et pas assez de force : des parlemens, qu'ils avaient de la force, et pas
assez de dignité. Il n'y avait qu'à amalgamer la force de ceux-ci et la dignité de
ceux-là.

En prenant sur les treize parlemens du
royaume ce qu'il y avait de plus illustre, y
joignant ensuite les grands officiers de l'É-
tat, à peu près selon le plan de la cour plé-

nière, le corps judiciaire aurait formé ainsi une seule et même famille. On aurait eu un sénat qui eût réuni à la fois et la force judiciaire, dont étaient investis les parlemens de légistes, et la grandeur et la dignité qui étaient propres aux parlemens de barons : on aurait rempli ainsi les vœux d'une certaine politique, qui professait depuis longtemps sur ce point des principes sages.

Il est certain que le trône isolé serait trop près des mouvemens du peuple, le peuple trop près des mouvemens de l'autorité. Si vous n'avez pas de grand corps intermédiaire, le pouvoir ne sera plus assez mélangé de grandeur et de dignité. Il n'aura plus que la dureté de la force, et ne trouvera au-devant de lui, que la servilité de la crainte. Comprime-t-on avec une main de fer les passions de la multitude, il ne reste plus ni essor ni enthousiasme. Leur laisse-t-on un libre cours, l'État est renversé. Le peuple est un enfant plein de caprices. Le prince est sujet aux infirmités humaines ; une corporation qui n'est ni jeune, ni vieille, qui ne naît ni ne meurt, a nécessairement plus de sagesse que le

peuple, plus de consistance qu'un individu. C'est dans ses mains qu'il faut remettre
le dépôt des mœurs, de la liberté et des
lois.

J'ai peu de chose à dire du clergé. A
l'époque dont je parle, il n'était pas disposé
à repousser des sacrifices. L'armée n'aurait
pas offert plus de difficultés.

C'est l'autorité royale qui était en même
temps le point difficile et le point délicat.
L'Assemblée Nationale était encore éclairée sur ce point par les anciens principes
de la monarchie franque.

Selon ces principes, il y avait un roi absolu, mais ce roi n'était jamais un individu
isolé : c'était un être collectif. Il rendait la
justice, mais avec ses féaux. Il portait les
lois, mais avec les grands et le peuple. Le
prince était majeur, ou mineur, naissait, ou
mourait : le roi officiel ne semblait sujet à
aucune de ces vicissitudes. Un des principes
qui a été le plus reconnu en France, c'est
que *le roi ne meurt pas*. Tel était le roi que
l'Assemblée Nationale pouvait rendre à la
France.

Quelque vicieux que fût le fond sur le

quel l'Assemblée Nationale avait à travailler, on voit que , soit en ruines, soit en
ébauches , ce fond renfermait des maté-
riaux où des dessins précieux. L'art consistait à les choisir , le talent à les employer.

L'Assemblée Nationale pouvait ainsi concilier le présent et le passé, le droit naturel et le droit positif ; une mission qui était
sévère et une fidélité qui devait être inébranlable. Elle devait se placer entre tous
les usages , de manière à n'être point accu-
sée d'innovation ; entre tous les intérêts et
tous les partis, de manière à ce qu'il n'y
eût pour aucun ni trop d'humiliation , ni
trop de triomphe ; ni trop de conquêtes, ni
trop de pertes. En confirmant toutes les possessions , il suffisait de laisser un accès à
toutes les prétentions, un avenir à toutes
les espérances. De cette base commune
qu'on appelle *peuple* , jusqu'à cette som-
mité commune qu'on appelle *noblesse* , les
hiérarchies eussent été refaites. Sous quelques rapports, les nuances auraient été plus
sensibles , les rangs plus distincts. Sous
d'autres rapports, les démarcations eussent

été moins absolues ; les intérêts plus rapprochés et plus liés.

L'Assemblée Nationale n'a point suivi cette marche. Elle semble s'être proposée non de recomposer les hiérarchies, mais d'achever de les détruire ; non de rétablir les rangs, mais de tout aplanir ; non de refaire les liens de subordination, mais d'achever de les dissoudre ; non d'emprunter quelque chose des anciens temps, mais de faire comme s'ils n'avaient point existé. On ne peut pas dire qu'elle soit partie de quelque principe de justice : elle n'a admis aucun titre ; de quelque principe d'autorité, elle a donné une constitution nouvelle à la France, sans en avoir reçu le mandat. Elle n'a reconnu d'autres principes que ceux du droit naturel. Elle a tout abattu ; les édifices et les masures. Il y avait depuis longtemps une anarchie vague et flottante : elle a voulu la consolider. Le monde moral était menacé du chaos : elle s'est efforcée de le réaliser.

Telles sont en résultat les œuvres d'une assemblée composée d'hommes qui avaient en général des lumières, de l'honnêteté, du talent; dont plusieurs avaient exercé , avec honneur , de grandes fonctions publiques , et avaient acquis une juste considération par leurs qualités personnelles , leur éducation et toutes les habitudes de leur vie privée. Il est, dès lors , une question qu'on ne peut éviter de se proposer : c'est comment des hommes raisonnables ont pu faire tant de folies; comment des hommes sages ont pu commettre tant de violences ; des hommes justes , tant de spoliations. Ce contraste entre le caractère des hommes et le caractère des œuvres s'est toujours présenté à ma pensée comme un phénomène. Je crois que ce phénomène mérite l'attention.

Quand toutes les parties d'une nation sont dans un état de guerre , si on se contente de déléguer , dans chaque parti , les hommes les plus ardens , on ne fera que concentrer sur un plus petit théâtre la crise qu'on aura voulu éviter. On n'aura point , de cette manière , de traité de paix ; on aura le combat des Horaces ou celui des Trente.

Quand , au milieu d'une multitude de haines , une nation sera imbue d'une multitude d'erreurs , si on établit un corps représentatif, on doit s'attendre que ce corps s'occupera de ces haines et de ces erreurs, beaucoup plus que des intérêts publics.

Quand une nation, accoutumée à n'avoir aucun respect pour ses institutions et pour tous ses monumens, se trouvera en même temps, par une ancienne impulsion des esprits, inquiète, active, entreprenante, si on vient à lui présenter une domination chancelante à reconstituer, il est à craindre que tout le monde ne voie en secret une proie à partager.

L'Assemblée Nationale s'est formée dans ces trois circonstances. Les individus ont pu se mettre en marche avec la recommandation de quelques vertus privées; ils sont arrivés avec leurs erreurs et celles de toute la France.

C'était une chose anciennement établie par le Parlement, par les hommes de loi, par les philosophes, par les savans et par la bourgeoisie, que la féodalité était une tyrannie, ses droits une usurpation, ses propriétés un brigandage, son existence une violation de toute justice. Cette doctrine, semée depuis trois siècles, transmise ensuite de génération en génération et tellement accréditée, qu'elle avait gagné la noblesse elle-même, devait être celle de l'Assemblée Nationale ; et dès lors toute bonne opération constitutive devenait impossible. Car, comme toutes les possessions, toutes les institutions, tous les droits se rapportaient plus ou moins aux temps de la féodalité, il était impossible d'établir rien de respectable sur un fond que tout le monde jugeait vicieux.

Le même mauvais esprit qui diffamait nos institutions antiques, s'opposait à ce qu'il y eût rien de raisonnable dans des compositions nouvelles. Pour qu'il y eût en France une bonne et saine constitution, c'étaient les liens qu'il fallait refaire, les hiérarchies qu'il fallait rétablir : c'était précisément ce que tout le monde voulait effacer. Le cri général était contre toute espèce d'obéissance, qu'on appelait servitude, et contre toute espèce de supériorité, qu'on traitait d'aristocratie.

Les circonstances vinrent aggraver ces dispositions.

Depuis long-temps les deux ordres mar-

chaient sur deux lignes parallèles et rivales.
L'approche des États-Généraux réveilla les
anciens souvenirs. On se rappela qu'aux
États de 1576, le tiers-état avait demandé
à avoir *séance honorable et à part*, *et à*
n'être point derrière les deux autres ordres.
On se rappela les discussions violentes élevées aux États de 1614.

La dispute entre les écrivains des deux
ordres, au sujet de la double représentation, celle qui s'éleva ensuite sur la question de l'opinion par ordre, ou par tête, ne
purent qu'envenimer ces souvenirs. Le tiers-
état n'avait songé d'abord qu'à écarter des
prétentions qu'il trouvait offensantes ; il parla bientôt de précautions pour qu'elles ne
pussent se reproduire.

Encouragé par les succès, il conçut d'autres espérances. La facilité à devenir égal
lui inspira de devenir maître. Il le fut. Dès
ce moment, il ne faut plus voir de ressource.
Après les scènes du 14 juillet, au milieu de
la confusion de toute la France, je cherche
en vain ce qui aurait pu se tenter de raisonnable. Des institutions antiques peuvent

conserver je ne sais quel respect vague, tant qu'on n'a pas flétri leur dignité, en essayant leurs forces. Une fois vaincus, la noblesse et le clergé ne pouvaient plus se présenter dans l'arène. Leur destinée était de demeurer en réserve, comme des victimes, jusqu'au moment du sacrifice.

Il en était de même de la cour et des parlemens. La première, vaincue comme les deux premiers ordres, ne pouvait revenir à une attitude imposante. Les seconds, tout meurtris de leurs faux pas, dans l'arrêté relatif aux formes de 1614, ne cherchaient qu'à s'effacer.

Telle fut la position de l'Assemblée Nationale. Après avoir dissous les États-Généraux, sa destinée fut de n'avoir au-devant d'elle, ni frein qui pût la contenir, ni guide qui pût l'éclairer.

Quelques personnes espéraient qu'elle s'occuperait de relever les anciennes bases de notre droit public. En suivant cette ligne, elle n'eût fait que réhabiliter la noblesse dans ses anciens droits : ce qui eût été une absurdité de la part de bourgeois vainqueurs.

D'autres voulaient qu'elle s'occupât de l'autorité royale, sans s'apercevoir que c'eût été un contre-sens de la part de sujets rebelles.

Quelques hommes raisonnables s'attendaient qu'elle chercherait à recomposer le corps social et les liens sociaux, sans s'apercevoir que, dans le sens d'une certaine opinion publique prédominante, les liens sociaux étaient regardés comme un scandale produit par la féodalité, qui passait elle-même pour un brigandage.

L'Assemblée Nationale victorieuse ne put invoquer, ni l'expérience des siècles, qui était décriée, ni nos anciens usages, qui étaient diffamés. Elle appela à elle toute la sagesse, toute la science, toutes les lumières DU TEMPS. C'est sur cette ligne que je vais suivre sa marche.

L'égalité entre les hommes, la séparation des pouvoirs, la souveraineté du peuple, figuraient parmi ces principes. Ces principes, reconnus alors comme vérités incontestables, étaient de grandes erreurs.

Il n'y a certainement point d'égalité entre les peuples. L'ambassadeur de France a le pas sur ceux des autres nations. Il n'y a

point d'égalité entre les villes. Quelques-
unes sont belles et opulentes; d'autres ap-
prochent de la simple bourgade. Il n'y a
pas d'égalité entre les maisons. On distingue
la chaumière de l'hôtel et du palais. Il n'y
en a pas davantage entre les familles. La
transmission héréditaire du rang, de la considération, de la propriété, s'y oppose. Tout
ce qu'on peut dire de raisonnable sur le
lustre de la naissance, c'est qu'il est comme
le feu. Il se conserve, s'il s'alimente; il
disparaît, si on le néglige. Enfin, on ne peut
pas dire, avec plus d'exactitude, qu'il y ait
égalité entre les individus. Les différences
de force individuelle, de talent, d'esprit,
de capacité, n'admettent point ce qu'on
entend communément par égalité.

Je ne pense pas qu'on puisse contredire
raisonnablement ces assertions : la surprise
s'arrête d'autant plus sur le crédit qu'a pu
obtenir parmi nous cette grande et solen-
nelle erreur de l'égalité.

Je ferai à cet égard une observation qui
me paraît importante.

Il est rare qu'une erreur s'établisse dans
l'opinion avec une grande force, si elle n'a

su s'amalgamer auparavant avec quelque point de vérité qui lui ait ouvert les passages. Le dogme de l'égalité est dans ce cas. C'est en vain qu'il aurait eu pour lui les vanités, s'il ne s'était pas trouvé en affinité, et en quelque sorte, d'intelligence avec un sentiment confus qui, sur ce point, agite intérieurement les hommes.

Quelque inégaux que nous soyons à beaucoup d'égards, la conscience nous avertit que nous sommes pourtant égaux sous quelques rapports. Elle nous dit que le pauvre a autant de droits à la protection de sa chaumière, que le seigneur à celle de son château, le prince à celle de son palais; elle nous dit que ceux qui sont aujourd'hui illustres, ne l'ont pas toujours été, et que, par conséquent, ceux qui ne le sont point encore, doivent être admis aux moyens de le devenir.

Ces sentimens, qui sont justes, ont été inculqués en nous depuis notre enfance. C'est dans nos rapports habituels avec nos premiers compagnons de jeunesse, et surtout dans l'éducation, qu'ils ont eu occasion de se développer. Les institutions civiles,

si elles sont bien composées, ne pourront
que confirmer ces dispositions. Et cependant, si, après les avoir bien scrutées au-
dedans de nous, nous voulons les dégager
de ce que les préjugés ou les fausses déno-
minations sont sujets à y ajouter, peut-être
trouverons-nous que ce fameux dogme de
l'égalité des droits, qu'on nous donne pour
quelque chose de merveilleux, ou pour
une conception nouvelle, n'est précisément
que ce que le simple et ancien bon sens des
hommes est convenu d'appeler *équité*. Re-
marquons en effet que, dans le latin, d'où
notre langue s'est formée, *œqualitas* est
l'exagératif d'*œquitas*. En point d'ordre social, c'est équité qui est le mot propre ; égalité est un contre-sens.

C'est sur ce contre-sens, comme sur une
pierre angulaire, que l'Assemblée Nationale,
ou, ce qui est la même chose, le tiers-état
vainqueur, se mit à fonder ses opérations.
Elle acheva par là même de détruire ce qui
restait encore de liens de subordination.

J'ai mentionné la séparation des pouvoirs,
comme un autre dogme adopté par l'Assemblée Nationale. Ce dogme prétendu est une

erreur. Les pouvoirs sont-ils amis, c'est constituer l'anarchie que de les séparer. Sont-ils ennemis, vous constituez la guerre. Ce sont les fonctions qu'il faut séparer, et non pas les pouvoirs.

On parlait dans l'Assemblée Nationale de la séparation des pouvoirs, expression bien vaine assurément; elle n'a pas eu la peine de séparer les pouvoirs; elle les a décomposé tous. Dans le fait, on ne savait point alors ce que c'est qu'un pouvoir.

Une multitude de personnes ont la bonhomie de croire que des pouvoirs se créent dans les chartes. Une longue expérience a pu nous apprendre que les chartes n'ont point une semblable prérogative.

Supposez dans un État, 1°. une grande organisation militaire; 2°. une grande organisation judiciaire; 3°. une grande organisation de propriétaires : vous aurez, sans chartes, et par la seule force des choses, de véritables pouvoirs politiques. Lorsque les parlemens sont parvenus à prendre une grande importance comme pouvoirs civils, ils ont bien su, sans le secours des chartes, s'ériger en pouvoir politique.

Actuellement, tournons l'hypothèse en sens inverse. Supposons que les corps qui sont érigés dans les chartres comme pouvoirs politiques, n'ont ni le pouvoir absolu sur les consciences, qui est le premier attribut du sacerdoce; ni le pouvoir militaire, qui est le premier attribut de la royauté; ni le pouvoir judiciaire, qui est le premier attribut d'un sénat; ni le pouvoir de l'impôt, qui est le premier attribut d'un corps de propriétaires; quelques chartres que vous ayez, soyez sûr que vous n'aurez ni pouvoir, ni constitution politique.

Voici donc une première vérité : c'est qu'il faut être pouvoir civil, avant de se produire comme pouvoir politique.

Une seconde vérité, c'est que, pour être pouvoir civil, il faut occuper une grande place dans l'État, y diriger un grand mouvement, et former ainsi la tête d'une grande hiérarchie.

C'est sans doute un grand pouvoir qu'une armée; il faut supposer toutefois que chaque soldat voudra bien reconnaître un supérieur, un devoir, une règle. L'armée, sans cela, sera une confusion, et non pas une force.

Au contraire, prenons la plus faible et la plus insignifiante des corporations : elle pourra acquérir de l'importance, par cela seul qu'elle aura pu se composer une bonne hiérarchie. L'Université fut, pendant long-temps en France, une espèce de pouvoir politique. Il en a été de même de l'ordre des Jésuites : il s'est rendu redoutable, parce qu'étant bien organisé, on lui a vu des mou-vemens habiles et bien concertés.

L'Assemblée Nationale, qui avait adopté pour base fondamentale de ses opérations, son égalité et ses droits de l'homme, était hors d'état de composer aucune espèce de grande hiérarchie. Par une conséquence né-cessaire, elle ne pouvait former aucun grand pouvoir civil. Par une autre conséquence également nécessaire, elle ne pouvait créer de véritable pouvoir politique.

L'Assemblée avait au devant d'elle un autre obstacle non moins considérable dans ses dogmes sur la souveraineté du peuple.

Depuis quelque temps, il était admis en France que la souveraineté dérive origi-nairement du peuple. Cette opinion, que J.-J. Rousseau et les philosophes modernes étaient parvenus à établir, avait été précédemment l'objet de grandes discussions. Elle a pour elle notamment les jurisconsultes romains. Ulpien justifie la puissance absolue des Césars, en ce qu'elle leur a été transmise par le peuple.

Si j'avais à examiner cette question, je pourrais la trouver mal posée. Il ne peut y avoir de peuple, avant qu'il y ait un ordre établi ; cet ordre détermine par là même la nature de la souveraineté. Il me semble qu'il y a ici une question de fait, qu'on mêle à une question de droit, et qui devient ainsi une source de méprises.

En point de fait, on aurait tort de contester que la souveraineté ne puisse résider dans le peuple. La souveraineté du peuple était reconnue à Athènes et à Rome. Le peuple y était en même temps juge et législateur. Il exerçait même à certains égards les fonctions d'administration et de gouvernement.

Il est une première observation à faire relativement à ce mode de gouvernement, c'est qu'à Rome et dans les autres républiques populaires, la souveraineté résidait dans le peuple d'une seule ville. Quand Milon fut condamné à l'exil, on n'alla pas faire le recensement des voix dans tout l'empire. S'il est permis de parler de la souveraineté du peuple, lorsqu'il agit positivement et qu'il ordonne toutes les mesures et prend toutes les délibérations, il me paraît ridicule de parler de la souveraineté d'un peuple qui laboure, sème, et ne s'occupe que de sa subsistance. Le véritable souverain est celui qui gouverne et qui protége.

Une seconde observation, c'est que dans ces villes mêmes où le peuple était souverain, tous les habitans n'étaient pas citoyens, et ne faisaient pas par conséquent partie du souverain. Ce ne sont pas seulement les esclaves et les affranchis, à Athènes, qui étaient sans participation à la souveraineté; les fils et petits-fils d'affranchis étaient dans la même situation : il faut y ajouter les étrangers domiciliés, les *nothos*, c'est-à-dire les métis ayant une mère étrangère. C'est ce qui formait la quatrième classe, trois fois plus nombreuse à elle seule que tout le reste du peuple. Il faut y ajouter encore, au moins pendant un temps, tous ceux qui n'avaient pas assez de fortune pour entretenir un cheval.

Malgré ces restrictions, qui faisaient du peuple souverain un corps d'élite, une sorte de sénat agrandi, les inconvéniens de cette sorte de gouvernement n'ont été méconnus de personne. On connaît les emportemens des anciens orateurs contre ce qu'ils appelaient entre eux *bellua*, la bête féroce.

L'Assemblée Nationale ne se contenta pas d'appliquer à la France des exemples qui n'y avaient aucun rapport; elle en outra tous les points. Elle se garda bien d'affaiblir les vices; elle les exagéra. Elle étendit à la population entière une souveraineté difficile à établir dans une portion choisie. Nos ancêtres ne séparaient jamais l'homme social de son domaine, ou de ses autres avantages civils. L'Assemblée vit tout l'État dans les individus; elle ne compta pour rien le territoire, les propriétés, les droits, les lois, la science, les emplois, tous les avantages sociaux.

Le gouvernement démocratique, déjà si redouté dans l'antiquité, prit ainsi chez nous un caractère affreux. La souveraineté du peuple une fois établie en droit, lorsque par la destruction de tous les emplois, de tous les rangs, de tous les pouvoirs, elle se fut établie en fait, l'État entier et l'Assemblée Nationale elle-même, se trouvèrent à la merci de la partie la plus nombreuse et la plus féroce de la population, c'est-à-dire, des ouvriers et des indigens.

De ce vice se développent toutes les horreurs de la révolution.

Si on veut réfléchir à la manière dont l'Assemblée tenait l'autorité, on demeurera convaincu qu'elle n'en pouvait faire aucun bon usage. Elle n'était, à proprement parler, que le ministre de la multitude; elle gouvernait en présence de ce souverain, mais à condition de la liberté, qui était la licence, et de l'égalité, qui était le nivellement; elle gouvernait en sens inverse des autres gouvernemens; car c'était à condition de l'appui accordé à tous les désordres, et de l'impunité assurée à tous les crimes.

S'étant mise une fois dans cette position, je ne comprends pas trop comment elle

pouvait en sortir ; elle ne pouvait reprendre
aucun moyen de répression sans reprendre
en même temps les principes qu'elle avait
détruits. Pouvait-elle se combiner avec les
corps judiciaires ? ils n'étaient plus : avec
l'autorité royale ? elle était dégradée : avec
l'armée ? elle était dissoute. L'Assemblée
fit à cet égard quelques tentatives, qu'elle
n'eut pas le courage de soutenir. Elle n'en
eut peut-être ni la volonté, ni le pouvoir.

On a reproché au gouvernement d'alors
d'avoir négligé les moyens de corruption,
ou du moins de n'avoir pas su les diriger. Il
s'en faut de beaucoup que je mette à ces
moyens une grande importance. Qu'avait
alors à sa disposition un ministre, pour balancer tout ce qui se présentait de sédui-
sant dans les rangs populaires ? Conçoit-on
ce que peut causer de délire à des hommes
d'une condition médiocre, la pleine disposition d'un État ? Tandis que la flamme se
mettait à toutes les ambitions, qu'avait un
ministre à offrir, en compensation de toutes
les chances que présentait l'État tout entier, placé en loterie? Il n'y avait que des

démolitions à faire. Le droit de s'appliquer à soi-même venait assez naturellement à la suite du droit d'ôter aux autres.

Les intérêts ambitieux se réunissaient ainsi pour entraîner l'Assemblée Nationale à un bouleversement. Les offenses qu'elle avait faites l'y déterminaient encore davantage.

Ce n'est pas tout de commencer la carrière des outrages ; on s'engage souvent malgré soi à y persévérer. On est d'abord oppresseur pour un avantage momentané ; il faut le devenir ensuite pour sa sûreté durable. C'est le propre du genre humain, dit Tacite, de haïr ceux qu'on a offensés : on aime, par la même raison, celui à qui on a rendu service. On s'attache ainsi, d'une manière diverse, à l'ami ou à l'ennemi qu'on s'est fait. Le roi, la noblesse, les parlemens, n'étaient point encore formellement détruits ; mais ils étaient humiliés. L'Assemblée Nationale put voir la nécessité de les détruire dans cette humiliation même.

Une multitude d'autres impulsions, provenant des entraînemens de partis et des engagemens contractés par de premières

démarches, se joignait à toutes ces impulsions.

Un grand nombre de députés arrivèrent
aux États-Généraux avec du talent, mais
avec peu de véritables notions politiques,
et surtout sans expérience des affaires d'É-
tat. S'étant jetés dans le parti populaire, de
bonne foi, un peu à l'aveugle, ou par le
seul attrait de son influence, ils furent aver-
tis bientôt de leurs fautes et des dangers publics. Ils cherchèrent alors des issues qui ne
leur furent pas toujours offertes. Comment
revenir sur ses pas? Comment se résoudre
à se décréditer auprès de ses compagnons,
en changeant de route et trompant leurs espérances? Comment se résoudre à s'isoler
avec le mépris de ceux-ci, et la méfiance
et le ressentiment de ceux-là? Engagé par
imprudence, un grand nombre persévéra
par nécessité : on aggrava avec l'énergie du
désespoir des torts de légèreté.

Cependant ce n'était pas tout de bouleverser la France ; l'Assemblée Nationale
n'avait rempli encore que la moitié de sa
vocation. A une heure, ou à une autre, on
s'attendait qu'elle établirait une forme de

gouvernement : c'était là le point difficile. Aidée de toutes les erreurs et de toutes les espérances, elle avait eu une grande puissance pour abattre ; on était impatient de voir comment elle réédifierait ; on l'attendait au moment où, après avoir effacé l'ancienne autorité royale, elle viendrait à en établir une nouvelle ; où, après avoir aboli les anciens impôts, elle viendrait à établir de nouveaux impôts ; où, après avoir aboli l'ancienne armée, elle viendrait à recomposer une nouvelle armée ; enfin on l'attendait au moment où, après avoir mis en activité l'égalité, les droits de l'homme, la souveraineté du peuple, elle ferait éclore de tout cela une véritable constitution.

L'Assemblée Nationale comprit très-bien sa position et les espérances de ses ennemis ; elle vit qu'en gouvernant comme elle devait gouverner, elle perdrait sa popularité ; elle vit qu'elle serait bientôt en butte aux mêmes attaques que l'ancien système ; et qu'elle finirait par demeurer seule au milieu des excès qu'elle avait commis, et des ressentimens qu'elle avait élevés. Elle ne gouverna point ; elle fit une constitution nomi-

nale, et ne la mit pas à exécution; elle fit
une nouvelle autorité royale, et ne la mit
pas en action; elle fit une nouvelle armée,
et n'osa lui imposer de discipline; elle établit de nouveaux impôts, elle eut en même
temps des assignats pour se dispenser de les
percevoir; elle fit de beaux réglemens pour
la liberté et la propriété, et ne prit aucune
mesure pour les protéger. La France se
trouva de cette manière entre un ancien
gouvernement, qui était mort, et un gouvernement nouveau, qui était sans vie. Après
avoir créé un comité de révision, qui ne
révisa rien, l'Assemblée s'aperçut que tout
tombait en dissolution; elle se mit en dissolution elle-même; et laissa à une assemblée
subséquente à s'arranger, comme elle pourrait, avec les douleurs qu'elle avait laissées
et le chaos qu'elle avait créé.

SECTION DEUXIÈME.

M. DE SAUSSURE avait remarqué à plusieurs reprises, dans les Alpes, un rocher d'une dimension énorme, placé à l'extrémité d'un glacier, dont il paraissait soutenir le poids. Un jour, il crut s'apercevoir que ce rocher se balançait et faisait un tour sur lui-même. Un second tour succède au premier, et bientôt cette masse énorme se met à rouler avec fracas, sillonne devant elle les habitations et les forêts, et va se perdre au loin dans les plaines.

C'est ainsi que s'est précipité le gouvernement français. Obligée de supporter le poids de vices anciennement accumulés, l'autorité n'a pu tenir sur sa base. Une fois ébranlée, les parlemens, le clergé, la noblesse, les propriétaires se sont présentés successivement pour la retenir. Elle a tout entraîné. Elle est arrivée ainsi jusqu'aux dernières classes du peuple.

Nous allons suivre sa marche.

La constitution nouvelle, produite avec peine, avait eu beau se présenter avec fracas, elle n'avait rempli l'attente ni de la cour, ni des grands propriétaires, ni du peuple. Il n'y avait pas un homme sensé qui ne frémît de voir un grand pays abandonné à la multitude et à une assemblée unique ; il n'y avait qu'une voix aussi sur les inconséquences de cette assemblée.

Elle reconnaissait en point de doctrine, que la féodalité et ses droits étaient l'effet de l'usurpation, et cependant elle n'osait l'effacer qu'à demi : elle rendait les cens rachetables ; elle donnait aux seigneurs des indemnités pour leurs dîmes inféodées ; elle revenait en mitigation sur les concessions même de la nuit du 4 août.

D'un autre côté, la majorité de l'Assemblée reconnaissait (du moins tacitement) que la monarchie est un système vicieux ; et cependant elle conservait ce système. Elle en posait avec solennité les bases. On ne peut la soupçonner d'avoir reconnu son incompétence. Quand elle voulut prendre possession des finances, elle abolit les impôts et les rétablit dans la même séance. Elle avait pris de même possession de la monarchie. Elle déposa, de son propre mouvement, le roi de France et de Navarre, auquel elle substitua un roi des Français.

Je ne m'arrêterai pas sur beaucoup d'autres inconséquences, telles que celles de proclamer l'égalité et de mettre néanmoins la réserve d'un marc d'argent pour condition d'éligibilité; de reconnaître les droits de l'homme dans toute leur plénitude, et de n'oser abolir l'esclavage des Nègres; d'admettre, telle qu'on l'entendait alors, la doctrine de la souveraineté du peuple, et de faire tirer sur le peuple au Champ-de-Mars et à Nancy. Ces événemens, qui tiennent beaucoup de place dans l'histoire du temps, ne peuvent être rappelés ici que comme des additions à l'ensemble des contradictions qu'on peut reprocher à sa conduite. Voici ce qui détermina ces contradictions.

Quand les hommes ont pris un mauvais

parti, ils veulent souvent se roidir dans
leur fausse sagesse. L'honnêteté naturelle
les entraîne hors de la ligne, et les oblige
à dériver. La force du sentiment, celle des
habitudes honnêtes, je ne sais quelle pu-
deur publique retenaient l'Assemblée au
milieu même des passions qu'elle avait de-
chaînées. Les honnêtes gens (et ils étaient
en grand nombre) ne pouvant se défendre
d'adopter les erreurs du temps, pensaient
s'honorer de quelque modération en ne lui
donnant pas une exécution entière. D'autres, arrivés avec cette sorte de fiévre qui
régnait alors, mais déjà calmés par l'habitude des affaires, commençaient à conce-
voir des doutes sur leurs fatales théories. Ils
avaient beau se trouver d'accord avec la
nature des temps ; un sentiment secret les
avertissait qu'ils ne l'étaient pas avec la
nature des choses.

Ces dispositions ne valurent à l'Assemblée aucune indulgence. Tous les partis
l'accusèrent également d'infidélité : ceux-
ci à l'ancien régime, ceux-là au nouveau.
On trouva qu'elle trahissait également la
monarchie et la philosophie, les préjugés

et les principes. Elle se retira fort embarrassée de sa position qu'elle légua à l'Assemblée Législative.

Celle-ci fut alors, dans des sens divers, l'objet des regards et des espérances. On s'attendait qu'elle allait tout réformer, ou tout empirer. Elle ne put prendre, comme on le voulait, un parti prompt et décisif. Arrivée à la voix de l'Assemblée Nationale, elle ne pouvait pendant long-temps s'empêcher de marcher sur ses traces. Si l'édifice nouvellement élevé n'était qu'un échafaudage, cet échafaudage tenait au moins beaucoup de place; toutes les autorités en émanaient. Tout ce qui prétendait au pouvoir était obligé de se porter sur les routes que l'Assemblée précédente avait créées, et de recevoir les missions qu'elle avait faites.

Tandis que la révolution se débattait dans ces entraves, quelques personnes pensaient que ce galimathias appelé *constitution* serait susceptible de s'amender. N'étant ni précisément monarchique, ni précisément républicain, n'ayant sur aucun point d'intention directe, ni de forme précise, il pouvait se prêter par cela même à toutes

II.   1₇

les espérances. C'était un germe abandonné
au temps, et qui pouvait se féconder de diverses manières. Selon le sens dans lequel
on parviendrait à exécuter cette ébauche,
on pouvait arriver, par deux voies différentes, ou à rétablir l'ordre social, ou à
compléter son bouleversement.

Une première division se forma sur ces
deux lignes. Elle composa ce qu'on appela
les *républicains* et les *constitutionnels*.

En comptant pour quelque chose ce qui
était alors le cri de ralliement, *la nation*,
la loi et *le roi*, les constitutionnels avaient
certainement pour eux *la loi*. Mais comment pouvait-on croire qu'un peuple qui
venait de détruire, avec le fer et le feu, tous
les droits et toutes les lois, serait tout à
coup transporté de respect devant une loi
nouvelle ? Des députations avaient la simplicité de venir demander *la constitution*,
toute la constitution, *rien que la constitu-*
tion. La France entière avait entendu pendant trois ans le roi, les parlemens et les
deux premiers ordres, demander infructueusement la justice, toute la justice, rien
que la justice.

Le roi n'était pas pour les constitutionnels un meilleur appui que la loi. Il se peut
qu'on eût donné de l'impulsion à cette nouvelle machine, si on était parvenu à obtenir
du roi quelque grand effort : mais en mettant à part le caractère particulier de ce
prince, le régime constitutionnel, dans lequel il se trouvait enclavé, n'avait pas assez
de charme pour lui arracher un mouvement
d'énergie qu'il avait refusé à la conservation
d'un autre régime.

Ce qu'on appelait alors *la nation* n'était pas
plus à la disposition des constitutionnels.
Le gouvernement avait sans doute le droit
de donner des ordres ; mais comme les gouvernés avaient celui de ne pas obéir, il fallait être sobre de commandemens envers
un peuple sobre de soumission.

Enfin, les ministres eux-mêmes, à qui on
demandait de grandes mesures, étaient peu
disposés à se compromettre pour les intérêts d'un monarque peu disposé à les soutenir. Ils pouvaient aussi se compromettre
infructueusement. Rien ne tenait. Un maire
n'était pas sûr de l'obéissance de son vil-

lage ; un général, de celle de son armée ;
un caporal, de celle de son escouade.

Les constitutionnels n'avaient ainsi aucun
appui ; et ils étaient entourés de beaucoup
de haines. Ils cherchèrent à se faire un appui de ces haines. Auprès du peuple, ils
se paraient de l'animosité de tout ce qui
tenait à l'ancien régime ; auprès du roi et
des personnes de l'ancien régime, ils faisaient valoir la haine que leur portaient les
démagogues révolutionnaires.

Ils ne s'aperçurent pas que sous ces deux
rapports ils étaient dans une position fausse.

Une seule chose pouvait les rendre sup-
portables au roi et aux personnes de l'ancien
régime : leur influence. Détestés d'abord à
cause de leur doctrine, ils furent dédaignés
ensuite à cause de leur nullité.

Dès ce moment, ils ne purent avoir aucun système franc de conduite. La haine
extrême du parti aristocrate avait trop d'affinité avec les sentimens supposés du roi et
de la cour, pour n'être pas pour eux un
objet d'inquiétude. Cette inquiétude les
obligea contre le roi aux mêmes précau-

tions que contre le peuple. Tout fut paralysé.

La position des constitutionnels auprès du peuple ne fut pas plus favorable. Le peuple avait acquis la licence qu'il appelait *liberté*, et il l'avait acquise sous la direction de ces mêmes hommes qui, sous prétexte de le gouverner, s'efforçaient de la lui ravir. Les constitutionnels lui parurent des traîtres qui voulaient ramener l'ancien régime sous le nom du nouveau.

Cet ancien régime, d'ailleurs, revenait sans cesse à toutes les pensées. Il avait beau être abattu, on ne pouvait s'imaginer qu'il eût aussi facilement disparu. La plus grande partie de l'armée, des gardes nationales et du peuple voyait encore tout cet ancien régime dans le roi, dès qu'il voulait régner, et dans le gouvernement, dès qu'il voulait gouverner.

Sans autre appui qu'une constitution nominale et un reste de forme monarchiques délustrées, les constitutionnels, harcelés sans cesse par les Jacobins et la masse du peuple, subirent diverses défaites à la suite desquelles ils succombèrent, et le roi avec eux. On eut la république.

On ne manqua pas alors de proclamer, comme on l'avait déjà fait tant de fois, que la France était sauvée. Elle était restée dans la même situation. Le peuple avait, il est vrai, une république qu'il paraissait désirer. La véritable difficulté n'était pas, pour cela, écartée.

Ceux qui avaient renversé la monarchie ancienne, s'étaient imaginé que les vœux s'arrêteraient tout à coup à la monarchie nouvelle. Après avoir renversé la Bastille, aboli les parlemens, la noblesse, établi une constitution et les droits de l'homme, ils crurent que tout était fini. Ils se trompèrent. Le canon de la Bastille se retrouva le 10 août.

Les Girondins, grands promoteurs du 10 août, se trompèrent comme les constitutionnels. Après avoir renversé la nouvelle monarchie, ils s'imaginèrent, de la meilleure foi du monde, que les vœux s'arrêteraient à la constitution républicaine. La véritable difficulté restait entière. Elle consistait à gouverner un peuple qui absolument ne voulait pas être gouverné. Les Girondins victorieux ne firent qu'occuper la place de leurs prédécesseurs. En réclamant pour la république l'obéissance qui avait été refusée à la monarchie, ils furent les constitutionnels de la république. Ils avaient la niaiserie de parler sans cesse d'un gouvernement organisé. C'est ce qu'on ne voulait pas. On voulait la liberté, l'égalité, la fraternité *ou la mort*. On se défit de la faction des Girondins et de celle des hommes d'État, comme on s'était défait de celle des constitutionnels. Les révolutions succédèrent aux révolutions.

Si on s'en rapportait aux apparences, on pourrait croire que toutes ces révolutions ayant été faites au nom du peuple, elles doivent avoir eu le même caractère; mais il faut remarquer que le sens du mot *peuple* change à chaque crise.

Dans le principe, quand on parlait du peuple français, on entendait tous les ordres de l'État et le roi lui-même; cette interprétation est conforme à l'acception que donnent à ce mot les lois romaines. Ce furent

les parlemens qui, dans la ferveur de leur
résistance aux grands bailliages, commencèrent à parler des droits du peuple en opposition à ceux du roi. Louis XVI sentit
très-bien le danger de cette locution ; il se
plaignit de ce qu'on le séparait de son peuple.
Il n'en consentit pas moins aux États-Généraux qui, dans le sens d'alors, étaient une
révolution, pour tout le peuple, moins le
roi.

A une seconde époque, lorsque l'on eut
inventé que les deux ordres privilégiés n'é-
taient rien, et que le tiers-état était tout, la
noblesse et le clergé se plaignirent à leur
tour de ce qu'on voulait les séparer du
peuple. On n'en fit pas moins le 14 juillet,
qui fut une révolution pour le peuple,
moins le roi, la noblesse et le clergé.

Après la révolution du 10 août, on croirait que les fondateurs de la république
eurent envie de compter pour quelque
chose dans l'État les propriétés et les propriétaires. Leurs adversaires leur démon-
trèrent très-bien que cette classe n'était pas
plus le peuple que le roi, la noblesse et le

clergé ; cela fit la révolution du 31 mai, qui fut une révolution pour le peuple, moins les propriétaires.

On voit comment le sens du mot peuple s'altérant à chaque crise, finit par s'entendre exclusivement de ce qu'on appelait alors *sans culottes*, et leur porta ainsi graduellement la souveraineté. On va voir les mêmes gradations dans la propriété.

L'égalité des droits pouvait s'entendre dans les classes bourgeoises par l'égalité des rangs. Elle ne s'entendait clairement dans les basses classes, que par l'égalité des propriétés. La vanité sentit, dès le premier moment, qu'elle devait mettre la cupidité dans ses intérêts. Leurs conquêtes marchent sur la même ligne.

On n'eut pas plutôt fait la révolution des États-Généraux, qu'on porta aux classes inférieures l'abrogation des priviléges pécuniaires.

On n'eut pas plutôt fait la révolution du 14 juillet, qu'on porta aux classes inférieures la suppression des dîmes et d'une partie des redevances féodales ; c'est la nuit du 4 août.

On n'eut pas plutôt fait la révolution du

6 octobre, qui était une révolution particulière à la ville de Paris, qu'on crut devoir
porter à la cupidité les biens du clergé :
c'est la journée du 2 décembre.

On n'eut pas plutôt fait la révolution du
10 août, que, sur la motion de Couthon,
on imagina de supprimer les rentes et tout
ce qui restait des droits féodaux.

Enfin, on n'eut pas plutôt fait la révolution du 31 mai, qu'il fallut porter aux classes
inférieures le décret de taxation, c'est-à-dire
le *maximum*.

C'est ainsi que la propriété suivit la marche de la souveraineté. On va remarquer la
même progression dans la sûreté.

Il est admis en France de ne compter le
régime de la terreur que du règne de Roberspierre. Il est probable cependant que ce
régime ne s'est pas produit ainsi d'une manière soudaine. Les raisons qui ont fait consacrer si tard cette dénomination, me paraissent une chose curieuse.

Il est remarquable que tant qu'on n'a fait
que mettre à la lanterne, incendier des châteaux, couper des têtes de nobles, ou de
gardes - du - corps, massacrer à coups de

haches des prisonniers d'État nobles, des évêques, ou des prêtres, on ne puisse reconnaître qu'il y ait eu en France de régime de la terreur. Aujourd'hui même, il est commun d'entendre parler des beaux temps de l'Assemblée Constituante. C'est dans ces beaux temps qu'on a vu le massacre de Foulon et de Berthier, la Glacière d'Avignon et le 6 octobre ; c'est dans ces beaux temps qu'un des écrivains les plus populaires et les plus accrédités, se déclarait le procureur-général de la lanterne, demandait la proscription d'un certain nombre de députés, et franchement huit cents têtes.

Cette singularité est facile à expliquer : le régime de la terreur n'était alors que pour une classe. Il y avait une très-grande sûreté pour tout le monde, moins les aristocrates.

Sous l'Assemblée Législative, le régime de la terreur commença à s'agrandir. Les constitutionnels furent ajoutés aux aristocrates.

Sous la Convention, le régime de la terreur prit plus d'extension encore. On ajouta aux classes précédentes les Girondins, les Fédéralistes, les hommes d'État.

Dans les derniers temps, le régime de la terreur s'étendit de nouveau ; les Muscadins, c'est-à-dire tous ceux qu'on vit dans une mise décente, furent ajoutés aux précédens.

C'est ainsi que des *beaux temps* de l'Assemblée Constituante, se produisirent rapidement les *beaux temps* de l'Assemblée Législative, les *beaux temps* de la Convention, enfin les *beaux temps* du règne de Robespierre. Tant que la révolution n'a voulu tuer que nos ennemis et nos voisins, elle a été trouvée admirable. A-t-elle commencé à promener sa faux indistinctement sur toutes les têtes, elle a été trouvée hideuse. C'est ainsi que jugent des hommes de peu de sens : ignorant que l'équité, ce droit de tous, est bien prêt à être enlevé à tous, quand il est enlevé à un seul.

La révolution une fois consommée, la France se trouva en pleine possession du gouvernement que ses philosophes lui avaient fait espérer ; gouvernement que l'Assemblée Nationale avait établi en principe, mais dont elle n'avait osé suivre les conséquences ; que le Corps-Législatif avait porté un peu plus loin, mais qu'il avait cru pourtant devoir arrêter à un certain terme; que la faction des hommes d'État était parvenue ensuite à agrandir, mais qu'elle avait eu encore l'imprudence de vouloir limiter.

Il devint impossible désormais de rien ajouter à la désorganisation générale. Il est inutile de parler de la religion, du clergé, ni d'aucune autre institution. Le mariage lui-même fut entièrement dissous; la puissance des pères, entièrement abolie. Cambon, s'élevant de nouveau contre ce qu'il appelait les *derniers abus du pouvoir paternel*, fit supprimer le droit de tester. Les femmes avaient été rendues, en quelque sorte, communes par le divorce. Il ne s'agissait plus que de marcher à la communauté des biens.

Je n'ignore pas que, dans quelques révolutions anciennes, l'expropriation semble avoir été opérée d'une manière entière et précise. En France, au contraire, elle a été plus graduée. Elle a failli en être plus complète; car il a été question de salarier les cultivateurs et de s'emparer de leurs produits.

Qu'on ne s'imagine pas que je parle ici

d'un projet vague. Une députation du Gard demanda que les grains fussent déclarés une propriété nationale, et qu'on accordât aux cultivateurs une somme de 250 millions en indemnité. « Cette somme effrayante de « 250 millions, disait-elle, n'est pour l'État « qu'une avance fictive, qui met à sa dispo-« sition des richesses réelles et purement « nationales, qui n'appartiennent en toute « propriété à aucun membre distinct du « corps social, non plus que les pernicieux « métaux frappés au coin monétaire. » (1)

Roberspierre eut la même pensée.

« Le premier des droits, disait-il, est ce-« lui d'exister; la première loi sociale est « celle qui garantit à tous les membres de « la société les moyens d'exister. Toutes les « autres sont subordonnées à celle-là. C'est « pour vivre d'abord qu'on a des propriétés. « Il n'est pas vrai que la propriété puisse « être jamais en opposition avec la subsis-« tance des hommes, aussi sacrée que la vie « elle-même. Tout ce qui est nécessaire « pour la conserver, est une propriété com-

---

(1) Moniteur du 3 janvier 1793.

« mune à la société entière. Il n'y a que
« l'excédent qui soit une propriété indivi-
« duelle, et qui soit abandonné à l'avidité
« des commerçans. » (1)

Si je m'arrête aux doctrines sur l'expropriation générale, c'est seulement pour
montrer qu'elle était reconnue en dogme;
car nul doute qu'elle ne fût établie dans le
fait.

Le partage des terres ne se faisait pas
encore pour le peuple, il se faisait au moins
pour le gouvernement. Au moyen de ses
réquisitions, de ses assignats et de son *maximum*, il s'était rendu maître de toutes les
richesses mobiliàires. Au moyen de ses massacres et de ses confiscations, il se rendait
le maître peu à peu de tout le territoire. En
attendant qu'ils fussent décapités, les riches
étaient emprisonnés, leurs biens séquestrés.
D'un autre côté, tous les indigens recevaient
une solde. Les marchandises étaient réduites
à un prix proportionné à cette solde.

Un État aussi extraordinaire ne pouvait
durer. L'anarchie, abandonnée à elle-même,

(1) Moniteur du 3 janvier 1793.

ne pouvait se conserver. Une constitution
fut faite dans un sens très-nouveau : ce fut
pour protéger l'anarchie. Un gouvernement
se forma pour protéger l'absence de tout
gouvernement.

Il n'est pas difficile de voir qu'un gouvernement ainsi composé, était absurde. Voilà
précisément pourquoi il fut extrême. Un
centre de force, quel qu'il soit, se compose toujours comme les circonstances
dans lesquelles il est placé. Du temps de
l'Assemblée Nationale, lorsqu'il n'y avait
qu'une poignée d'aristocrates à réduire, et
qu'il se trouvait, au moyen d'une apparence
de régime monarchique, de grands principes d'autorités conservés, le centre de
force a pu avoir une action large et souple.

Sous le Corps-Législatif et sous la république, lorsque les obstacles se sont accrus,
et que les principes d'autorités se sont trouvés affaiblis, le centre de force a dû être
plus inquiet et plus actif. On a eu un 2 sep-
tembre.

Sous la Convention, où tout principe
d'autorité était dissous, et où le gouvernement voyait partout des ennemis, le centre

de force a dû développer une activité terrible. On a eu un massacre régulier.

Tous ces résultats sont liés entre eux.
Dans une situation forte, on peut laisser
divaguer les mouvemens et les paroles, réprimer doucement les écarts. Dans une situation faible, une parole peut devenir un
objet de crainte. Le moindre mouvement
peut passer pour un crime, lorsque l'État
est assez faible pour que ce mouvement soit
un danger. Une situation aussi violente ne
pouvait se conserver.

SECTION TROISIÈME.

C'EST en vain qu'on avait établi le peuple souverain. Le peuple, ne sachant comment exercer le pouvoir, l'avait laissé saisir par la Convention. La Convention, embarrassée comme le peuple, l'avait laissé saisir par le Comité de Salut Public. Le Comité de Salut Public ne tarda pas à se trouver dans le même embarras que la Convention.

Tant que ce Comité s'était vu en présence d'ennemis ardens et redoutables, ses membres avaient vécu en bonne intelligence. Il n'en fut pas de même quand ces ennemis eurent disparu. Le triumvirat de Couthon, de Roberspierre et de Saint-Just se présenta pour saisir, dans le Comité de Salut Public, le pouvoir que le Comité de Salut Public avait saisi dans la Convention. Barrère, Collot-d'Herbois et Billaud-Varennes, n'y mirent point de complaisance. Pendant quelque temps les partis s'observèrent; à la fin, on les vit aux prises. La Convention, appelée comme arbitre dans ce redoutable différend, se ressaisit du pouvoir qui lui avait échappé. La révolution reçut un échec; on eut le 9 thermidor.

Cette journée, qui fit respirer les propriétaires, fut un jour de deuil pour les classes indigentes. La terreur entra dans l'âme de ceux qui étaient accoutumés à la répandre. Le mot *clémence*, prononcé par Camille-Desmoulins, avait paru un crime. Le mot *justice* jeta partout l'effroi.

Le 9 thermidor changea ainsi, à beaucoup d'égards, la situation de la France. Je trouve toutefois qu'on a mis trop d'importance au personnage de Robérspierre.

Si c'était Roberspierre et ses associés qui contenaient, comme on le dit, la France sous un joug de fer, qui fait, lorsque ce joug a été brisé, que tout le monde n'a pas redemandé aussitôt ses anciennes lois? Je n'ai pas vu que, le 10 thermidor, personne soit monté à la tribune pour redemander la monarchie de Louis XIV, celle de Saint-

Louis, de Charlemagne, ou même la monarchie constitutionnelle. Je n'ai pas vu qu'on soit accouru aux temples qui avaient été profanés ; qu'on ait parlé de remettre sur leurs siéges les magistrats et les évêques, de rendre aux nobles leurs droits, leurs possessions ou leurs châteaux. Je n'ai pas vu qu'on ait parlé de rétablir les liens civils, ceux de famille, ceux de corporation. J'ai vu, au contraire, qu'on a institué plus que jamais les droits de l'homme, la souveraineté du peuple, la liberté, l'égalité. Tout le changement en ce point a été d'effacer, dans quelques inscriptions, ces mots : *ou la mort*, pour leur substituer celui d'*humanité*. Disons le vrai mot : Roberspierre n'était rien ; ou du moins, ce n'était que la forme visible d'un démon, caché, partout et répandu partout.

Vainqueurs de Roberspierre, Billaud-Varennes, Barrère et Collot-d'Herbois auraient voulu s'emparer de ce triomphe ; mais la Convention, qui avait repris les pouvoirs, ne voulut plus s'en dessaisir. Roberspierre disait à M. Garat : « Tout va bien ; il n'y a « plus de division ; le 31 mai les a termi-

« nées. » Ce mot, *tout va bien*, s'entendait des mesures révolutionnaires, qui ne trouvaient plus d'obstacles.

Le lendemain de la mort de Roberspierre, Billaud-Varennes et Collot-d'Herbois disaient de même *tout va bien*. Ce mot s'entendait de la facilité qu'ils espéraient avoir pour suivre les anciens systèmes de proscription.

Il importait peu à la Convention qu'on continuât ces proscriptions contre les aristocrates et les royalistes. Seulement, comme elle s'était aperçue qu'on donnait volontiers ce nom à ses ennemis, il lui importait de faire établir sur ce point des règles précises.

Cette discussion une fois élevée, les deux partis s'y jetèrent avec ardeur. Les membres du Comité de Salut Public voyaient, dans le projet de la majorité de la Convention, leur destitution prochaine ; la Convention voyait, dans la conservation du Comité de Salut Public, la conservation d'un système de tyrannie qui avait déjà pesé sur elle, et qui pouvait de nouveau la menacer. Les deux partis étaient dans une mesure à se faire respecter. La Convention avait pour elle les sections.

les jeunes gens et la force armée. Le Comité de Salut Public avait pour lui les Jacobins, le faubourg Saint-Antoine et les basses classes du peuple.

Avec des intérêts aussi ardens et des forces aussi balancées, les deux partis furent quelque temps aux prises. La France attendait avec impatience qu'un de ces deux partis lui expliquât ce que signifiait le 9 thermidor. Si on veut faire attention aux événemens qui ont précédé et accompagné l'insurrection du 1er prairial, on trouvera que l'armement des six cents femmes, le mouvement de tout Paris, le meurtre du député Ferraud, la victoire remportée par le faubourg Saint-Antoine sur la Convention, et ensuite celle de la Convention sur le faubourg Saint-Antoine, la mise à mort des chefs de la sédition et de plusieurs membres de l'Assemblée, tout cela n'a eu pour objet que de débrouiller le sens équivoque de cette journée.

Après des événemens divers, la Convention étant demeurée victorieuse, le 9 thermidor reçut un sens clair et précis. La France fut remise tout juste à la place qu'elle occupait avant la révolution du 31 mai. Le pouvoir, tombé de cascade en cascade, jusqu'aux sans-culottes, se releva d'un degré ; il revint à la faction des hommes d'État. Guadet, Vergniaud et Gensonné, ressuscitèrent sous de nouveaux noms. On voulut bien convenir que les droits de l'homme avaient été mal entendus, et qu'on avait donné trop d'extension à la liberté et à l'égalité ; on reconnut qu'il n'y avait de salut que dans la ligne qu'avaient indiquée précédemment les Girondins ; on ne se contenta pas d'évoquer leurs maximes, on s'occupa à examiner comment on pourrait, d'après leurs plans, établir la révolution. Un comité, composé de ce qu'il y avait alors de plus sage, fit espérer que cette fois la France aurait une constitution solide, et que les erreurs des assemblées précédentes seraient réparées.

J'examinerai bientôt le mérite de cette nouvelle production. Je veux parler auparavant des précautions que l'Assemblée crut devoir prendre.

Ses ennemis n'étaient pas seulement dans le faubourg Saint-Antoine ; tous les crimes n'étaient pas seulement dans le Comité de Salut Public ; elle voyait autour d'elle la haine et les plus affreux souvenirs. On lui demandait une constitution pour la sûreté publique ; elle songea d'abord à la sienne. Elle consulta très-soigneusement l'opinion générale, mais comme un ennemi dont il importe de connaître les desseins. Elle comprit, avec beaucoup de sens, qu'il ne fallait rien faire de ce que cet ennemi lui conseillait. Elle fut en cela beaucoup plus habile que Louis XVI.

Parce que toute la France était soulevée contre les deux premiers ordres et s'agitait pour leur destruction en demandant leur abaissement, le gouvernement de Louis XVI avait eu la bonhomie de prendre cette voix du peuple pour la voix de Dieu. La violence fut une raison d'avoir la force. Il ne tenait qu'à la Convention de suivre la même marche. Il y avait en France, contre elle, une voix tout aussi prononcée que celle qui s'élevait en 1789, contre la noblesse et le clergé. Il y avait de même à lui alléguer un *bruit sourd de l'Europe*. On mit le plus grand soin à lui remontrer qu'elle n'a-

vait pas le droit d'entrer dans le nouveau
système représentatif; qu'elle ne pouvait,
sans usurpation, continuer à garder les pouvoirs et se faire renouveler seulement par
tiers. On lui allégua, avec la même justesse
de logique, que les exclusions qu'elle mé-
ditait, et qui ont composé depuis la fameuse
loi du 3 brumaire, étaient illicites et manifestement opposées aux droits de l'homme.
Enfin, on lui annonça la volonté du peuple
souverain et sa détermination à se faire
justice.

Au milieu de ces difficultés, la Convention n'assembla pas ses notables. Elle sentit
que dans la disposition générale des esprits,
si elle se démettait subitement de ses fonctions, elle était perdue. Elle sentit qu'elle
avait commis beaucoup d'excès; et que
sans asile dans la souveraineté du peuple
sans-culotte qu'elle venait de réprimer, elle
n'aurait guère plus de protection dans le
peuple propriétaire qu'elle avait opprimé.
Elle sentit que, puisqu'on parlait de glaive
quand elle avait les armes, on en parlerait
bien davantage quand elle serait désarmée.
Elle prit son parti; elle mitrailla les sec-

tions en vendémiaire, comme elle avait fait mitrailler les sans-culottes en prairial. Elle fit exécuter, à la bouche du canon, le décret par lequel elle faisait entrer les deux tiers de ses membres dans le nouveau Corps Législatif, et celui par lequel elle excluait du nouveau tiers des classes soupçonnées ennemies. C'est ainsi que se produisit son nouvel ouvrage. Je vais examiner actuellement le mérite de cet ouvrage.

Le 9 thermidor n'avait détruit qu'une olygarchie passagère. Cette journée avait laissé la révolution en son entier. La Convention ayant vaincu le peuple sans-culotte en prairial et le peuple propriétaire en vendémiaire, le résultat de ces deux journées fut d'ôter la souveraineté au peuple, et de la placer dans le corps représentatif.

La nouvelle constitution se régla sur ce résultat. Un corps représentatif en deux chambres devant se renouveler par tiers tous les ans ; un directoire exécutif composé de cinq membres, lesquels devaient se renouveler tous les ans par cinquième, formèrent les principaux traits de cette constitution. Cette nouvelle composition, qui était le résultat de la science du temps, et le fruit des méditations de tout ce que la France possédait alors d'hommes habiles, fut présentée comme un chef - d'œuvre. Ce chef-d'œuvre avait beaucoup de vices.

C'est assurément une grande erreur que de prétendre travestir en souverain une multitude éparse adonnée au travail et uniquement occupée de sa subsistance. Il en est de même de sa représentation. Si le peuple n'a pas la souveraineté, la représentation ne peut l'avoir. Je ne conçois pas que le commis puisse être plus que le commettant, l'effet plus que la cause. Voici, à cet égard, des principes que je crois certains.

L'autorité étant le bien commun de tous les citoyens, ce ne sont pas seulement les individus qui ont droit de la rechercher; elle est recherchée de même par des corps collectifs. On peut voir ainsi en action des fragmens plus ou moins considérables du peuple, tels que des villes, des cantons, des départemens. Mais, de même que rien n'est changé dans la marche des affaires, lorsque les représentations particulières sont en présence de l'autorité, rien n'est changé non plus lorsque c'est la représentation générale. Tout ce que je vois de nécessaire dans ce cas, c'est que la grandeur du conseil qui a à juger ces demandes se trouve de mesure avec la grandeur du corps qui les fait. Une règle générale est tracée sur ce point.

Quand un simple individu porte une plainte, le souverain peut l'envoyer à une cour ordinaire. Le tribunal est analogue au plaignant et à la plainte. Quand c'est la représentation de tous les individus d'un État qui fait une demande, ou qui se porte comme plaignante, le souverain ne peut la juger qu'avec un tribunal qui l'égale en importance.

De même que tout se tient dans la nature, tout se tient aussi dans la politique. On peut voir ici la nécessité de faire sortir de l'ordre judiciaire un sénat qui réunisse tout ce que cet ordre peut offrir de plus illustre, et devant lequel soient discutées les demandes de la chambre des représentans. C'est la base première et fondamentale de ce fameux système des deux chambres qui a tant occupé en France les hommes d'État, au sujet duquel on n'a jamais manqué de rappeler la constitution anglaise, et que quelques voix appelèrent vainement dans l'Assemblée Nationale. C'est ce même système qui, repris ensuite et agité dans le comité constitutionnel de la Convention, produisit un Conseil des Anciens et un Conseil des Cinq-Cents.

On n'obtint que de très-faibles résultats de cette mesure réputée décisive. Il est facile de montrer qu'elle était mal conçue.

Je ne rappellerai point, à ce sujet, la constitution anglaise. Il me paraît évident comme la lumière du jour, que les lois, les coutumes, les institutions, tout est français en Angleterre. Il y eut autrefois en France, ainsi que je l'ai montré, un corps de grands de l'État, et une assemblée de grands propriétaires. Les grands qui s'assemblaient en automne jugeaient sommairement les affaires de peu d'importance, et préparaient les autres, à l'effet de les soumettre aux délibérations du Champ-de-Mars suivant. On reconnaît, dans cette distinction, les offices différens de deux assemblées de nature différente.

Dans l'une, les hommes ont du loisir, de l'instruction ; ils ont l'habitude des affaires. Ils peuvent en soigner les détails et en suivre la marche. Dans l'autre, les hommes ont plus de raison que d'instruction, plus de sentimens que de lumières. Ils n'ont ni la patience, ni le loisir de suivre les affaires en détail ; mais ils les jugent fort bien en résultat. Demandez à tout le peuple français rassemblé s'il faut faire la paix de 1763 : demandez-lui, après la paix d'Amiens, s'il faut consentir à l'occupation de Malte. Sa réponse ne sera point indécise.

Le comité constitutionnel de la Convention n'entra point dans ces vues ; il eut raison de penser que deux chambres législatives se tempéreraient mutuellement. Là où il se trompa, ce fut en faisant leur composition homogène. C'est par la prépondérance effective du rang, de la dignité, des lumières qu'une première chambre est imposante, et non par une légère différence d'âge.

La division des chambres, telle qu'elle fut conçue, ne remédiait à aucun des vices d'une assemblée unique. Un autre vice beaucoup plus grand de cette division était de se rapporter au système qui était établi alors sur la séparation des pouvoirs. La prévention à cet égard était au dernier terme. L'Assemblée Nationale, le Corps Législatif et la Convention ne subissaient d'autres reproches que de n'avoir pas su balancer convenablement les différentes parties de l'autorité. On se faisait, je ne sais quelle haute opinion de forces savamment opposées les unes aux autres, et on regardait comme un résultat très-heureux de pouvoir obtenir l'équilibre.

Cette solution de continuité entre les pouvoirs d'un État me paraît une chose insensée. L'histoire rapporte que les généraux d'Alexandre se partagèrent son empire après sa mort; mais c'est le territoire qu'ils se partagèrent, et non pas l'autorité. Avez-vous un pouvoir exécutif d'un côté, un pouvoir législatif d'un autre; c'est comme si en portant une tête et des membres dans des lieux différens, vous prétendiez faire un corps vivant et animé.

Si cette erreur a un point d'absurdité manifeste, elle a aussi un point de vérité que je dois remarquer, parce que c'est de ce point, vu confusément, que me paraît se produire l'illusion.

Je crois qu'on prend toujours dans cette question les pouvoirs pour les fonctions. Ce sont les fonctions qu'il est avantageux de séparer. La Providence ne nous a point composés pour penser avec les mains, et saisir les objets avec la tête. Elle a constitué différens organes pour différentes fonctions. Il en est de même dans l'organisation sociale. De quelque manière qu'elle soit composée, quelque forme de gouvernement qui soit adoptée, c'est toujours d'un centre unique que doit partir tout le mouvement. Je prendrai pour exemple une bonne monarchie.

Un roi, à ne le considérer que comme individu, n'est pas plus fort qu'un autre individu; l'État lui donne toute sa force. Une grande armée pour défendre l'État au-dehors, une force publique bien organisée

pour se maintenir au-dedans : voilà ses
bras.

Un roi, considéré sous le rapport de la
fortune, ne peut être regardé que comme
un individu opulent. Quand cela est nécessaire, l'État lui donne toutes ses richesses.
Les contributions publiques : voilà ses trésors.

Un roi, considéré individuellement,
n'est souvent ni beaucoup plus sage, ni
beaucoup plus éclairé qu'un autre homme.
Cependant il a tous les bras à commander,
toutes les richesses à administrer. L'État lui
donne, dans un sénat, ou dans un grand
conseil national, toutes les lumières et toute
la sagesse du pays : voilà sa tête.

Le roi est ainsi, dans son caractère officiel, d'une stature gigantesque, doué d'organes proportionnés à la grandeur de ses
fonctions. Tout bonheur dans un État, tout
ordre, toute liberté dépendent de la conservation de chaque organe dans l'office qui
lui est destiné. Un roi sera réputé insensé,
s'il marche à la tête de ses cours judiciaires
pour repousser l'invasion des armées étran-

gères : il se met communément à la tête de son armée qui est sa force. Il n'est pas moins insensé, quand il prétend se mettre à la tête de son armée pour rendre des jugemens et faire des lois. Il doit être alors à la tête de son sénat et de ses cours judiciaires qui sont sa sagesse.

La Convention et son comité méconnurent ces principes simples ; ils crurent que le pouvoir est toujours trop concentré. La moitié de la pensée de l'État fut mise aux Tuileries, l'autre au faubourg St.-Germain. L'action fut placée au Luxembourg. Il fut défendu au Directoire de penser, aux Conseils d'agir. On crut effacer ainsi les erreurs de l'Assemblée Nationale ; on ne fit que les reproduire sous une autre forme.

L'Assemblée Nationale avait ôté à Louis XVI le pouvoir du *veto*, mais elle lui en avait donné le droit. Le comité de la Convention ôta au Directoire le droit du *veto*, mais elle lui en donna le pouvoir. L'Assemblée Nationale avait donné à Louis XVI le pouvoir exécutif ; mais elle avait paralysé dans ses mains tous les moyens d'exécution. Le comité de la Convention donna au Directoire tous les moyens d'exécution; il ne laissa rien aux assemblées législatives.

Il importe peu à l'objet de cet ouvrage de rendre compte des causes particulières qui, se mêlant aux causes générales, ont déterminé le 18 fructidor. Toutes les circonstances particulières, où viennent figurer de petites passions et de petites tracasseries, ont beaucoup de mouvement apparent et peu d'effet réel.

S'il ne fallait que de la force pour composer la puissance, rien n'aurait été si puissant que la révolution. Elle a été capable de tous les efforts, car elle a disposé de toutes les forces. Les hommes ne lui ont pas manqué; elle a eu quatorze armées. L'or ne lui a pas manqué: les assignats ont été une mine inépuisable. La constitution de 1795 s'est targuée de la division savante de ses chambres et de la séparation de ses pouvoirs; toute cette science n'était pas nouvelle. L'Assemblée Nationale avait eu son club des Jacobins, qui lui avait servi en quelque sorte de chambre basse ; la Convention avait eu dans son comité de salut public et dans celui de sûreté générale, un pouvoir aussi bien organisé que le Directoire. Toutes ces forces, tous ces avantages divers n'ont point empêché ces diverses formes de gouvernement de succomber ; elles se sont succédées rapidement l'une à l'autre.

Actuellement qu'on change de point de vue et qu'on considère les gouvernemens antiques. Le plus grand nombre n'a rien connu de ces dispositions savantes de pouvoir législatif et de pouvoir exécutif. Rien n'est plus absurde en soi que toutes les constitutions des républiques grecques. Celle de Rome, examinée de la même manière, n'a pas plus de sens. Qu'est-ce qu'un peuple qui, avec un sénat, a tantôt des rois, tantôt des consuls, tantôt des décemvirs, tantôt des tribuns militaires, tantôt des dictateurs ? Conçoit-on rien de si absurde que les deux rois de Lacédémone ? Conçoit-on rien de si extravagant que de faire commander les armées un jour par un général, un autre

jour par un autre général? Et cependant,
avec ces constitutions, tout va, tout pros-
père; tout marche à l'agrandissement, à la
prospérité, à la gloire.

Ah! il est temps de le reconnaître. Cette
disposition prétendue savante des pouvoirs
n'a point l'importance qu'on lui attribue.
Chez un peuple bien constitué dans ses
mœurs, dans ses lois, dans son régime domestique, civil et religieux, ce sera une
chose presque indifférente, que la constitution politique. Au contraire, avec toutes
les constitutions, quelles qu'elles puissent
être, si le désordre est dans le régime intérieur social, rien ne sera réparé par la perfection du régime politique.

Et qu'importe en effet la constitution politique, lorsque, par un contre-sens invé-
téré, on croit devoir soigner l'anarchie
civile; lorsqu'on regarde comme un résultat précieux des progrès de la civilisation, d'avoir bouleversé les élémens de subordination, rompu tous les liens moraux,
civils et religieux; étrange pensée, lorsque
le corps et les membres sont en dissolution,

de s'occuper à leur donner une tête ! On relève précipitamment quelques pierres, et on s'imagine avoir un édifice, parce qu'on a mis un toit sur un amas sans ciment et sans base !

Ce qu'il y avait de merveilleux, c'est la confiance avec laquelle, à chaque annonce d'une constitution nouvelle, chacun s'empressait d'occuper les places qu'elle avait marquées. Le Directoire et les conseils se placèrent ainsi, selon qu'il avait été ordonné. Chacun prit de bonne foi ses fonctions et ses pouvoirs; mais de semblables constitutions ont bientôt donné leur mesure. On n'est pas long-temps à s'apercevoir de ce qu'on ne peut pas avec elles, et ensuite de ce qu'on peut malgré elles. Les nouveaux pouvoirs eurent ainsi facilement le secret de leur force et de leur faiblesse. Les politiques ne tardèrent pas à s'effrayer de la masse immense d'un pouvoir directorial sans droit, qui avait à respecter dans le Corps-Législatif une masse immense de droits sans pouvoir. Dès ce moment, un régime, qu'on croyait établi, chancela.

Déjà une opinion publique vague, composée du ressentiment de tous ceux qui avaient souffert des excès, contre ceux qui les avaient commis, s'agitait comme si elle avait été forte, et faisait le même bruit que que si elle avait eu un objet précis. On put s'apercevoir que la Convention n'avait pas été si déraisonnable, en s'obstinant à conserver les deux tiers de ses membres. La première année, les deux conseils demeurèrent dans une attitude timide. L'accession du second tiers la rendit plus prononcée. Le Directoire menacé fit des préparatifs de guerre ; il les fit hautement, et en présence des deux conseils. Rien ne leur fut caché, jusqu'au moment où le canon du Pont-Neuf donna le signal de faire avancer des cages de fer, et d'y enfermer des ennemis depuis long-temps désignés.

Tel fut le 18 fructidor.

Ce n'était pas la première fois qu'on attaquait la représentation nationale ; mais comme les attaques précédentes avaient eu un autre objet, elles avaient laissé aussi d'autres résultats. Lorsque les Girondins furent arrêtés au 31 mai, l'effet de cette crise fut de faire passer le pouvoir, du peuple propriétaire au peuple sans-culotte. Le 13 vendémiaire fut remarquable en ce qu'il fit passer le pouvoir du peuple à sa représentation. Le 18 fructidor le fit remonter au gouvernement même. Toute la constitution fut dans le Directoire. Les conseils n'eurent la permission de penser que selon ses ordres, et par ses ordres.

C'était en apparence un grand avantage d'avoir fait cesser la séparation des pouvoirs et d'avoir tout réduit dans le même centre. L'événement prouva bientôt que cet avantage était insuffisant. La difficulté de gouverner, qu'on surmontait d'un côté, se reproduisait de toutes parts. Au milieu de la plus complète obéissance, les obstacles se multipliaient. On ne savait à qui s'en prendre. On accusait tour à tour les Jacobins, les émigrés, les anciennes castes privilégiées. Les violences ne furent point épargnées : elles furent sans effet. De la violence on vint à la modération, qui ne réussit pas davantage. Un tel gouvernement devait nécessairement succomber. Cet événement mérite une attention particulière.

J'ai déjà eu occasion de remarquer dans le cours de cet ouvrage, comment une sorte de génie se manifeste dans le mouvement naturel des choses, et produit parmi les élémens même les plus discordans, tantôt l'ordre et le concert, tantôt une dissimulation profonde et une habileté hypocrite. On va en voir de nouveaux exemples.

Sous M. de Brienne, tous les partis qui devaient se disputer et s'égorger quelques mois après, s'étaient, en attendant, réunis sincèrement et complétement contre la cour plénière et les grands bailliages. Sous le Directoire, tous les partis destinés à s'entre-détruire, s'étaient réunis de même pour le détruire.

La haine une fois bien établie, ce fut pendant quelque temps comme un ouragan, sans intention déterminée et sans direction précise. Tant que cette haine demeura flottante, l'union fut pleine et sincère. A la fin les royalistes ayant marqué leur prépondérance, et presque levé leurs drapeaux, les

républicains, les Jacobins, les révolutionnaires de toute classe qui n'avaient rien à
recueillir de ce mouvement, s'en retirèrent
et le firent manquer.

Les mêmes observations se reproduisent
après cette journée. Tant que le gouvernement voulut bien lui laisser un sens indécis,
elle fut réputée heureuse par certains partis;
mais lorsqu'il se fut annoncé comme voulant
en recueillir pour lui seul tout l'avantage,
les haines qu'il avait ramassées, et mises à
son service, l'abandonnèrent. Le voilà dès-
lors dans une situation semblable à celle à
laquelle il vient d'échapper.

En effet, comme le 18 fructidor n'avait
fait changer en rien la situation de la France,
rien n'était non plus changé dans la disposition des esprits. La haine, comprimée dans
un sens, se montra dans un autre; elle eut
le même caractère de généralité et d'inten-
sité. La seule différence se trouva en ce que
ce ne fut plus le parti royaliste qu'on vit en
scène, ce fut le parti jacobin.

Harcelé par ce mouvement nouveau,
comme il l'avait été par le précédent, le

Directoire crut devoir mêler ensemble des mesures d'énergie et de dextérité. Effrayé de la couleur qu'avaient prise contre lui les assemblées primaires et électorales, il cassa les élections faites en sens jacobin, comme il avait cassé précédemment des élections en sens royaliste. Il eut beau faire : il vit arriver de toutes les parties de la France non des alliés, mais des ennemis. Il se forma de nouveau contre lui, dans les Corps-Législatifs, une grande majorité. Un second 18 fructidor parut être devenu nécessaire. Le Directoire ne fit point ce nouveau 18 fructidor.

L'Assemblée qu'on appelle Constituante, se trouvant entourée de beaucoup de dangers, et ne sachant comment y faire face, prit le parti d'abandonner ses fonctions. La majorité du Directoire en fit de même. MM. Treilhard, Merlin et La Réveillère-Lépaux, qui pouvaient sacrifier leurs ennemis, préférèrent de se sacrifier eux-mêmes. Le pouvoir qui, au 18 fructidor, s'était retiré dans les mains du gouvernement, lui échappa de nouveau. Tel fut le 30 prairial.

Il me paraît inutile de rechercher le reste de vie que montra jusqu'au 18 brumaire le gouvernement nouveau qui succéda. Ce gouvernement ne pouvait pas plus se conserver que le précédent. Qu'on ne m'allègue point les défaites de nos armées, ou la pénurie de nos finances. Si de grandes victoires suffisaient pour former un État, la révolution serait parvenue à s'établir. La Vendée, avec toutes ses victoires, n'a pu former un grand parti. Si des défaites suffisaient pour faire tomber un État, l'Autriche serait dans le néant. Le Directoire a pu manquer d'argent; il n'a pas manqué d'hommes. Nos armées ont été souvent dans la plus extrême pénurie; elles n'en ont que mieux combattu. Le Directoire n'a éprouvé aucune résistance de la part des armées.

On m'alléguerait avec tout aussi peu de fondement le prétendu vice de composition du Directoire. Un directeur unique fût tombé avec la même facilité. L'unité de gouvernement est une de ces questions sur lesquelles on ne cesse de faire des méprises. Le sénat de Venise et son gouvernement offraient en apparence un corps multiple : cependant l'unité la plus énergique était dans le gouvernement. Ce n'est que par cette unité qu'il est parvenu à se conserver si long-temps. En 1801, l'Angleterre fut un moment sans roi et sans ministres. Elle avait affaire alors à la France et à la coalition du Nord; rien ne fut dérangé dans les opérations générales. Tout peut marcher dans certains États sans gouvernement, même pendant la guerre. La Turquie, au contraire, avec une prétendue unité de gouvernement, a peine à se soutenir pendant la paix.

On peut observer le même phénomène dans les assemblées les plus nombreuses. Elles présentent, dans certains momens, un grand concert et une parfaite union. Au contraire, il est des têtes d'individus qui figurent en apparence pour l'unité, et qui ont à elles seules autant de désordre qu'une Convention entière.

Ce n'est donc pas, comme on l'a tant répété, à cause de sa composition multiple, que la constitution directoriale est tombée; c'est qu'il y avait un fond de désordre intérieur. De quelque nature qu'eût été le gouvernement, l'anarchie ne pouvait manquer de s'y former de l'anarchie même de tout ce qui était à gouverner.

FIN DU LIVRE PREMIER.

LIVRE SECOND.

J'ai dû suivre, sans m'interrompre, et jusqu'à son dernier terme, la marche de la révolution. Je reviens actuellement sur mes pas. J'ai à parler de toutes ces grandes oppositions dont on a fait tant de bruit.

Un des premiers caractères de l'ancien État de la France, c'est qu'une innovation était inévitable. Cette innovation, qui devait être le préservatif d'une révolution, n'ayant fait que la déterminer, on pouvait encore se défendre dans cette situation, soit en se fortifiant sur le terrain nouveau qui venait d'être élevé, soit en attaquant ce terrain même, et cherchant à le modifier, ou à le bouleverser.

Pour réussir à cet égard, il y avait des points d'où il fallait partir, des principes qu'il fallait connaître. De grands moyens étaient surtout à composer.

Je traiterai d'abord, en principe général, des conspirations. Je traiterai, en second lieu, de la conduite particulière de Louis XVI et de son conseil. Je parlerai ensuite des divers partis d'opposition dans les assemblées.

SECTION PREMIÈRE.

DES CONSPIRATIONS DANS LA RÉVOLUTION.

On entend par conspiration, en général, une réunion d'hommes qui, s'amalgamant ensemble sous un chef, marchent secrètement et constamment vers un grand but. Si j'observe attentivement les temps modernes, je ne puis comprendre comment une conspiration révolutionnaire ou contre-révolutionnaire aurait pu prendre un grand caractère.

Les temps anciens me paraissent, à cet égard, une source de méprises. On parle souvent des Gracques et de Catilina, de Marius et de Sylla, de César et de Pompée, d'Antoine et d'Octave. On s'étonne de ne pas trouver dans la révolution des hommes semblables. On est porté à croire que les

II. 20

hommes des temps anciens sont d'une autre dimension que ceux des temps modernes. On ne fait pas attention que, dans ces temps, les hommes et les choses s'attachaient avec force ; que des liens tissus par le besoin, se fortifiaient par les mœurs, se consacraient ensuite et s'illustraient par la religion et par l'honneur. J'admire que les citoyens de la révolution aient voulu prendre quelquefois le nom de citoyens romains. De simples particuliers à Rome avaient cinq mille esclaves. La maison Émilienne avait cent mille cliens. Nous voyons dans Cicéron que, quand Milon allait à sa maison de campagne, il avait avec lui cinq cents hommes armés. Il y a un peu loin de là aux Brutus et aux Scévola de nos jours.

Les temps anciens de la France ne sont, sur ce point, que l'image des temps anciens de Rome. Quand le comte de Flandre parlait, la Flandre entière répétait ses paroles et les rendait imposantes. Les comtes d'Artois et de Provence, les comtes de Champagne et de Toulouse, entraînaient de même dans leur mouvement tout ce qui leur appartenait. C'est ainsi que les hommes des temps

anciens paraissent grands. Ils sont agrandis
par la sphère dont ils sont l'âme.

Il suffit d'avoir observé notre dernier état
social, pour en sentir la différence. On n'y
voit jamais de masse, mais des individus.
Ce qu'on y craignait par dessus tout, c'était
l'ordre, parce qu'il suppose une hiérarchie ;
et l'ensemble, parce qu'il exige une règle.
La tendance était, non pas de se combiner,
mais de s'isoler. Lors de la fameuse confé-
rence du connétable St.-Pol avec Louis XI,
le connétable avait avec lui trois cents gentilshommes qui lui appartenaient. Dans la
France moderne, quel est le gentilhomme
qui eût voulu appartenir à un autre gentilhomme ? On me parle de conspiration : qu'on
me cite, dans les temps présens, un seul
homme qui ait pu dire avec vérité : Je dispose d'un autre homme.

Ce qu'il y a de plus remarquable, relativement à cette disparution de tous les liens,
c'est qu'elle ne se bornait pas à la vie civile ;
elle avait atteint jusqu'à la pensée.

Le monde moral a, comme le monde politique, sa hiérarchie et ses rangs. Les génies, les esprits, les talens, tout cela est

partagé en ordres comme les honneurs et
les pouvoirs. Ces rangs peuvent se conserver; ils peuvent aussi être bouleversés. Si
le monde moral est livré à la doctrine de
l'égalité et des droits de l'homme, les avantages de la pensée deviendront aussi odieux
que les autres avantages. C'est précisément
ce qui était arrivé en France. La prétention
à l'égalité était entrée dans les esprits ,
comme elle était entrée dans les rangs civils.

Les Grecs surent estimer la fierté et l'indépendance ; et cependant je ne vois pas
qu'ils se soient plu à ravaler le dévouement
et la confiance. Pythagore, Épicure, Platon,
Aristote, Antisthène eurent des sectateurs
que personne ne chercha à déprécier; chez
nous, au contraire, il s'était formé une sorte
d'humiliation de tenir à un autre par la confiance de l'esprit, ainsi que par le dévouement du cœur. Le même esprit d'égoïsme
qui isolait les actes, isolait également les
opinions. Un sot croyait relever sa sottise
en ne pensant point comme celui dont la
Providence avait élevé l'esprit au-dessus du
sien. *Penser d'après soi* était devenu une loi

que s'imposaient, avec la même rigueur, le savant et l'ignorant, l'homme d'esprit et l'homme stupide. Dans la science, personne ne voulait être disciple; dans les arts, personne ne voulait être écolier. Je remarque que, sous Louis XIV, on disait encore les *Newtoniens* et les *Cartésiens.* Une locution semblable ne se fût point établie à la fin du règne de Louis XV. Tels étaient les effets de l'orgueil, que M. de Buffon eût craint de manquer aux convenances en parlant de ses disciples. Un jeune homme aurait cru s'humilier en reconnaissant un maître. Je vais dire les causes qui se sont le plus opposées à ce qu'on défît la révolution : ce sont les causes mêmes qui l'ont faite.

Il y a eu, à cet égard, une grande source de méprises. Comme on a supposé que la révolution avait été faite par de petites causes, ou par de petites trames, on a imaginé que de petites causes ou de petites trames pourraient la défaire.

La révolution, effet de petites causes! Il est risible d'entendre citer la suppression des Jésuites et celle des Mousquetaires, les Francs-Maçons et les Jansénistes, les intri-

gues de M. le duc d'Orléans et les administrations provinciales de M. Necker, les remontrances du Parlement et les coups de
plat de sabre ; il est risible de voir mettre,
comme on le fait tous les jours, beaucoup
d'importance à quelques circonstances occa-
sionnelles, ou à de vaines tracasseries, tandis
qu'on ne compte pour rien les causes qui depuis long-temps minaient l'édifice et préparaient sa chute.

On veut savoir qui a fondé le club des
Jacobins ; il me suffit de rappeler un texte
que j'ai déjà cité.

« Comme selon le droit de nature, cha-
« cun doit être franc, considérant que
« notre royaume est nommé le royaume des
« Francs, veuillant que la chose en vérité
« soit accordante au nom, etc. , etc. »

Ce n'est là ni un Franc-Maçon qui parle,
ni un philosophe ; c'est un roi de France,
c'est Louis X.

On veut attribuer aux trames de quelques
hommes l'incendie des châteaux, la proscription des nobles et le massacre du 2 sep-
tembre. Qu'on lise les détails de la Jacquerie :
les massacres de ce temps furent la consé-

quence des droits de l'homme de Louis X,
comme ceux de ce temps-ci ont été la conséquence des droits de l'homme de l'Assemblée Nationale. La Jacquerie a été un prélude de la révolution française, ou, si l'on
veut, la révolution française a été une re-
prise de la Jacquerie.

La virulence de nos écrivains populaires,
relativement aux droits et aux possessions
de la noblesse, s'explique de même. Qu'on
lise, sur ce sujet, les ouvrages publiés pendant des siècles, avec la sanction des rois
et des parlemens. Si le lecteur veut trouver,
sur ce point, une doctrine bien âpre et bien
incendiaire, il n'a pas besoin de se faire re-
présenter les productions de Marat, il lui
suffira de lire quelques pages de M. le président Hénault.

Oui, on s'est trompé sur la révolution.
Soit qu'on la prenne en masse, soit qu'on
la considère dans chacune de ses phases, on
peut être sûr que rien n'appartient à des
conspirations. Il n'est pas un homme qui
puisse dire : C'est moi qui ai médité et déterminé les États-Généraux ; il en est de

même du 14 juillet et du 6 octobre. Ce qu'on a dit du duc d'Orléans, comme coupable, est juste ; ce qu'on a raconté de lui comme conspirateur, est une fable. M. Chabrou doit être lavé de n'avoir pu trouver les coupables du 6 octobre ; M. Garat ceux du 31 mai. Quand la cour parvenait à gagner quelques hommes, elle se croyait fort habile ; elle ne savait ce qu'elle faisait. Quand les divers partis s'appelaient réciproquement scélérats, ils se rendaient peut-être justice ; ils ne savaient ce qu'ils disaient : c'étaient les choses qui pressaient et entraînaient les hommes ; on croyait que c'étaient les hommes qui pressaient et entraînaient les choses.

Certes, une masse d'intérêts communs une fois attaquée, une masse de passions communes une fois agitée, une espèce de concert pourra se produire de la sympathie électrique des mêmes craintes, des mêmes sentimens. Les individus n'y seront pour rien. S'ils paraissent à la tête de ces mouvemens, qu'on soit sûr que ce sont moins des chefs que des hommes d'aile, chargés de ré-

péter des signaux : le véritable chef qui les
donne et qui commande partout, n'est
aperçu nulle part.

Frappé de ce que nous avons entendu
dire dans notre jeunesse, de ces grandes
trames qui ont changé la face des empires,
et de la prépondérance de certains individus qui en ont été l'âme, nous avons vu des
conspirateurs et des conspirations partout.
On a donné souvent ce nom à des chimères.
Des armées ont fui, le peuple a crié à la
trahison; les grains ont enchéri, on a crié
aux accapareurs; les assignats se sont décrédités, on a crié à l'agiotage; trois hommes
d'une classe proscrite se sont trouvés dans
un château, toute la contrée a été en alar-
mes. Le fait est que les armées ont fui, parce
qu'elles étaient sans discipline; que le bled
a manqué, parce que, dans les temps de
trouble, il ne peut circuler d'un lieu à un
autre; que les assignats se sont décrédités,
parce qu'un papier de ce genre doit nécessairement se décréditer; le fait est que les
trois malheureux qui faisaient trembler
la contrée, tremblaient encore plus eux-
mêmes.

Les coryphées de la révolution se sont fait illusion à cet égard, comme les autres. Serviteurs de la passion publique, ils s'en sont cru les maîtres. Au premier moment où ils ont voulu donner des ordres, au lieu d'en recevoir, ils ont pu se détromper. On les a respectés tant qu'ils se sont contentés, comme les idoles de matière brute, de recevoir de l'encens : on les a abattus aussitôt qu'ils ont voulu se mouvoir d'eux-mêmes et s'animer.

Tous ont donné dans cette erreur; Mirabeau comme Barnave; Chapelier comme Thouret, Brissot comme Hébert; Danton comme Roberspierre. Je les ai vu avancer successivement leur faible main sous une meule qui brisait tout. A la pagode de Jagernat, des fous se précipitent ainsi, les uns après les autres, sous les roues d'un char qui les écrase.

Oui, il y a eu dans la révolution de véritables conspirations; mais elles ont été dans les choses et non dans les hommes. C'est par l'effet d'une multitude de mouvemens préexistans, que la révolution elle-même a été préparée et opérée. Une fois

opérée, c'est encore par le même principe,
c'est-à-dire, par une disposition sympathi-
que des mêmes sentimens et des mêmes
vœux, que des partis se sont élevés pour
la combattre, ou pour la modifier; d'autres
partis pour la maintenir, ou pour l'aggraver.

Ici se révèlent les causes de la prépondérance constante de la révolution. Maîtresse
du Gouvernement et de tous les moyens de
pouvoir; supérieure à ses ennemis, du côté
des grandes passions, ainsi que par tous les
moyens d'ordre et de combinaison qui lui
étaient acquis, elle a triomphé du vice du
temps qui était la désunion. Ce vice est demeuré tout entier à ses ennemis. Si la religion, qui était affaiblie, n'a vu s'élever
contre elle aucune véritable hérésie, la patrie qui était dissoute n'a pu parvenir à aucune guerre civile. Quelques mouvemens
faibles ont à peine pu se former : d'autres
ont pu prendre plus de consistance; ils n'ont
pu se conserver.

On a parlé souvent des effets de la peur.
Si on veut dire par là qu'il y a eu dans la
révolution moins de courage qu'on n'en

peut remarquer dans les autres révolutions,
c'est une erreur que je dois repousser. Je ne
connais dans l'histoire des nations aucune
époque où il y ait eu autant de traits particuliers de courage.

La peur a cependant eu une existence
réelle. Ce sentiment a été pour tous les partis un avertissement secret de leur impuissance. Absence de tout moyen de résistance, absence de tout espoir de défense et
de succès, voilà ce que chacun a reconnu
au-dedans de soi, du moment qu'il s'est
trouvé en présence de la révolution et de
ses forces terribles ; et néanmoins on n'a pas
toujours été le maître de céder à ce sentiment. La révolution est devenue telle par
ses atrocités qu'elle a souvent forcé à conspirer ceux qui n'en avaient ni la volonté ni
le pouvoir.

Tant que la souffrance est supportable,
ou tant que le danger est éloigné, un faible
individu conserve sa situation telle qu'elle
est, parce que, d'un côté, le temps lui laisse
des espérances, et que, d'un autre côté, il
a assez de calme pour juger l'insuffisance de
ses moyens. Mais au moment où la souf-

france devient extrême, le danger pressant, dans ce dernier moment, où il n'est plus de ressources que dans la témérité, l'homme faible, qui est en même temps généreux, se concentre dans soi-même, se barricade, pour ainsi dire, dans son dernier réduit, et se défend là à outrance. C'est ainsi que quelques factions, poursuivies de retranchement en retranchement, et réduites aux abois, ont paru vouloir se dessiner en conspiration, et prendre l'attitude d'une guerre civile. Pour la plupart, leur défense a été comme celle du malheureux Priam : *telum imbelle sine ictu.*

Toutes les bouches de la renommée n'ont cessé de publier la grande conspiration des aristocrates. On prenait sûrement la volonté pour le fait. La nature des intérêts ne s'opposait pas moins que la nature des temps à des conspirations semblables. Avec qui un gentilhomme pouvait-il conspirer? était-ce avec des bourgeois, pour le rétablissement de ses titres; ou avec des paysans, pour le rétablissement de ses droits seigneuriaux? Ce n'est pas sûrement avec le roi de l'ancien régime. Ce roi étoit tellement garotté dans le régime nouveau , qu'on pouvait conspirer pour lui , mais non pas avec lui. Et cependant, quand les excès étaient parvenus au dernier degré d'énormité , quand un parti victorieux ne faisait servir la victoire que pour imposer un joug intolérable, il fallait bien conspirer malgré soi ; encore que la conspiration , ressource désespérée , ne dût produire autre chose que l'occasion de nouvelles tyrannies. C'est ainsi que le repas des Gardes du Corps , imaginé en désespoir des tyrannies exercées à la suite du 14 juillet , détermina le 6 octobre , et la translation du roi à Paris.

Les constitutionnels , qui avaient beaucoup plus de moyens de conspirer que les aristocrates ; (car ils appartenaient à un système beaucoup plus général) avaient de même le sentiment de leur faiblesse. Ils sentaient qu'ils ne pouvaient se liguer ni avec le roi, qui ne voulait pas de la liberté, ni avec les nobles , qui ne voulaient pas de la révolution , ni avec le peuple , qui ne voulait pas d'ordre. Ils furent obligés de conspirer comme les autres. Ces hommes , qui avaient eu à leurs ordres l'armée et toutes les gardes nationales à la fameuse Fédération, se virent réduits à des tentatives qui devinrent de plus en plus misérables. Le camp de Jalès vit, pendant quelque temps, un reste de gardes nationales ralliées en faveur d'un roi constitutionnel menacé par le parti républicain. Ce camp fut dissipé aussitôt qu'il voulut prendre quelques couleurs de la monarchie aristocratique : il n'exista plus ensuite que dans l'imagination des mécontens.

Les Girondins, vainqueurs des constitutionnels, furent amenés à conspirer comme les autres. Le parti départemental fut en faveur de la république constitutionnelle, ce que le rassemblement de Versailles avait été en faveur de la monarchie aristocratique. Le Calvados remplaça le camp de Jalès. Les restes de ce parti se réfugièrent, avec M. de Puysaie, chez les Chouans, comme les restes du camp de Jalès à Coblentz.

Ces conspirateurs n'ont fait que se montrer. Il me reste à parler des conspirations qui se sont formées, et qui n'ont pu se conserver.

Toulon, les Chouans et les sections, en

vendémiaire, se sont formellement établis en révolte. Cette révolte a été, comme les autres, de désespoir, et n'a eu aucun succès.

La Vendée, dont je parlerai bientôt plus en détail, s'est armée pour ses prêtres et contre les réquisitions violentes de la Convention. Elle a été assez victorieuse : elle n'a su l'être que sur son territoire : elle n'a pu faire impression sur la France, et se consolider comme parti.

La ville de Lyon n'a songé, comme la Vendée, à se défendre que du régime de la terreur. En supposant que sa résistance eût eu une meilleure fortune, je ne sais si ses chefs fussent allés bien loin ; lorsque rassurée sur sa tranquillité, ils lui auraient demandé des efforts qui n'auraient eu pour but que le rétablissement des dîmes et des titres. Toutes ces trames ont été manifestement inférieures à leur objet. Il est à cet égard des principes fixes.

Pour s'assurer qu'une trame est bien constituée, il ne suffit pas qu'elle ait de premiers succès, et qu'elle soit en apparence ardente ; il ne suffit pas même qu'elle soit bien dressée et bien organisée : il faut faire attention,

1° à son objet, et voir s'il est bien entendu ;
2° à ses moyens moraux, et voir s'ils sont
robustes ; 3° à ses moyens physiques et matériels, et voir s'ils sont suffisans.

C'est sûrement un inconvénient dans un
parti de n'avoir pas un objet franc. On a,
par ce moyen, moins d'unité, moins d'ardeur, moins d'enthousiasme ; mais cet inconvénient est inévitable, lorsque tout un
peuple, au lieu d'être dans une assiette fixe,
est en quelque sorte en marche, et que le
changement d'horizon fait changer à chaque
instant les points de vue. Lorsque les sections s'armèrent, la chose la plus malheu-
reuse fut de montrer en point de perspective une royauté, dont il était bien sûr que
tout le monde voudrait un peu plus tard,
mais dont on ne voulait point encore.

Du côté de l'unité et de la simplicité de
l'objet, on ne peut disconvenir que la Vendée n'ait eu, en ce genre, tout l'avantage
possible : elle a eu aussi le désavantage
d'une annonce prématurée. Les Vendéens
ont été pendant long-temps, pour la France,
comme un peuple étranger à ses mœurs, et

II. 21

digne de figurer, non dans le nombre des factions qui la partageaient, mais seulement avec les Russes et Souwarrow.

C'est sans doute une situation difficile, que celle où l'on a ainsi deux objets, l'un secret, l'autre public; l'un définitif, l'autre de pure transition. La difficulté consiste à masquer un des objets en montrant l'autre.

La seule manière d'y parvenir est d'aller au but définitif avec des hommes attachés ostensiblement au but de transition.

La république Girondine était-elle l'objet de transition, la monarchie constitutionnelle l'objet secret et définitif, il fallait avoir avec soi des Girondins. La monarchie aristocratique était-elle le but secret et définitif; la monarchie constitutionnelle, le but ostensible et de transition, il fallait marcher avec des constitutionnels.

La qualité des personnes est absolument nécessaire, dans ce cas, pour garantir celle des proclamations. Les royalistes du dehors n'ont jamais pu comprendre que la royauté considérée comme forme de gouvernement était le moindre obstacle, et que ce qu'on craignait par-dessus tout en France, était, non pas la royauté en elle-même, mais une royauté faite par eux.

Je viens aux moyens moraux. Parmi ces moyens figurent ordinairement la confiance dans les chefs, une sorte de discrétion qui ne cherche pas à savoir tout ce qui est dans leur pensée, et aussi un peu de dévouement qui dispose toutes les volontés à fléchir sous leurs volontés. Enfin, il faut supposer qu'il n'y a point de volontés opposées et diffé-rentes. *Idem velle atque nolle ea demum firma amicitia est.* C'est une réflexion de Catilina lui-même.

Ce fut là le grand point de faiblesse du parti constitutionnel. Il avait pour lui le roi ; mais ce roi du nouveau régime, que tout le monde voulait, avait malheureuse-ment trop d'affinité avec le roi de l'ancien régime, que tout le monde repoussait.

Les royalistes aristocrates, quand ils pu-rent se former, eurent un autre point de dé-sunion. Outre le désavantage d'une royauté contre-révolutionnaire, qui menaçait beau-coup d'intérêts, il se trouva toujours dans

ce parti une grande différence de position
entre le chef et le troupeau.

On doit remarquer, comme un trait particulier de la révolution, qu'elle a pu revenir de la proscription des classes de constitutionnels, de fédéralistes et autres : elle
n'est jamais revenue de celle des aristocrates. La révolution a abandonné plusieurs
proies : elle n'a jamais voulu se dessaisir de
la destruction de la noblesse, de la dégradation de ses rangs et de la dilapidation de
ses propriétés. Cet instinct particulier de la
révolution révèle deux points qui n'ont pas
été observés : le premier, c'est que la noblesse, par ses intérêts particuliers, ses richesses et ses prérogatives, se trouvait, en
quelque sorte, hors du peuple français :
elle a été traitée comme un peuple étranger
et comme un ennemi irréconciliable. Les
constitutionnels, au contraire, les fédéralistes et les autres factions ont reçu plus de
ménagement : on les a traités comme étant
originairement de la même famille révolutionnaire.

Le second point est une conséquence du
premier; il consiste en ce que tous les partis

ayant eu part au bienfait de l'abolition des rangs et à celui de la vente et de la confiscation des biens, il y avait dans tous les partis secondaires, vainqueurs ou vaincus, un intérêt commun contre la noblesse.

Ces points de situation une fois dévoilés, on voit pourquoi toutes les combinaisons contre-révolutionnaires, où la noblesse a dominé, ont causé en France peu d'entraînement : on voyait dominer les intérêts de la noblesse.

Ce n'est pas tout : dans ce parti même, les liens devaient être peu cimentés. Il y avait peut-être pour la multitude un intérêt d'ordre éloigné et abstrait. Pour le noble, l'intérêt était plus présent et plus pressant. Le même système de violence ayant sur les chefs, comme nobles, un caractère établi et durable, et à l'égard de la multitude, un caractère seulement passager, les conditions n'étaient point égales. Le moindre revers, ou la plus petite habileté de la part du parti opposé, pouvait parvenir à séparer des passions qui n'étaient ni de la même force, ni de la même couleur.

Il n'en a pas été ainsi du parti révolu-

tionnaire. On peut lui remarquer trois objets successifs : le premier a été d'abattre ; le
second de se placer ; le troisième de se conserver. En même temps qu'il a eu sur tous
les partis un avantage considérable dans son
objet, qui était toujours clair, et dans ses
moyens moraux, qui étaient toujours ardens, il a eu une supériorité plus marquée
encore dans les élémens physiques et matériels qui étaient à sa disposition. C'est le
dernier point qu'il me reste à traiter.

Il a été facile de remarquer que quand
une faction, incertaine souvent dans son
objet, et désunie dans ses vues, avait ré-
solu de s'armer, elle n'avait pas seulement
l'embarras de composer ses rangs : il lui
fallait encore de la poudre, des fusils, des
canons, c'est-à-dire des moyens matériels.
J'accorderai autant de stupidité qu'on voudra aux chefs qui ont figuré dans la révolution ; et cependant il m'est impossible de
la supposer au point qu'ils permissent aux
préparatifs nécessaires de se former sous
leurs yeux. Ils ont attaqué le parti ennemi
avant qu'il fût prêt. Une grande force com-
binée s'est portée avec violence sur une

force qui ne l'était pas. Une meule bien
compacte a passé successivement sur tous
ces grains et les a brisés.

Enfin, une grande innovation était inévitable. La faute constante des contre-révolutionnaires est de n'avoir tenu aucun
compte de cette vérité.

C'était un grand contre-sens, ce me semble, dans ce parti, d'imaginer que l'ancien
régime, qui n'avait pu être une ressource,
deviendrait un remède : singulière méprise,
qui faisait croire qu'un moyen qui n'avait
pu résister à la révolution dans son enfance,
pourrait la renverser dans sa maturité ! Singulière obstination que celle de cet ancien
régime, gissant à terre, sans vie et sans
force, qu'on voyait entreprendre sans cesse
de renverser seul une révolution qui l'avait
renversé, et qui triomphait en même temps
de toute l'Europe !

De toutes manières, les forces n'étaient
point égales. Toutes les fortunes offertes en
perspective aux classes inférieures, toutes
les places aux conditions moyennes ; deux
démons, l'un, sous le nom de cupidité,

promettant l'égalité des fortunes ; l'autre, sous le nom de vanité, promettant l'égalité des rangs ; une multitude de passions ameutées autour de la monarchie, comme autour d'un corps mort qui est à dépecer, et d'un grand butin qui est à partager : c'est ainsi que je comprends les forces morales de la révolution.

« Replacer la monarchie dans l'état où elle était, quand les vœux de la France l'ont fait tomber ; remettre tout le monde à sa place, c'est-à-dire, ôter le pouvoir à ceux qui l'ont, le redonner à ceux qui l'ont perdu ; rendre les biens, les rangs, les places à ceux qui les avaient anciennement ; ne laisser à ceux qui ont commis de grands excès, ou acquis une grande fortune, que le souvenir de cette fortune ou de ces excès ; voilà, ce me semble, les forces morales de la contre-révolution.

« Tandis que mon esprit s'étonne de la différence qui se trouve, de part et d'autre, entre les moyens moraux, il s'étonne encore davantage de celle qui se trouve entre les moyens de concert et de combinaison.

La révolution française ne doit pas être considérée comme une puissance aventurière, sans support, isolée, et qui est tombée des nues. Après avoir renversé un grand gouvernement, elle a trouvé des formes toutes faites, et elle s'en est emparée. Elle a trouvé des moyens, des provisions en tout genre, depuis long-temps amassées, et qu'elle s'est appropriées. C'est contre tout ce système habilement conçu et vigoureusement organisé, qu'il faut composer un nouveau système; c'est contre cette masse imposante qu'il faut élever une autre masse; c'est en présence de combinaisons toutes faites et toutes puissantes qu'il faut tenter bien lentement et bien péniblement de nouvelles combinaisons. Car, il ne suffit pas de parler de contre-révolution, il faut avoir des contre-forces, une contre-armée, des contre-dispositions, égales en énergie et en nombre. Avec une telle disparité de moyens, une lutte était évidemment téméraire, et pourtant on lui a vu des succès. Je me hâte d'en dire la cause.

Une des principales forces de la révolu-

tion s'est tirée de la faiblesse de l'ancien régime qui ne pouvait se relever : l'ancien régime à son tour a emprunté quelques momens
de force de l'état de la révolution, qui ne
pouvait se conserver.

SECTION DEUXIÈME.

J'ai parlé de la conduite de Louis XVI au déclin de la monarchie. Je l'ai considérée ensuite à l'époque de la révolution et des États-Généraux. Il me reste à l'examiner pendant le cours de la révolution.

Dans le principe, si Louis XVI et son conseil avaient voulu s'entendre pour assurer simplement et franchement un système de représentation nationale, jamais on n'eût vu ni le 14 juillet, ni le rassemblement menaçant qui l'a déterminé. Il suffisait au roi de prendre, dans les dissentimens qui régnaient alors, un parti quelconque, et sévir ensuite contre les désordres. On avait sabré et fusillé le peuple dans l'affaire de Réveillon, et personne n'avait proféré de plainte. Ce fut tout-à-fait la faute du ministère et de la cour, si cette première victoire sur les insurrections populaires n'eut pas plus d'effet.

Tandis que l'autorité affectait le ménagement, il s'en fallait de beaucoup que son attitude présentât un caractère de franchise. On avait lieu d'être alarmé d'une conduite qui était manifestement oblique; on n'était pas plus rassuré, par ce qu'on savait des dispositions secrètes. La nation avait obtenu, dans la concession des administrations de province et d'une représentation nationale, des avantages sur lesquels on savait que l'autorité avait des regrets. Un parti considérable dans la noblesse, dans l'armée, dans les parlemens, exhortait la cour à s'efforcer de les reprendre; la majorité immense de la nation voulait les conserver : le ministère étant lui-même partagé, la conduite du Gouvernement fut vacillante et embarrassée.

On doit se ressouvenir qu'à cette époque tout le ministère n'était pas d'une même couleur. Une partie avait la confiance du peuple, et par là même elle était suspecte à la cour; une autre partie avait plus spécialement la confiance de la cour, et par là même elle était suspecte au peuple. Ces deux partis, sans cesse en garde l'un contre l'autre, se gênaient et s'embarrassaient mutuellement. Les ministres populaires n'osaient donner la première impulsion à des mesures de rigueur, à cause des ministres favorisés qui n'auraient pas manqué de se saisir de ces mesures, dont ils seraient demeurés les maîtres. D'un autre côté, les ministres favorisés n'osaient pas plus que les ministres populaires prendre l'initiative de la rigueur : ils ne comptaient pas assez sur la fermeté du roi, pour croire qu'il voulût poursuivre, jusqu'à son dernier terme, une résistance au vœu général ; et ils n'avaient nulle envie de commencer par se vouer à la haine publique pour des tentatives que le premier danger ferait avorter, ou pour consolider seulement un régime nouveau, qu'ils savaient peu agréable à leur maître.

Dans cette situation, chacun compta diversement sur les désordres : ceux-ci pour faire éclore le nouvel ordre des choses de la seule volonté nationale, sans paraître y participer ; ceux-là pour opérer un tel bouleversement, qu'il pût justifier leur dégoût

des choses nouvelles, et laisser à leur disposition les mesures les plus extrêmes.

Les deux partis, qui flottaient ainsi dans
des vacillations, se paralysaient mutuellement. Louis XVI flottait avec eux. Il ne
partageait ni les inclinations populaires de
ceux-ci, ni la confiance présomptueuse de
ceux-là. Plein de dégoût pour l'établissement d'un système représentatif, il ne pouvait se résoudre à des mesures de sagesse et
d'énergie propres à le raffermir ; et il avait
trop de sens pour croire qu'il fût facile de
le renverser.

Cette disposition du monarque une fois
connue, les uns s'étudièrent à renforcer
dans son esprit la conviction qu'un vœu général et inébranlable était en faveur de la
liberté : ils parvinrent ainsi à vaincre quelquefois ses inclinations, et à l'entraîner à
des démarches de condescendance. Les autres, qui s'étudiaient à exalter ses inclinations secrètes, parvenaient à lui arracher de
fausses mesures qu'il était hors d'état de
soutenir, et que la présence du danger lui
faisait rétracter.

Telle fut la conduite politique de Louis.

XVI avant que le nouveau système des choses fût irrévocablement établi. Quand il fut établi, elle resta la même. Nous pouvons la citer aujourd'hui comme une preuve que le plus mauvais parti n'est pas toujours d'adopter un mauvais parti. Avec de la constance et de l'énergie, on peut rencontrer, même sur une mauvaise ligne, des chances favorables. Le plus mauvais parti n'est pas même de n'en adopter aucun. En laissant aller les choses comme elles veulent, elles font quelquefois pour vous mieux que vous-même. Le plus mauvais parti est, sans contredit, celui que prit Louis XVI, de les adopter tous. Un jour il était convaincu que la France ne pouvait être gouvernée que par l'ancien régime; un autre jour, il penchait pour une représentation en deux chambres. Un moment il croyait qu'il fallait tout laisser aller au pire; dans un autre moment, il était effrayé des désordres et cherchait à y porter remède.

Les instrumens se composaient autour de lui comme ces dispositions. On a connu pendant quelque temps, avec le ministère

officiel et ostensible, plusieurs autres minis-
tères permanens, ayant chacun leur jour
d'audience. Il est difficile d'arriver à de
grands résultats d'un côté, lorsqu'on ne sait
pas faire; d'un autre côté, lorsqu'on ne sait
pas se confier.

Je dois dire, à ce sujet, qu'il y avait alors
une doctrine de conduite que les vanités
avaient depuis long-temps consacrée, et qui
était généralement admise : c'était de ne
jamais agir ni penser d'après un autre. On
permettait à un malade de se conduire
d'après les ordonnances d'un médecin, à
un plaideur de se diriger d'après la consul-
tation d'un avocat. Hors de là, même dans
les affaires les plus importantes, et surtout
dans la politique, on était tenu, sous peine
de honte, de penser toujours d'après soi et
d'agir d'après soi. Cette doctrine, qui était
depuis quelque temps la première leçon
qu'on donnait à la jeunesse, entrait surtout
dans l'éducation des princes. Louis XVI la
suivit exactement. Il n'eut pas la résolution
qui est le caractère de la force; il n'eut pas
non plus la confiance qui est l'apanage de

la faiblesse : il ne sut ni gouverner par lui-même comme Louis XIV, ni s'abandonner à un ministre comme Louis XIII.

Les résistances qui se sont élevées dans les assemblées, se combinent, à beaucoup d'égards, avec la conduite de Louis XVI.

Je commencerai par la résistance que les deux premiers ordres opposèrent à la réunion. On a cru cette résistance toute d'orgueil : c'est injuste. En point d'autorité, les premiers ordres ne pouvaient s'empêcher de compter pour quelque chose les remontrances des princes, l'arrêté du Parlement sur les formes de 1614, la possession actuelle, c'est-à-dire, la pratique observée dans les réunions de bailliages, la décision des notables; et enfin, malgré tout ce qu'on a pu dire de quelques exceptions, telles que celle des États-Généraux de 1483, la pratique constante des anciens États-Généraux, et la décision impérative de la plupart des anciennes chartres.

La résistance des deux premiers ordre n'était pas seulement fondée en titre positif. Comment pouvait-on croire qu'ils iraient à la simple sommation d'un troisième ordre

II. 22

inférieur en dignité, se confondre dans ses
rangs, se mettre à sa merci, et lui abandonner leur existence antique et leur indépendance, par la seule raison que, dans des
ouvrages qui avaient alors la sanction de l'o-
pinion publique, le tiers-état se prétendait
tout, et ne comptait assez franchement les
deux premiers ordres que comme une ressource publique ?

Telle fut cette lutte fatale que le Gouvernement prit plaisir à entretenir pendant
deux mois entiers, sans vouloir y prendre la
moindre part, lutte qu'il rendit extrême, en
faisant espérer son secours à tous les partis,
et qu'il rendit ensuite odieuse, lorsque,
prenant l'apparence d'une attitude vigoureuse, on put croire qu'il voulait moins réprimer un ordre, que de se défaire de tous.
On sent dans quelle défaveur devaient se
trouver désormais deux ordres qui, se réfugiant vers la puissance, leur unique ressource, semblaient lui avoir engagé, pour
prix de quelques vanités, la constitution, la
liberté, toutes les espérances publiques.

Le tiers-état une fois vainqueur, et la réunion des deux premiers ordres une fois ef-

fectuée, la position défavorable de ceux-ci
ne put que s'empirer. En entrant dans la
salle du tiers-état, la noblesse et le clergé
auraient pu lui adresser les mêmes paroles
que ces gladiateurs à un empereur romain :
Morituri te salutant. Leur voix se compta
en apparence ; mais, dès le premier moment, elle fut paralysée. Les questions les
plus indifférentes étaient frappées de discrédit, par cela seul qu'elles avaient l'appui
des deux premiers ordres. C'est avec regret,
que des hommes du tiers-état, qui préten-
daient à la popularité, se voyaient quelquefois de leur avis ; il fallait bien vite se
réhabiliter par quelque extravagance dé-
magogique.

Cette nullité des deux premiers ordres
était inévitable. Ils avaient, au milieu d'une
assemblée vouée à la destruction, un langage de conservation que l'apparence de
leur intérêt personnel rendait sans effet.

Ne renversez pas les rangs, disaient les
nobles, vous ébranlerez tout l'édifice social.
Épargnez les institutions pieuses, disaient
les prêtres, elles sont la sauve-garde de la
religion et des mœurs. Les nobles avaient

l'air de parler en faveur de leurs prérogatives; les prêtres en faveur de leurs possessions. Le roi disait aussi de ne pas détruire
l'autorité royale ; il avait l'air de parler en
faveur du despotisme.

Emportés de force dans la chambre du
tiers-état, les deux premiers étaient destinés, dès ce moment même, à ne rien
empêcher par leur nombre, à ne rien adou-
cir par leur condescendance, et à tout empirer par leur opposition. Leur séparation
avait paru fâcheuse : leur réunion devint fu-
neste.

Il était plus facile d'apercevoir cette situation, que d'y échapper. La première ten-
tative, en ce genre, fut la proposition d'un
corps délibérant en deux chambres. Ce projet avait pour lui de grandes raisons, et
dans l'Angleterre un grand exemple. Je ne
rappellerai pas celui de la France ancienne :
notre antiquité n'était ni assez estimée, ni
assez connue, pour qu'on pût l'alléguer
en quelque chose. Personne ne se doutait que la formation d'un corps représentatif en deux chambres eût quelque rapport
avec notre ancienne constitution.

Cette forme de gouvernement passait pour une invention politique propre à l'Angleterre : ce n'était pas une raison pour lui obtenir la faveur du Gouvernement. De tout temps il avait regardé la constitution anglaise comme un système d'humiliation pour le monarque et de licence pour le peuple. Cette aversion s'était accrue aux approches des États-Généraux. Tout ce qui annonçait alors l'apparence d'un mode de représentation durable, était un objet de dégoût.

La noblesse n'était pas plus disposée à s'accommoder de ce système, que la cour. Une perspective d'élévation pour un petit nombre d'ambitieux, voilà tout ce qu'elle voyait : le reste de l'ordre lui semblait tomber de cette manière dans la dégradation et dans l'oubli. Ce système, qui pendant long-temps avait été un objet d'admiration, eut à peine quelques voix dans la chambre de la noblesse, lorsque M. de Montesquiou, apprenant que le tiers-état venait de se constituer en assemblée nationale, proposa de se constituer en chambre haute.

Porté, après la réunion des ordres, à l'Assemblée Nationale, le système des deux

chambres n'y eut pas plus de succès. Les
orateurs populaires purent dire avec em-
phase à la tribune, qu'il ne convenait pas à
la France d'emprunter la constitution d'un
autre peuple. La vérité est qu'il ne convenait pas au tiers-état vainqueur de consacrer, sous de nouvelles formes, une distinction de rang qui lui était odieuse, et que
toutes les vanités du temps lui comman-
daient d'effacer.

La révolution ne put être arrêtée par ce
premier essai; ce fut certainement un grand
malheur. Quand une révolution est une fois
déchaînée, il faut bien se garder de l'abandonner à elle-même, il faut se hâter de l'arrêter comme on peut, et où l'on peut.

Cependant, ceux qui avaient entrepris
d'arrêter la révolution sur le sol même de
la révolution, crurent s'apercevoir que leur
marche n'était pas assez réglée, leurs mouvemens assez concertés. Cela amena d'abord
l'idée d'opposer club à club. Quelques rassemblemens aristocratiques ayant été lapi-
dés par le peuple et dissipés, on fut conduit
à l'idée d'un tiers-parti.

Il se trouvait dans l'Assemblée Nationale,

comme il se trouve ordinairement dans les
assemblées de ce genre, deux partis extrêmes. Entre ces deux partis, un tiers-parti
ne put se former plein : il se partagea entre
ceux qui voulaient la liberté, en la plaçant,
comme le club de 1789, sur les bases de la
révolution ; et ceux qui voulaient aussi la
liberté, mais en la plaçant sur les bases de
l'ancien régime, comme le club des monar-
chistes et des impartiaux. Ceux-ci étaient
un parti mitigé du côté droit, qui espérait
défendre avec plus d'avantages les deux premiers ordres, lorsqu'il n'en aurait ni la couleur, ni la défaveur ; ceux-là étaient un
parti mitigé du côté gauche, qui cherchait
à se concerter pour contenir, s'il était possible, une révolution effrénée.

Ce n'est pas l'Assemblée Nationale seule
qui a donné l'exemple de ces partis intermédiaires. En recherchant ce qui s'est passé
à cet égard dans l'Assemblée Législative,
dans la Convention, même au Parlement
d'Angleterre, on serait porté à croire qu'il
y a, dans la nature des dissensions civiles,
un mouvement qui tend ainsi à former un
parti moyen entre deux partis extrêmes. Ce

qu'il y a de sûr, c'est qu'on retrouve la
même singularité dans la Grèce. Je m'estime heureux de pouvoir citer, sur ce point,
un écrivain d'un talent illustre :

« Depuis long-temps l'État nourrissait
« dans son sein trois factions qui ne ces-
« saient de se déchirer; quelquefois réunies,
« par intérêt, ou tranquilles par lassitude.
« La première, appelée le parti de la Mon-
« tagne, était composée, ainsi que le fameux
« parti du même nom en France, des ci-
« toyens les plus pauvres de la république,
« qui voulaient une pure démocratie. Par
« l'établissement d'un sénat, et l'admission
« exclusive des riches aux charges de la ma-
« gistrature, Solon avait opposé une digue
« puissante à la fougue populaire; et la
« Montagne, trompée dans ses espérances,
« n'attendait que l'occasion favorable de
« s'insurger contre les dernières institutions :
« c'étaient les Jacobins d'Athènes.

« Le second parti, connu sous le nom de
« Plaine, réunissait les riches possesseurs
« de terres qui, trouvant que le législateur
« avait trop étendu le pouvoir du petit peu-
« ple, demandaient la constitution oligar-

« chique, comme plus favorable à leurs in-
« térêts : c'étaient les Aristocrates.

« Enfin, sous un troisième parti, distin-
« guée par l'appellation de la *Côte*, se ran-
« geaient tous les négocians de l'Attique.
« Ceux-ci, également effrayés de la licence
« des pauvres et de la tyrannie des grands,
« inclinaient à un gouvernement mixte ,
« propre à réprimer l'un et l'autre : ils
« jouaient le rôle des Modérés. » (1)

Athènes a eu, comme on voit, ainsi que
l'Assemblée Nationale , son parti intermédiaire. Ces partis n'offrent pas toujours les
avantages qu'on s'en promet. Si on y trouve
moins de passions, on y trouve aussi moins
de talent. Ils sont le rendez-vous d'un grand
nombre d'individus qui, n'étant capables
ni d'efforts, ni d'enthousiasme, sont là uniquement pour faire donner le nom de sagesse à leur timidité : prétendus indépen-
dans qui, n'ayant aucune opinion fixe , aucune volonté déterminée , sont comblés de
se proclamer comme n'appartenant à aucun

_____

(1) Des Révolutions anciennes et modernes, com-
parées à la révolution française.

parti, pour avoir le droit de les embrasser tous, et de les abandonner tous. Un club de Jacobins, avec ses affidés et ses vœux bien prononcés, doit finir par l'emporter sur un parti semblable, avec ses vœux incertains et ses mouvemens timides et divagans.

Les deux partis intermédiaires de l'Assemblée peuvent confirmer ce jugement : ils ont eu quelque avantage dans certaines circonstances passagères et accidentelles. On peut leur faire honneur de quelques excès de moins et de quelques instans de durée de plus; et cependant, en observant le mouvement des choses, on pouvait prévoir qu'ils y seraient entraînés.

C'est le caractère de ces partis, même quand ils ont des succès, de n'oser en profiter complétement : ils ont peur de tomber dans un des partis extrêmes. Le club de 1789 n'est pas, à cet égard, sans reproche. Il n'osa supprimer les Jacobins après la victoire du Champ de Mars : il craignait de trop frapper la révolution qui lui était chère.

Ne pouvant vaincre la révolution, l'Assemblée se décida à l'abandonner à elle-même : ce fut là une grande faute. En point de salut, si quelque chose était possible, c'était dans cette assemblée, et par cette assemblée. Quoique formée dans des temps de trouble, elle était honorablement composée; la qualité des talens répondait à la qualité des personnes; les esprits mêmes, d'abord ardens et extrêmes, s'y étaient améliorés. L'assemblée suivante, à laquelle elle légua ses fonctions, ne put que respirer la démagogie effrénée des clubs dont elle émanait : la troisième, formée par les soins de celle-ci, et sous son influence, dut être encore pire. La révolution, abandonnée à sa propre impulsion, détruisit tout.

C'est le propre du vulgaire des observateurs, d'apercevoir dans les hommes un génie particulier, qui n'est le plus souvent que dans les choses. Tant que la révolution n'avait voulu qu'abattre, à l'effet de s'étendre et de se produire, elle s'était placée dans les assemblées; quand l'œuvre de destruction fut achevée, elle laissa là les assemblées.

Cependant telle était, à leur égard, la prévention généralement établie en France et en Europe, qu'on les regardait comme principes de tout et maîtresses de tout. Le

plus grand monarque de l'Europe, destiné
à succo... ... er dans tous ses efforts, s'était vu
détrôner par la première assemblée, empri-
sonner par la seconde, conduire à l'échafaud par la troisième. Il semble qu'il n'y
avait rien au-dessus d'une telle puissance.
Voilà actuellement des souverains de deux
jours qui attaquent cette même puissance et
la renversent. Les amis et les ennemis de la
royauté, envoyés ensemble à Sinamari, se
demandent comment un Directoire, à peine
formé, a pu avoir une puissance qui a manqué au successeur de soixante rois. Avec
un peu de réflexion, ils auraient vu que la
force de ce Directoire était celle de la révolution même, et que l'une et l'autre avaient
pour auxiliaires l'ignorance et l'aveuglement
de leurs ennemis.

La plus grande partie de la France était
certainement royaliste alors : dans certains
cas, ce ne sont pas les opinions qu'il faut
observer, ce sont les actuations. J'ai vu les
chefs les plus populaires de la première assemblée, emportés d'un extrême à l'autre,
et devenus, de sectateurs fervens des droits
de l'homme, dévoués aux principes les plus

outrés du pouvoir absolu. Si ces hommes avaient eu de l'influence, il ne faut pas croire qu'ils eussent rétabli l'ancien régime. Il en était de même de toute la France. Tout le monde y était royaliste, et cependant on était constitutionnel en ce sens, qu'ayant participé plus ou moins aux œuvres et au vœu d'une constitution, c'était sur ces mêmes bases que les hommes les plus absolus en ce genre auraient voulu établir la royauté. Cette constitution était vicieuse, on n'en doutait pas ; elle avait causé un déluge de maux, on n'en doutait pas davantage. Cependant c'était la monarchie constitutionnelle qui avait le vœu général.

Nous remarquerons à ce sujet qu'il est dans les choses un progrès naturel qu'il ne faut ni vouloir franchir, ni chercher à éluder. Celui qui doit faire une longue navigation, a à passer devant certain nombre d'écueils, de plages ou d'atterrissemens. A son retour, quand il a à se rendre au point d'où il est parti, il faut qu'il repasse de nouveau devant ces atterrissemens, ces écueils et ces plages. La France, partie de la monarchie pour arriver à la désorganisation totale, avait passé successivement par la monarchie constitutionnelle, la république de Brissot et celle de Roberspierre. En revenant à la monarchie et à l'ordre social, il fallait qu'elle repassât, à son tour, par la république girondine et par la monarchie constitutionnelle.

Le 9 thermidor était un témoignage sensible de cette pente des choses. Tous les esprits étaient sûrement en secret reportés vers la monarchie. Elle ne pouvait manquer de reparaître. Et cependant, ce fut avec peine qu'on put obtenir la république de Brissot; car la constitution de 1795 n'est guère autre chose que ce qu'aurait produit volontiers, quelques mois plutôt, la faction des hommes d'état.

SECTION TROISIÈME.

Je ne crois pas m'être trompé en parlant, comme je l'ai fait précédemment, du caractère de la Vendée. Cependant elle a eu un tel éclat, elle a obtenu une telle célébrité, que je crois devoir accompagner de quelque explication ce qui concerne en particulier cette grande insurrection.

Ce n'est pas une chose peu digne d'observation dans l'histoire de nos temps révolutionnaires, que de voir s'armer, pour le rétablissement de l'ancien régime, et, par une conséquence nécessaire, pour le rétablissement des dîmes, des censives et de la noblesse, une multitude de paysans, à qui la révolution avait livré ces objets, et qui n'avaient pas d'intérêt à leur retour.

Cette considération prend un degré de plus de singularité, quand on réfléchit que

très-peu de temps auparavant, dans l'An-
jou même et une partie du Poitou, des insurrections s'étaient manifestées contre la
noblesse. Je dois surtout citer la Bretagne,
où les excès en ce genre furent portés à leur
dernier période. Il est assez singulier de
voir, sous le commandement de la noblesse,
en 1794, les mêmes paysans qui avaient
brûlé ses châteaux en 1788 et 1789.

Cette circonstance me paraît très-remar-
quable ; elle nous avertit de chercher ailleurs que dans des sentimens réels d'affection pour les institutions civiles de l'ancien
régime, le mouvement créateur des insurrections de l'Ouest. La nature de ce mouvement et sa cause sont d'autant plus importantes à connaître, que comme un parti se
nourrit long-temps de ce qui lui a d'abord
donné la naissance, on peut raisonnablement s'attendre que l'effet suivra les modi-
fications de sa cause ; je veux dire qu'il
s'agrandira, ou s'affaiblira comme elle.

J'ai souvent porté mes regards vers la
conspiration de M. de la Rouarie ; je trouve
à cette conspiration beaucoup moins d'importance qu'on ne lui en attribue. Ce n'est

pas que je ne rende justice à l'activité du chef de cette conspiration, à son opiniâtreté et à son courage; j'admire, à beaucoup d'égards, la belle ordonnance de ses moyens, et entr'autres de ses comités insurrecteurs. Mes sentimens ne vont pas plus loin.

La haine élevée par les insultes faites au culte établi, le mépris excité par le dévergondage révolutionnaire, une crainte vive produite par les réquisitions conventionnelles, et la demande faite à la France de trois cent mille hommes; voilà ce qui me paraît avoir été la cause première et génératrice de la Vendée.

Ce n'est pas assez de déterminer le véritable principe de ce grand mouvement: il faut en connaître la nature. Je désire que le lecteur veuille arrêter un moment son attention sur ce qui compose une guerre civile. Les guerres de ce genre supposent un grand partage sur deux points divers de volonté ou d'affection publique. J'appelle ainsi une scission qui s'établit dans le corps même de la nation, c'est-à-dire, dans la masse de son gouvernement, de ses autorités et de ses forces. Ainsi, il y a eu guerre civile à

Rome entre César et Pompée ; lorsque César, voulant retenir son armée des Gaules et le Sénat la lui enlever, une division s'est établie entre une partie de l'empire qui était pour César, et une autre partie de l'empire qui était pour Pompée. Il en a été de même de Sylla et de Marius, d'Antoine et d'Octave. Il en a été de même en France de la Ligue, : scission importante, qui put raisonnablement diviser l'État entre les mœurs d'affection qui se dirigeaient vers l'ancienne race de nos rois, tandis que les mœurs catholiques s'effrayaient de voir à leur tête un roi protestant. La Fronde elle-même, quoique placée sur une base beaucoup plus petite, mérite de figurer parmi nos guerres civiles, puisque sur cette petite base on voit se partager la cour et la cour, l'administration et le premier sénat du royaume, appuyé par la population armée de la capitale.

Ces exemples sont confirmés par les exemples mêmes de la révolution. Nul doute que le rassemblement de Versailles, avant le 14 juillet, ne pût déterminer une véritable guerre civile, si les auteurs de ce rassemblement avaient voulu mettre à l'exécution de cette entreprise la même énergie qu'à ses préparatifs. Le rassemblement de Coblentz, en le supposant plus heureux, ou mieux dirigé, pouvait acquérir de l'importance; si toutefois il est permis d'en attendre d'une lutte qui s'élève entre les souvenirs et les espérances, entre les droits et les conquêtes. Enfin, la guerre départementale, si elle avait pu se lier et se combiner, pouvait offrir, sans contredit, une scission importante: car des deux côtés se trouvait une partie du corps révolutionnaire et des autorités établies.

Ces exemples ne peuvent s'appliquer à la Vendée. Je n'y aperçois ni un corps particulier d'armée, ni aucune grande partie du régime constitué. Les mouvemens qui se produisent sont également étrangers aux grandes combinaisons civiles, et aux grandes combinaisons militaires. Je n'y vois pas même figurer une ville importante. Si, à l'instar du mouvement du 14 juillet à Paris, et quelques années après de celui de Lyon et de Toulon, la Vendée avait eu l'avantage de se raccorder à un régime municipal or-

ganisé, et au centre d'une grande population accumulée, elle me donnerait de l'espérance. Je ne vois dans ses commencemens
que des mutineries partielles, où figurent
quelques campagnes et quelques paysans.
Je vois, avec la différence d'intérêt qu'offre
la différence des objets, une véritable Jacquerie royale et catholique.

La première conséquence que présentent
ces réflexions, c'est que la Vendée a été une
guerre civile, sans avoir les véritables caractères d'une guerre civile. Je ne veux pas
dire par là que la Vendée n'ait pas eu assez
d'activité et d'énergie; je pense, au contraire, que l'essor qu'elle a montré est au-
dessus de tout ce qu'on connaît en ce genre
dans les grandes dissensions des peuples.
C'est même là une des merveilles que j'ai le
plus à signaler, parce que, n'ayant en soi
aucun des caractères principaux qui peuvent faire prospérer une guerre civile, il
est d'autant plus admirable qu'elle ait pu
vaincre, par une espèce d'élan surnaturel,
les obstacles naturellement invincibles qui
étaient attachés à sa composition et à son
objet. Les insurrections vendéennes n'ayant

eu pour objet ostensible qu'un ancien régime, qui n'avait les affections de personne, et pour objet réel que des rigueurs passagères, de telles insurrections, isolées de toutes les corporations de l'État, de toutes ses autorités et de toutes ses forces, ne peuvent figurer au rang des guerres civiles que par un miracle particulier.

Dans le fait, elles ont eu, pendant longtemps, le sort de toutes les séditions.

Qu'est-ce que trois ou quatre mille paysans bretons, armés de bâtons et de fusils, qui marchent sur Vannes, à l'effet de protéger leur évêque, et qu'on dissipe avec une poignée de patriotes et quelques compagnies de troupes de ligne? Les autres rassemblemens de ce genre dans les campagnes de la rive gauche de la Loire sont réprimés avec la même facilité par la garde nationale nantaise et angevine. Dans la suite, quatre mille paysans attaquent Montfort; cent cinquante patriotes de Rennes, et trois brigades de gendarmerie les dispersent. Même, dans les temps où la Vendée semble avoir pris de la consistance, neuf mille républicains sont vainqueurs de trente-cinq mille royalistes. Avec deux cents hommes, Westerman met en déroute six mille royalistes à Parthenai. Il y a d'autres exemples de ce genre.

Les causes de ces revers s'aperçoivent facilement : elles sont dans l'infériorité de toute multitude, quelle qu'elle soit, quand elle est sans liens, sans organisation réelle, sans direction régulière, et qu'on lui oppose une force bien dirigée et bien manœuvrée. Toutes choses égales d'ailleurs, les villes du voisinage, par le seul avantage de la concentration de leurs vues et de leurs opérations, auraient fini par dominer ces rassemblemens, sans l'assistance même des troupes de ligne.

Je montrerai bientôt comment ces insurrections sont parvenues à acquérir l'importance qu'elles ont eue. J'ai à expliquer auparavant deux points qui arrêtent ordinairement l'attention : le premier, pourquoi sur le même territoire les villes ont paru constamment opposées aux campagnes ; le second, pourquoi le reste de la France a imité l'éloignement des villes.

Comme principaux moteurs de la révolution, j'ai cité deux démons, l'un appelé cupidité, l'autre vanité. Celle-ci s'était principalement emparé des villes. Aux approches de la révolution, on a pu voir les négocians et toutes les parties hautes de la bourgeoisie s'enfler de joie de voir disparaître une classe de nobles dont le lustre et la supériorité les tourmentaient. Hélas! ce fut pour elles un frêle avantage! Les nobles ayant disparu, elles se virent en butte à la jalousie qu'elles avaient éprouvée. Des marchands, regardés comme aristocrates, parce qu'ils étaient riches, trouvèrent les persécutions qu'ils avaient exercées : on envoya aux soupapes ceux qui avaient envoyé à la lanterne.

La cupidité, comme je l'ai remarqué, avait été adressée principalement aux campagnes. On avait livré à celles-ci l'abolition des dîmes, des censives, et de ce qu'on appelle, en général, droits féodaux. Mais, pour peu qu'on ait l'habitude du cœur humain, on reconnaîtra facilement la différence qui se trouve entre ces deux passions. La cupidité peut céder quelquefois; elle peut être vaincue par quelqu'autre intérêt.

La vanité ne fléchit jamais : c'est de toutes nos passions la plus cruelle, la plus absolue, la plus implacable.

Ce n'est pas seulement sous ce rapport, que les villes demeurèrent fidèles à la révolution. J'ai parlé de l'affaiblissement des mœurs. Cet effet général ayant un plus grand caractère dans les villes, la corruption révolutionnaire y trouva des alimens plus forts et mieux préparés. Dans les campagnes où s'était conservé plus de respect pour les anciennes traditions, où on tenait encore à l'honneur des familles et à la distinction des rangs, et où les habitudes religieuses n'avaient pas encore été rompues, la piété des consciences resta en quelque sorte intacte : une raison pure garantit une probité grossière. Telles furent les causes qui empêchèrent les villes de participer à ce mouvement, dont le motif religieux qui était présent leur était pour le moins indifférent, tandis que l'objet ultérieur, qui était le rétablissement des anciennes distinctions, leur était spécialement odieux.

En développant ici le principe de l'éloignement des villes de la Bretagne et du

Poitou, j'arrive aux causes mêmes qui ont éloigné le reste de la France. Il me suffit de rappeler qu'il n'y avait que ces deux provinces où l'on trouvât dans leur primitive énergie des sentimens religieux : partout ailleurs ce n'était guère plus que des habitudes et des rites. La révolution, qui livrait aux uns l'abolition des rangs, aux autres l'abolition des dîmes et des cens, à tous le spectacle d'un renouvellement de choses avec la perspective d'un nouveau partage des places et des propriétés ; une telle révolution devait être regardée partout comme une divinité bienfaisante. Les constitutionnels, les Girondins, les sans-culottes, à mesure qu'ils étaient opprimés, ne cessaient de parler des premiers temps de la révolution comme d'un âge d'or.

Ces sentimens ne furent pas des émotions stériles. Ils se développèrent avec une grande énergie. Au premier moment où la révolution, devenue pour tout le monde la patrie, fit un appel au dévouement et aux sacrifices, on vit dans toutes les grandes villes la jeunesse se précipiter aux armées. Paris fut surtout remarquable en ce genre. C'était à

qui sacrifierait à cette idole chérie jusqu'à
son bien-être et sa vie. Dans la suite (et
notamment à l'époque qui détermina la
Vendée), les sacrifices commençant à se
multiplier, et l'idole commençant à être
moins respectée, les efforts se firent avec
moins de ferveur; et pourtant ils se firent
encore. Mais dans la Bretagne et dans le
Poitou, où, à raison de la pureté des anciennes mœurs, l'avantage de la spoliation
des grands propriétaires n'avait pu tout-à-
fait corrompre les consciences, les insultes
religieuses et les scènes d'impiété avaient
totalement aliéné les cœurs. La demande du
sacrifice de sa personne dans l'appel qui fut
fait par la Convention aux trois cent mille
hommes, loin de trouver, comme ailleurs,
des compensations dans les conquêtes révolutionnaires, s'envenima de toutes les douleurs dont on était déjà ulcéré. Des troubles
partiels s'étaient manifestés; une fermenta-
tion sourde et générale se remarquait; à la
première connaissance du décret de la Convention, elle éclata. La révolte s'établit en
même temps dans la presque totalité du dé-
partement de la Vendée, dans une partie de

celui de Maine-et-Loire, des Deux-Sèvres et de la Loire-Inférieure. Partout le tocsin sonna, partout on forgea des armes. Le laboureur renversa ses charrues pour courir aux combats; il se produisit d'abord une armée. Il s'éleva bientôt des chefs.

Il est une chose que j'ai remarquée constamment dans l'empire de l'opinion. Un système, quelque mauvais qu'il puisse être, vient-il, par une circonstance inopinée, à faire un grand bruit et une grande fortune, vous pouvez être sûr qu'il se présentera bientôt une multitude d'hommes à talent pour l'appuyer et s'en prévaloir. Ce qui est vrai, par rapport à l'esprit d'ambition et d'intrigue, est plus vrai encore par rapport au désespoir et au courage. Dès qu'une masse d'hommes se met en mouvement, portée par une grande passion, toutes les passions collatérales et parallèles viennent s'y joindre. Des chefs chez lesquels le sentiment religieux n'était peut-être pas prédominant, mais ennemis à d'autres égards de la révolution et de ses œuvres, n'ont pu manquer de se précipiter vers un mouvement dirigé contre la révolution. La Vendée doit à ces hommes, à leur courage, à tous leurs beaux sentimens, et surtout à leur invincible opiniâtreté cette grandeur d'entreprise et de mouvemens qui l'a distinguée dans l'univers.

J'ai expliqué la cause de sa création, j'ai presque dit celle de ses succès. Ce n'est pas qu'elle n'ait été sujette, comme tous les mouvemens de ce genre, à de tristes et de malheureuses dissensions. Ces dissensions, qui ont détruit tout ensemble dans les opérations, n'ont eu au moins rien de subalterne dans leur objet. Je dois remarquer qu'il y a eu dans tous les cœurs un abandon franc et sincère de tous ces avantages sociaux si enracinés dans les habitudes de la vanité.

Louis XIV, parlant aux personnes qui le servaient dans sa dernière maladie, se mit à leur dire : *Quand j'étais roi.* C'est, quoiqu'il ait été peu célébré, un des plus beaux traits de ce prince. Lorsque la vie est prête à nous échapper, il y a quelque chose de magnanime et de touchant dans cette abdication anticipée des frivoles grandeurs de ce monde. Dans ces cataclysmes terribles,

qui bouleversent la terre, les femmes et les
maris, les pères et les enfans ne songent
plus qu'à se presser les uns contre les autres. Dans les cataclysmes politiques, dans
ces temps où une société en décadence fuit
au loin toute entière, emportée par une
révolution, que penser de la puérilité qui
rappellerait, avec les accompagnemens ordinaires de vanité et de jalousie, quelques
distinctions frivoles qu'avait autrefois composées cette société.

La Vendée éprouva peu d'atteintes de cet
esprit qui avait abaissé Coblentz. Personne
ne contesta à Stofflet, comme ancien garde-
chasse, sa valeur et son importance. Le sa-
cristain de Beaupreau fut franchement l'égal
d'un ancien cordon-rouge. Tout Vendéen
brave fut l'ami et le compagnon de Laroche-
Jacquelin. Telle est la marche des grandes
passions; leur instinct est de faire main-
basse sur toutes les passions subalternes. De
ces dispositions se sont produits principalement les miracles de la Vendée.

Dans les commencemens, quelques gardes nationales, une poignée de gendarmes
et de troupes de ligne ont pu suffire pour

mettre en déroute une multitude de royalistes; bientôt on a vu une poignée de royalistes mettre en déroute une multitude de
républicains. C'est ainsi qu'à Laval, sept à
huit mille Vendéens se précipitant, avec
leurs officiers, étonnent et mettent en déroute trente mille soldats de la république.
C'est ainsi que Charrette parvient à forcer,
avec quelques paysans, des camps retran-
chés, défendus par des armées supérieures
en nombre.

Ces faits, et mille autres de ce genre,
sont incontestables; ils sont consacrés à
l'admiration des siècles. Mais de même que,
dans l'usage de la vie, on ne compte point
sur les prodiges comme sur un état ordinaire et régulier, on ne doit pas y compter
davantage sur la scène morale et politique.
On s'étonne de la fin de la Vendée : c'est
de son existence qu'on doit s'étonner; cette
existence qui appartenait à une cause violente et extraordinaire a dû s'effacer avec
elle. La Vendée, comme un ressort bien
tendu, n'a fait, dans son affaiblissement,
que revenir à son état naturel.

Plus je médite sur la nature de notre esprit, et plus je le trouve faible. Le courage, au contraire, comme tout ce qui appartient au cœur, peut acquérir des dimensions énormes; et cependant, en cela comme en tout, notre frêle nature a des limites auxquelles elle est forcée de s'arrêter. L'homme le plus agile a beau s'élancer; à peine élevé, une force supérieure le saisit et le fait redescendre précipitamment vers la terre. La Vendée s'est élevée de même : après avoir jeté un grand éclat, elle s'est dissipée comme un météore, sans laisser aucune trace. Quand Hector, dans Homère, est prêt à se mesurer avec Achille, il n'est pas difficile au lecteur de prévoir les effets de cette lutte : quand on voit la Vendée s'élever pour se mettre aux prises avec la révolution, on frémit de même de l'inégalité des forces.

Encore, si elle avait pu demeurer dans ses foyers, nul doute qu'elle ne se fût conservée plus long-temps. L'essentiel était d'attendre de nouveaux événemens, qui ne pouvaient manquer de survenir, et dont les chances pouvaient lui être favorables. Dans ses foyers, elle pouvait, avec plus de facilité, ou se réparer, ou échapper à une défaite

complète. On l'a vu souvent, se disperser
après la victoire ; elle se dispersait aussi
après la défaite : en cela même, elle décon-
certait toutes les entreprises. Tandis que les
républicains se harassaient à poursuivre une
armée qu'ils ne pouvaient jamais atteindre
en entier, et qui leur échappait comme une
ombre, au moment où ils se croyaient sûrs de
la saisir, ils n'étaient pas plutôt affaiblis eux-
mêmes, que cette armée, éparpillée, se
reproduisait et prenait un corps pour les
écraser.

Les républicains se trouvaient ainsi dans
la Vendée, à-peu-près dans la même position que les Romains dans la Germanie ; à
la seule exception que les Germains, n'ayant
ni villes, ni bourgs, ni villages, se rendaient, quand ils le voulaient, tout-à-fait
invisibles. Les vaincus se réfugiant, soit dans
leurs marais, soit dans des forêts inaccessi-
bles, soit chez les autres nations germaines,
se reproduisaient ensuite sur les points qui
leur convenaient, massacraient les cohortes
quand elles s'isolaient, même des légions
entières, ainsi qu'il arriva à Varus.

Sous ce rapport, si la Vendée n'avait pas

tout-à-fait autant d'avantages, elle en avait au moins de très-grands. Les soldats, qui étaient des paysans, redevenant cultivateurs le lendemain d'une défaite, on ne savait plus où était l'armée. Un peloton attaché au chef s'échappait sans peine, se portait avec facilité dans toutes les directions; ce peloton, à l'aide de quelques émissaires ou de quelques coups de cloche, devenait une armée entière.

Beaux succès, mais stériles; grandes victoires, mais sans résultats. Dès que, par des mesures vigoureuses et le déploiement d'un système mieux entendu, on eut, avec la coopération de plusieurs détachemens de l'armée de ligne, pressé tellement toute cette population, qu'elle fut obligée, pour son propre salut, de se porter hors de ses foyers, elle se trouva là comme l'armée des Cimbres et des Teutons sous les regards de Marius. Son courage lui valut encore des triomphes. Ces triomphes n'eurent aucune action sur le reste de la France, qui semblait pressentir, comme d'instinct, la situation forcée d'une armée aventurière, sans contact avec les principaux corps de

II.   24

l'État, et isolée de toutes ses grandes forces vitales.

Il faut rendre justice sans doute à une armée qui, se trouvant pressée par trois armées ennemies, à quarante lieues de son territoire, sans vivres, sans magasins, fait, dans cette situation, cent cinquante lieues et moins de soixante jours, envahit plusieurs départemens, prend douze villes, en assiége deux autres, gagne sept batailles, extermine vingt mille républicains, leur enlève cent pièces de canon.

Je rends justice à ces victoires; mais elles sont sans fruit. Avec tout cet éclat, cette armée ne communique son enthousiasme nulle part; elle ne fait déclarer spontanément aucune ville, ni aucun territoire. A la première défaite, elle succombe toute entière. Les fugitifs trouvent partout des ennemis plus cruels que les ennemis. De tout ce qui a passé la Loire à peine trois ou quatre mille parviennent à s'échapper. Sur le territoire de la Vendée, la défaite du Mans eût été réparée le lendemain; c'eût été à peine une blessure; là c'est une mort totale.

Cependant la Vendée fut encore moins

abattue par la cruauté et par la force, qu'elle
ne le fut bientôt après par l'esprit de con-
ciliation et de douceur. Certes, il était très-
facile d'affaiblir les causes qui l'avaient produite.

J'ai parlé précédemment de ces causes ;
elles sont fort bien énoncées dans la lettre de
Trottin au général Stofflet. « Le peuple de
« la Vendée, dit-il, a pris les armes pour
« deux raisons : la première, sa religion ; on
« la lui laisse. La seconde pour s'exempter
« de tirer à la milice, on le laisse tranquille
« dans ses foyers. Jamais il ne s'est armé
« pour son roi. Le genre de gouvernement
« lui importe peu, pourvu qu'on ne l'op-
« prime pas, pourvu qu'il puisse s'occuper
« de ses intérêts. » (1) On peut penser tout ce
qu'on voudra des motifs de cette lettre et du
caractère de son auteur, mais pour les allégations qui s'y trouvent, je crains qu'elles
ne soient fondées.

Après la défaite du Mans, énervée dans
ses forces physiques ; après la pacification,
énervée dans ses forces morales, la Vendée

(1) Histoire de M. de Beauchamp.

n'était plus qu'une ombre. Il me reste un mot à dire sur cette nouvelle Vendée de la Bretagne qui a voulu s'y rattacher et qu'on a désignée plus particulièrement sous le nom de Chouans.

Cette nouvelle Vendée s'est formée comme la précédente, et par les mêmes causes. Du côté de l'habileté, de l'activité, de l'opiniâtreté, je rendrai à M. de Puisaye la même justice qu'à M. de la Rouarie. Mais s'il a cru qu'avec ses Chouans, il ferait quelque chose de mieux ou de plus que n'a pu faire la Vendée, il a eu, à mon sens, une idée peu juste. Quand la Vendée passa la Loire, si au lieu de se diriger vers la Normandie, elle s'était portée sur la Bretagne et principalement vers le Morbihan, il est possible que le rapprochement de ces deux forces eût réussi à les consolider. Je ne sais qui aurait pu empêcher les désertions, et comprimer le sentiment qui portait toujours le paysan poitevin à retourner dans ses foyers. Mais enfin, ce qui serait demeuré, aurait certainement fortifié l'insurrection bretonne. Les Chouans et les Vendéens, forces de nature homogène, avaient précisément ce qui était nécessaire pour s'alimenter réciproquement. Cela valait beaucoup mieux certainement que l'expédition anglaise de Quiberon.

Je ne contesterai pas qu'on ne pût mieux défendre les forts de Quiberon. On pouvait mieux se garder. On pouvait prévenir la défection et la trahison. On pouvait ménager les moyens de s'embarquer, et débarquer ensuite sur d'autres points; tenir sans cesse en haleine sur toute la côte ce qu'il y avait de forces républicaines. Il y a loin de là au renversement de la révolution et au rétablissement de la monarchie. C'est une chose peu sensée d'y avoir pensé avec sept à huit mille hommes de troupes de ligne. C'étaient des Chouans aguerris et exercés qu'il fallait amener aux Chouans, et non pas une poignée de soldats exercés à la manière des troupes de ligne. Quelques bataillons de ce genre ne pouvaient avoir aucun effet sur les armées de la Convention. Ils ne pouvaient qu'abaisser l'enthousiasme des Chouans, en affectant de se placer au premier rang, et en traitant ceux-ci comme une horde vagabonde et indisciplinée. Ces deux espèces de forces dont on avait mal calculé la mesure, ne pouvaient nullement marcher ensemble et s'accorder. Elles pouvaient encore moins remplir les grandes vues qu'on en attendait.

Je passe aux tentatives du dehors.

FIN DU LIVRE SECOND.

LIVRE TROISIÈME.

TELLE était et la nature des temps et la nature des choses, que les tentatives au-dedans devaient avoir peu de succès. Ce n'est que par un miracle particulier que la Vendée s'est élevée. Elle ne pouvait se conserver. Il n'en est pas de même des entreprises du dehors. Elles pouvaient avoir une grande importance, si elles eussent été conçues dans leur vrai sens. Je vais traiter d'abord du rassemblement de Coblentz; je parlerai ensuite des puissances étrangères. J'exposerai dans une troisième section l'ordre de vues et de mouvemens qui a fait du 18 brumaire le dernier acte de ce drame révolutionnaire, et en quelque sorte son dénouement.

SECTION PREMIÈRE.

De tout cet ancien peuple de Francs échappés aux croisades, ainsi qu'aux batailles de Crécy, de Poitiers et d'Azincourt, il restait à peine sur le sol de la France quelques familles éparses, sans puissance dans leurs domaines, sans influence dans l'État, sans lien entre elles. Ces familles, qu'avaient épargnés la guerre et le temps, avaient traversé, en se débattant, trois siècles d'oppression. Fatiguées de cet état de désordre, précurseur d'une décadence générale, elles demandent la fixation de tous les droits, c'est-à-dire, la liberté publique : on leur envoie la souveraineté du peuple. Les voilà battues sous le fléau de la multitude, comme elles l'avaient été sous celui des rois. Des commissions révolutionnaires, se mettant à la place des anciennes commissions judiciaires, relèvent, sous de nouveaux noms, les échafauds de Louis XIV, de Louis XIII, de Louis XI.

On crut, le 19 juin, avoir remporté une grande victoire. Le décret d'abolition de la noblesse, enlevé dans une séance du soir, ne fut pas même l'objet d'une discussion. Il n'était pas difficile de se défaire d'une caste qui, rejetée peu à peu en dehors de l'édifice social, s'y trouvait attachée depuis long-temps, non comme partie nécessaire et intégrante de cet édifice, mais seulement par le faible lien de quelques honneurs supportés et de quelques possessions tolérées.

La noblesse militaire, qui jusqu'alors avait eu plus de force, se trouva tout-à-coup dans la même situation que la noblesse possessionnée. Les soldats venant à se ranger sous le régime révolutionnaire qui était devenu le régime de l'État, et les officiers voulant se maintenir sous le régime de l'aristocratie, devenu un objet de proscription, il en résulta diverses crises, qui détruisirent l'obéissance. Les officiers finirent par se trouver en dehors de l'armée, comme les autres nobles se trouvaient en dehors de l'État. Ceux-ci furent forcés d'abandonner leurs places; ceux-là leurs possessions. Tous s'enfuirent ensemble sur un sol beaucoup moins étranger pour eux que leur patrie.

La guerre de la part des puissances étant devenue inévitable, les royalistes de l'intérieur ne pouvaient manquer de rechercher leur alliance. Extrêmement faibles par eux-mêmes, ils l'étaient surtout par la disette de moyens matériels. Ils n'avaient ni argent, ni poudre, ni canon. Ils n'avaient pas même un sol sur lequel ils pussent se former, se discipliner, se dresser.

En observant, avec les simples aperçus de la raison, le nombre et la situation des émigrés, on pourra s'étonner de leur prétention. Une armée de deux cent cinquante mille hommes, trois millions de gardes nationales, un grand état bien approvisionné et muni d'un triple rang de places fortes, voilà ce qu'une poignée d'individus sans territoire, sans argent, sans organisation, prétend combattre. On se croit reporté aux temps fabuleux.

J'expliquerai bientôt comment, avec des moyens prodigieux, les puissances étrangères ont eu des revers. Je vais montrer actuellement comment, avec de faibles moyens, les émigrés pouvaient avoir des succès.

Dans toute entreprise, ce qu'il faut considérer avant tout, c'est l'objet qu'on veut atteindre. La condescendance avec laquelle la noblesse avait accepté les sacrifices de ses priviléges lui indiquait d'avance sa marche. Cette circonstance lui devenait d'une grande autorité, pour établir que c'était moins pour sa cause qu'elle venait combattre que pour celle de la patrie. Le monarque prisonnier aux Tuileries, le culte renversé, les autels et les propriétés dépouillés, chaque jour le scandale s'ajoutant au scandale, les énormités aux énormités, il y en avait assez pour justifier ses desseins. La témérité alors prenait un air d'héroïsme.

Mais ce n'est pas un seul trait qui compose la physionomie d'un parti, c'est l'ensemble de ses mesures et de sa conduite. La noblesse annonçait qu'elle venait rétablir la monarchie abattue : elle devait se former dès-lors comme ses ancêtres, quand ils l'établirent. La monarchie de Clovis ne fut pas fondée par des seigneurs, mais par des soldats. Descendu des plus hauts rangs de la vie à la dernière des conditions militaires, il faut prendre garde de se conserver convenablement dans cette situation. Je ne sais si ce n'est pas en ternir l'honneur, que d'y associer des titres disparates et des vanités frivoles. Ces petites jouissances s'allient mal avec une détermination extrême.

Cette détermination ne pouvait être justifiée que par une grande passion; or, une grande passion, quand elle existe, est exclusive : elle s'investit, avec jalousie, de tous nos vœux et de tous nos efforts. Elle efface toutes les considérations du second ordre; tout ce qui la sert est également son ami; tout ce qui a pour elle un cœur, des bras et des armes, lui appartient également. Cela veut dire que dès le premier moment où il y a eu un rassemblement destiné à combattre la révolution, toute différence antérieure de conduite, d'opinion et de rang a dû s'oublier et s'effacer. Ce plan de conduite n'était pas seulement beau, il était nécessaire.

Le grand désavantage de la noblesse dans

la situation où elle se trouvait, était d'avoir en rangs, en titres, en honneurs, un grand intérêt, qui semblait à part du reste des citoyens, et qui la rendait, en quelque sorte, étrangère à la France. Un abandon provisoire de tout intérêt, autre que celui de citoyen, de tout titre autre que celui de soldat, l'adoption de tout compagnon d'armes, sans différence de rang, d'opinion et de conduite, la mise en possession au premier moment des mêmes espérances que ses espérances, de la même condition que sa condition, c'est ainsi que la noblesse française allait au-devant des reproches et effaçait toutes les préventions.

Les Français du dedans s'étaient armés pour la liberté; mais, s'il fallait s'en rapporter aux faits tels qu'ils se passaient, cette liberté était la compagne des incendies et des massacres, du pillage et du bouleversement. La noblesse française devait aussi réclamer la liberté; mais celle qui se concilie avec l'ordre et la paix, avec le respect pour les mœurs et l'obéissance aux lois, avec la conservation de tous les droits et de toutes les propriétés.

Les Français du dedans se prévalaient de je ne sais quelle production nouvelle, appelée constitution, œuvre de ténèbres, de colère et de trouble. La noblesse devait proclamer aussi son vœu pour une charte d'ordre public ; mais cette charte devait être prise, ainsi que l'universalité de la nation l'avait demandé, dans les règles généralement établies du droit et de l'équité.

Les Français du dedans avaient prononcé l'anéantissement de la noblesse comme classe privilégiée. Au lieu de s'arrêter à réclamer contre cette injure, il fallait, au contraire, l'accepter et lui donner la plus grande solennité. Il était beau que ceux qui avaient succombé avec la patrie, jurassent tous ensemble de ne se relever qu'avec la patrie.

Enfin, on parlait au dedans d'égalité. La noblesse française devait la consacrer pour tous ses compagnons d'armes. Ceux qui n'avaient point partagé les erreurs de la révolution devaient se réunir à elle avec confiance. Ceux qui les avaient partagées devaient s'y réunir de même. Quand des hommes généreux forment leurs rangs, et ont pour principale solde des périls à offrir, il doit être entendu que désormais tout est égal pour le passé, en commun pour l'avenir. C'est ainsi que la noblesse agrandissait ses drapeaux, généralisait son objet, pénétrait dans tous les orgueils, ravissait à la révolution même son énergie.

Je ne doute pas que ce plan de conduite ne soit trouvé généreux ; et j'observerai qu'en cela même il convenait à la noblesse française. Ce n'est pas assez dire : je dois noter ici un résultat auquel je ne connais pas encore d'exceptions : c'est que le parti le plus généreux est encore le plus politique.

La noblesse française n'a pas dû croire que, pour être forte, il lui suffisait de se montrer menaçante. Elle n'a pas dû s'attendre qu'aussitôt qu'elle mettrait les pieds en France, les bourgeois s'armeraient pour le rétablissement des armoiries, les paysans pour celui des droits féodaux ; que les soldats qui s'étaient révoltés pour devenir officiers, se révolteraient de nouveau pour redevenir soldats, les nouveaux évêques pour redevenir curés, les acquéreurs de domaines nationaux pour les rendre à leurs maîtres ;

en un mot, qu'un pays armé tout entier
pour renverser un régime contre lequel ses
philosophes avaient déclamé pendant un
siècle, s'enthousiasmerait à l'instant pour le
rétablir. Ces difficultés, qui peuvent avec
raison paraître extrêmes, ne pouvaient être
surmontées que par des moyens extrêmes.

Le parti généreux était donc ici en même
temps le parti habile : il était consacré encore par l'équité. Il est sur ce point une
considération à laquelle je trouve qu'on n'a
pas assez pensé.

Ce n'est pas seulement la révolution qui
a vu des révoltés et des révoltes. Turenne
et Condé ont été successivement rebelles.
Louis XIII vit son propre frère conspirer
avec ses ennemis. Le connétable de Bourbon et le connétable de Montmorency furent également criminels d'état. Une partie
de la noblesse et de la magistrature française eut le tort de seconder les prétentions
d'un vassal de la France sous Charles VII,
celles de la Ligue sous Henri IV, celles de
la Fronde sous Louis XIV. Tout cela a été
coupable, et non pas vil. La vérité, c'est
que, dans nos principes antiques, la révolte

doit être sévèrement réprimée : elle n'est pas déshonorée.

Comment se fait-il que ces dispositions, qui tiennent à nos anciennes mœurs, n'aient pu être appliquées aux troubles qui ont commencé la révolution ? Si le peuple français a été trompé par des philosophes, n'est-ce pas par ceux même que des souverains appelaient à leur cour, souvent à leur conseil, et que les plus illustres, entre les nobles, nommaient leurs amis ? Si le peuple français a été trompé par des dogmes, ne sont-ce pas ces dogmes même que les rois, les parlemens et les ministres s'étaient constamment efforcés de propager ? Enfin, de quel droit les parlemens et la noblesse, qui s'étaient les premiers soulevés contre le roi et contre ses grands bailliages, pouvaient-ils se montrer inexorables envers des mouvemens qui, sans doute, avaient passé toute mesure, mais qui pourtant avaient été imprimés par eux-mêmes ?

Cette doctrine une fois établie, ce plan de conduite bien arrêté, la noblesse n'avait à contracter avec les puissances d'autres rapports que celui de leur sol pour s'y former,

II. 25

de quelques moyens accessoires et auxiliaires pour se renforcer : du reste, sa marche était réglée. Elle devait se porter vers le Midi, recueillir les débris d'Arles, d'Avignon et du camp de Jalès, et se fortifier progressivement des grandes divisions ultérieures, qui étaient inévitables, et que son appui ne pouvait manquer de développer.

Au lieu de suivre cette ligne, la noblesse a pris une route contraire; elle a mis à s'affaiblir, en tout genre, le même soin que d'autres auraient pu mettre à se fortifier. Elle pouvait être soupçonnée d'un intérêt particulier : elle a mis tous ses soins à mettre cet intérêt en évidence. Sa principale opération a été de s'isoler comme ordre : elle s'est isolée en même temps comme parti. D'un côté, elle n'a admis dans ses rangs que des gentilshommes : elle a rejeté, dans des corps particuliers, tout ce qui ne s'est pas trouvé noble ; d'un autre côté, elle a repoussé tout ce qui a été soupçonné n'avoir pas, dès le premier moment, agi et pensé comme elle. Le cardinal Mazarin et la cour d'Anne d'Autriche ne furent pas si difficiles envers M. de Turenne : on lui donna l'armée du roi à commander, deux mois après qu'il eut combattu contre elle. Je crois qu'on aurait été assez surpris en France, sous Henri IV, si ce prince n'avait voulu admettre dans ses rangs que des protestans, ou s'il avait déclaré que ceux qui n'avaient point été ses partisans à une telle époque ne seraient plus admis à le devenir.

Il est impossible de se dissimuler que, sur tous ces points, la conduite de la noblesse française a été mal avisée. Il ne manquait plus, pour consommer son discrédit, que de se mettre, comme elle l'a fait, à la merci des étrangers et à leur suite ; il ne manquait plus que de les établir dominateurs, là où ils devaient être auxiliaires ; de devenir accessoires, là où on aurait dû être acteur principal ; d'envoyer ainsi contre soi-même une couleur d'honneur national aux drapeaux qu'on avait à combattre. C'est ainsi que s'est composé ce brillant feu d'artifice, dont le bouquet a été une proclamation foudroyante à la veille d'une retraite forcée et peu glorieuse.

Je viens de citer celle des attaques des royalistes du dehors, qui a été le plus impo-

sante. Le rassemblement de Coblentz a eu,
par son nombre, un avantage sur les autres
partis de ce genre. L'armée des princes se
montait à près de vingt mille hommes; cette
armée était bien exercée et passablement
organisée. Elle avait aussi alors un second
avantage, celui du désordre de l'armée op-
posée. Peu de temps avant l'entrée des princes en Champagne, quinze cents hommes
de l'armée autrichienne avaient frappé de
terreur toute l'armée républicaine.

Cette situation comparative ne tarda pas
à changer. L'armée des princes fut licenciée
et se dissipa : l'armée républicaine, au contraire, se consolida chaque jour; et cependant les tentatives du dehors devinrent de
plus en plus faibles. Au temps de l'expédition de Quiberon, l'armée républicaine
était complétement formée et endurcie à la
guerre. Ce fut contre cette armée que l'Angleterre imagina l'amalgame de deux forces, dont l'une, le corps des émigrés, était
réglée et enrégimentée; l'autre, les Chouans,
irrégulière et sauvage. Le caractère de l'une
était d'attaquer avec méthode et de tenir
avec fermeté; le caractère de l'autre, de

fondre avec impétuosité et de se replier de même. Celle-ci étant quelquefois trop en avant, le plus souvent trop en arrière, ces deux forces ne pouvaient se combiner : la méthode de la première dégoûtait et refroidissait la seconde ; le désordre de la seconde eût fini par désordonner la première.

Rien ne fut prévu à cet égard. Cette expédition fut conçue comme les autres, sans aucune connaissance de l'état de la France et de ses difficultés. On comptait sur le papier le nombre d'hommes ; on figurait sur les cartes les positions, et on se promettait des succès, avec autant de confiance que si on avait eu les soldats de Charles XII commandés par Alexandre. Je n'ai jamais conçu comment il avait pu entrer dans l'esprit d'hommes raisonnables, de donner à quatre ou cinq mille Français l'uniforme anglais et la cocarde anglaise, à l'effet de faire plus facilement la contre-révolution en France.

L'éloquence des proclamations ne répare pas, dans ce cas, le mauvais caractère des tentatives. Je ne puis passer sous silence les actes de ce genre qui ont été publiés.

Dans cette dissolution totale du pouvoir,

qui était l'effet de la révolution, c'était un spectacle singulier de voir l'autorité isolée cherchant à recomposer la force, et la force isolée cherchant à recomposer l'autorité. Pour composer la force, l'autorité se plaçait dans la justice et dans les souvenirs ; pour composer l'autorité, la force se plaçait dans les intérêts et dans les espérances. On conçoit déjà comment, par la nature des choses, les proclamations d'un parti devaient l'emporter sur celles de l'autre. Les royalistes ne cherchèrent point à réparer ce désavantage.

Ces morceaux de papier qu'on appelle proclamations, ont beaucoup plus d'importance qu'on ne se l'imagine. On y trouve à la fois l'enseigne d'un parti et sa devise, ses motifs et son but, ses volontés et tous ses sentimens. La proclamation qui eut lieu à Quiberon, eut le bon esprit d'être moins foudroyante que celle de M. le duc de Brunswick en Champagne, et cependant je ne puis dire ni de celle-là, ni des autres, qu'elles aient été tout ce qu'elles devaient être.

Dans la plupart de ces actes, on rappelait l'ancienne constitution de l'État. Il

est possible que dans les chancelleries où
se rédigeaient ces pièces, on eût une idée
précise à cet égard. Cependant on ne pouvait ignorer que, sur ce point, les écrivains, les historiens, les publicistes, et avec
eux la France entière, étaient divisés. Il ne
fallait pas prononcer ce mot, s'il était inutile; si on le regardait comme un motif dé-
terminant, la clarté était indispensable. On
ne pouvait ignorer que la France était, à
cet égard, quoique de diverses manières,
dans des dispositions défavorables. Pour les
uns, ces mots l'ancienne *Constitution française*, se rapportaient à l'état du douzième
et du treizième siècle; et alors ils révoltaient
par la haine qu'on portait à la féodalité:
pour les autres, ils se rapportaient au siècle
de Louis XIV; ils révoltaient alors également par la haine qu'on portait au despotisme.

Je passe aux puissances étrangères.

SECTION DEUXIÈME.

—

La Grèce antique était un composé de divers États qui, avec quelques différences de dialectes et de gouvernemens, présentait au fond une identité de langage, de religion, d'habitudes et de mœurs. Il en est de même de l'Europe moderne : on y trouve à-peu-près partout la même délicatesse de goût et de sentiment, les mêmes idées de générosité et d'honneur, la même hiérarchie de rangs et la même religion. L'institution des sociétés savantes, le goût des arts, de la littérature et du commerce sont venus resserrer ces liens, et faire, en quelque sorte, de cette partie de la terre, une masse homogène.

On ne peut s'étonner de cette identité de traits : elle tient à l'identité des origines. Même domination sous les Romains, même

conquête religieuse par le christianisme,
même envahissement par les peuples du
Nord, mêmes institutions féodales, même
décadence de la féodalité, même passage de
l'asservissement des classes inférieures à l'affranchissement.

Comprise dans ce système général, la
France avait acquis l'importance que lui
donnait sa population, le génie de ses habitans, sa situation sur les deux mers. Tout-
à-coup elle s'isole; elle rompt les liens qui
l'attachent à la grande famille européenne.
Depuis l'établissement du culte jusqu'à celui
du calendrier, la révolution a pour principal objet de détruire ce qu'elle a de commun
avec les autres peuples; et elle pense ne
l'avoir jamais assez détruit chez elle, si
ne le détruit pas en même temps chez les
autres. Tous ses actes sont dans ce sens.
Ce n'est pas seulement par haine contre
Louis XVI qu'on le massacre; c'est par haine
contre la royauté; ce n'est pas seulement par
haine contre quelques nobles qu'on les pros-
crit, c'est par haine contre la supériorité du
rang; ce n'est pas par haine contre quelques
prêtres qu'on les envoie aux soupapes de

Nantes, c'est par haine contre toute espèce de culte et de sacerdoce. Ce qui est cher et sacré pour tous les peuples, le système de la révolution française est de le détruire chez elle, et de le vouer ensuite chez les autres, en attendant mieux, à la dérision et au mépris.

Il n'est pas difficile de comprendre comment les coups qui abattaient le reste de nos anciennes institutions françaises, ébranlaient en même temps en Europe les institutions et les gouvernemens. Si ces gouvernemens craignaient la guerre, il n'y avait que deux partis à prendre.

Il fallait, ou conserver les anciennes relations intimes d'amitié, ou s'isoler. *Conserver les anciennes relations intimes!* on mettait ainsi en société l'ordre et le désordre; un système d'équité et de mœurs avec un système de scandale et de cynisme. On portait aux germes révolutionnaires, en effervescence dans tous les pays, le levain le plus propre à les développer.

Il était difficile aux puissances de conserver leurs anciennes relations; il leur était difficile de s'isoler. On a souvent proposé

dé cesser toute communication avec la
France; mais un grand peuple, enivré de
folie et de succès, se laisse difficilement traiter comme un pays pestiféré. Des querelles
ne peuvent manquer de s'élever de la seule
flétrissure d'une excommunication universelle.

Il n'était pas facile d'éviter la guerre. La
guerre une fois déclarée, il n'était pas facile
de s'y conduire avec sagesse.

Une première difficulté pour les puissances, c'est que la révolution s'étant emparée
de l'État, elles ne pouvaient attaquer la
France, comme révolutionnaire, sans avoir
l'air de l'attaquer en même temps comme
peuple; elles ne pouvaient déployer de
grandes forces pour s'emparer des esprits,
sans s'emparer en même temps du territoire :
elles donnaient de cette manière, aux esprits, toute la puissance du territoire, à la
révolution toutes les forces de l'État; elles
anoblissaient et multipliaient les résistances.

Ce vice s'aggravait par l'attitude gauche
qu'on avait prise envers les émigrés et les
princes français. Dans une guerre qui avait

pour objet, au moins ostensible, le rétablissement de la monarchie, on né pouvait les
écarter tout-à-fait; on ne pouvait, avec plus
de convenance, leur donner une place ac-
cessoire : c'est précisément ce qu'on fit. Les
princes et les émigrés furent constamment
éloignés, ou du moins placés dans un rang
subalterne. La guerre de la coalition prit
alors de plus en plus le caractère d'une
guerre étrangère.

Les puissances se trouvaient avoir un autre désavantage. Les gouvernemens réglés
n'ont à disposer, en général, que d'une partie de la population d'un État et de ses richesses : la révolution française disposait de
toute la nation et de tout le sol; elle avait
mis toutes ses terres en monnaie, toute sa
population en soldats. L'État semblait n'a-
voir été détruit que pour être transformé en
instrumens de guerre. Ce désavantage s'aggravait sous un autre rapport.

Dans un grand État policé, soumis à des
institutions antiques, ainsi qu'à tous les
usages et à toutes les convenances qui en
proviennent, il y a toujours des candidats
de faveur parmi ceux du talent et du cou-

rage. Il ne faut pas trop médire de cette entremise de la faveur : prise dans un degré convenable, elle peut tempérer la marche trop hâtive des espérances, et empêcher un État de se laisser entraîner dans le torrent des ambitions désordonnées ; et néanmoins, cet ordre de choses établissait, pour les armées étrangères, un point considérable d'infériorité.

Des généraux, tirés subitement de toutes les professions et de toutes les classes, et devenus les pairs de ce que l'Europe renfermait de plus illustre ; une loterie sans cesse en mouvement et pleine de chances pour l'ambition.... un tel spectacle ne pouvait manquer de porter à l'armée républicaine une supériorité d'essor.

Un troisième désavantage, c'est que les puissances ne savaient comment s'appuyer des mouvemens intérieurs avec lesquels elles ne se trouvaient point en affinité. Ces mouvemens intérieurs ne savaient, de leur côté, comment s'arranger avec les mouvemens du dehors, dont ils étaient toujours embarrassés, quelquefois honteux. Le Gouvernement français, placé entre les uns et les au-

tres, se trouvait à égalité d'énergie et d'enthousiasme avec les factions de l'intérieur;
il avait sur elles l'avantage immense des ressources compactes et ordonnées, propres à
un gouvernement établi. Avec les Gouvernemens de l'Europe, l'avantage était dans
un autre sens. Le Gouvernement français
était en égalité avec eux, relativement aux
moyens propres aux États civilisés; mais il
avait sur eux l'avantage immense de l'enthousiasme et de l'énergie propres aux révolutions.

Le parti que prirent les puissances, de se
former en coalition, n'effaça pas tous ces
inconvéniens, et en produisit d'autres.

Si on veut se donner la peine de parcourir
l'histoire des anciennes confédérations, on
verra celles de la Grèce pendant un temps
extrêmement actives et énergiques; dans un
autre temps on les trouvera faibles et désu-
nies. Les Croisades présentent les mêmes
vicissitudes. On trouvera le même caractère
dans celles des âges modernes. Deux points
sont toujours l'écueil des coalitions : le revers qui abat et qui fait aussitôt replier
chaque parti sur le sentiment individuel de

conservation; le triomphe qui élève et qui, par cela même, développe un autre sentiment, celui de l'agrandissement.

Les inconvéniens, qui sont le partage de toutes les coalitions frappaient plus expressément sur la coalition contre-révolutionnaire. Une guerre, dont l'objet complexe se dirigeait en même temps sur la révolution et sur le territoire, ne pouvait manquer de faire naître des points de jalousie et de discorde. Certains États qui étaient effrayés de la permanence de la France comme puissance révolutionnaire, pouvaient l'être également de sa disparution totale comme puissance politique : ils pouvaient l'être, surtout de s'épuiser en efforts pour n'offrir, en dernière analyse, qu'un agrandissement à des puissances rivales.

On a beaucoup parlé de l'anarchie de la France; elle n'était pas dans l'état militaire. Comme instrument de destruction, rien n'était mieux composé; rien aussi n'était mieux combiné. Unité de lieu, toutes les délibérations se prenaient dans le même cabinet; harmonie de mouvement, toutes les armées correspondaient à la même direction; harmonie dans la nature et dans la composition des armées, soldats, officiers, généraux, tout était homogène. Toutes les armées, comme toutes les opérations, s'accordaient entre elles.

Au contraire, rien ne s'accordait chez les puissances. On a voulu amalgamer, à diverses reprises, des Prussiens et des Autrichiens, des Autrichiens et des émigrés, des Anglais et des Russes, des Chouans et des Anglais : ces corps hétérogènes n'ont jamais pu s'entendre et marcher du même pas. C'était un phénomène assez singulier que celui de voir en France l'ordre dans l'armée, l'anarchie dans l'État : chez les puissances coalisées, au contraire, l'ordre était dans l'État, l'anarchie dans l'armée.

Ajoutons, l'anarchie dans les délibérations et dans les conseils. On peut se figurer ce qui devait sortir d'un conseil-d'état composé de membres délibérant tout à-la-fois à Pétersbourg, à Constantinople, à Londres, à Naples, à Berlin, à Vienne, et discutant ainsi, séance tenante, la même question, par le moyen d'avisos et de courriers extraordinaires.

Telles sont les difficultés que les puissances ont eu à éprouver. Je dirai bientôt comment elles pouvaient surmonter ces difficultés. Il fallait d'abord les apercevoir.

On a toujours compté sur la force de l'intérêt général. Il fallait savoir qu'il est dans les corporations, ainsi que dans les individus, un sentiment personnel qui, dans telles circonstances données, devient nécessairement un principe de division, parce qu'au milieu de tout ce qu'on peut lui présenter d'un intérêt général souvent vague et éloigné, il se livre de préférence à des intérêts particuliers toujours plus vifs, plus prochains, plus entraînans.

On a souvent entendu dire aux émigrés : Pourquoi les puissances ne s'unissent-elles pas ? On aurait pu leur répondre : Parce que vous ne vous unissez pas vous-mêmes. Tandis que toutes les trompettes de la Renommée retentissaient de leurs divisions, ils s'étonnaient que de grandes puissances eussent les leurs. On sait comment ont vécu Laroche-Jaquelin, Charrette, Delbée, Stofflet, M. de Puisaye et les différens chefs de Chouans.

Les puissances ne pouvaient ignorer qu'un rapprochement de forces suffirait pour élever entre elles des animosités. Obligées de se coaliser contre la révolution française, et de prendre des mesures communes, elles devaient placer leur union dans les sentimens anti-révolutionnaires qui étaient communs, et ne pas se toucher par les intérêts politiques qui étaient un principe de discorde.

De cette vue se développe le système d'offensive et de défensive qui leur était commandé.

Sur leur sol, elles devaient se réduire à un système défensif qu'elles auraient organisé comme elles auraient voulu, avec toute l'énergie de leur esprit national. Il était nécessaire de s'arranger en même temps pour composer, sous la direction naturelle des princes français, une offensive redoutable. Les élémens de cette offensive, pris indistinctement dans toutes les parties de l'Europe, n'appartenant à aucune d'elles, n'offrant aucune couleur de nation ou d'intérêt politique particulier, auraient paru, par là même, voués à l'objet contre-révolutionnaire exclusivement, et n'auraient pu devenir ainsi le prétexte d'aucune jalousie.

L'Angleterre a fait retentir souvent en Europe les mots d'ordre social et de conservation du monde civilisé; elle a vanté à ce sujet son zèle et ses efforts. Il n'était pas nécessaire de faire tant de bruit. Au lieu de toutes ces mauvaises expéditions de Chouans qui lui ont tant coûté, elle n'avait qu'à livrer aux princes français les îles de Jersey et de Guernesey; y appeler, sous la direction des chefs les plus estimés, tous les mécontens de la Vendée et du Morbihan; les mêler aux dix-huit mille Russes qui s'y sont trouvés un moment, et dont on aurait facilement fait dix-huit mille Français; avant un an, la Normandie aurait vu, au lieu de paysans en sabots, une armée de quarante mille hommes sur ses côtes.

Sur le continent, où l'Angleterre s'est également signalée par ses missions ruineuses, ce n'était ni cent mille Russes, ni cent mille Autrichiens, qu'elle avait à soudoyer; c'était cent mille Français qu'il fallait savoir faire et savoir solder.

Je n'ai point à prononcer si avec un tel

plan les puissances eussent eu un plein succès. Ce que je puis dire, c'est qu'elles ne
comprenaient en rien l'œuvre qu'elles en-
treprenaient. Ce que chacune comprenait
très-bien, c'était ses avantages ou ceux de
la puissance rivale. L'Angleterre comprenait très-bien la prise de possession de la
Hollande et de Dunkerque, ainsi que la
destruction de la France, comme puissance
maritime et coloniale. L'Autriche comprenait très-bien l'avantage d'occuper la Flandre Française, celui d'avoir l'Alsace, et de
se rendre maîtresse de l'Italie. La Prusse
entendait très-bien le danger de se voir engagée dans une guerre longue et onéreuse,
dont tout le résultat serait peut-être un agrandissement pour l'Autriche.

Agitées ainsi par l'intérêt personnel, on
a vu les puissances céder, les unes après les
autres, aux plus petites considérations particulières, sans s'embarrasser de l'intérêt
éloigné et général. L'Espagne semble avoir
fait sa paix exprès pour donner occasion de
porter dans la Vendée l'armée des Pyrénées
orientales. Le roi de Prusse semble avoir
pris Mayence pour délivrer l'armée qui s'y

trouvait enfermée, et donner occasion de
l'envoyer en Poitou. L'Autriche a eu soin
de même de prendre Valenciennes, au moment où il le fallait, pour que l'armée, qui
s'y trouvait prisonnière, pût aller saccager
la ville de Lyon. L'Angleterre, de son côté,
n'a su secourir la Vendée, dans le temps où
son secours eût eu le plus grand effet : elle
l'a secourue ensuite quand il n'était plus
temps ; et elle n'a rien compris à l'espèce
de secours que sa situation commandait.
Enfin, lorsque les armées françaises étaient
encore neuves et peu exercées, les puissances ont jugé à propos de faire une guerre
mesurée et timide, comme si elles avaient
eu pour objet de les discipliner et de les
exercer. Elles ont fait ensuite une guerre
hardie, quand il ne fallait plus qu'une
guerre méthodique.

En détériorant ainsi tous ses moyens, en
aggravant toutes les difficultés, en faussant
toutes les situations, on n'a pas laissé d'obtenir quelquefois des succès. Ces succès ont
été stériles ; ils n'ont rien rétabli. Les revers, au contraire, ont tout fait échouer.

Tel a été le résultat constant de toutes les

entreprises tentées au dehors. La révolution
ne pouvait être atteinte par des trames aussi
mal entendues. On ne pouvait, de cette
manière, qu'augmenter son essor, rendre
toutes les résolutions terribles, toutes les
mesures extrêmes, et enfoncer ainsi le peuple français dans une situation où il se défendait avec désespoir, sans savoir toujours
ce qu'il faisait. La France avait l'air de se
battre avec acharnement pour certaines doctrines : elle ne s'en souciait plus. On la forçait à des conquêtes dont elle n'avait que
faire. On eût pu l'amener à bouleverser
l'Europe entière, sans que personne, au
dedans et au dehors, eût pu dire par quel
motif, ou pour quel objet. (1)

(1) Ce qui vient de se passer récemment n'infirme
en aucune manière ces considérations. C'est un miracle particulier qui a fait dire avec raison : *à Domino
factum est istud.*

SECTION TROISIÈME.

L'ATTENTION publique était tournée, depuis long-temps, vers cette multitude de tentatives toujours insuffisantes et toujours renouvelées. La révolution paraissait, je ne sais quel monstre mystérieux et indéfinissable, qui semblait appartenir aux âges des prodiges. Aucune victoire ne pouvait consolider son existence, aucune défaite ne pouvait l'abattre. Faible et déclinante lorsqu'elle était abandonnée à elle-même, se relevant vigoureuse dès qu'elle était menacée, également terrible à ses amis et à ses ennemis, elle semblait défier tous les moyens et tous les partis. Le maréchal de Broglie, M. de Bouillé, M. de La Fayette, Dumourier, Pichegru, ont voulu successivement l'attaquer, ils ont succombé. Péthion, Manuel et Roberspierre, ont succombé de même. Les

sans-culottes, vainqueurs au 31 mai, se sont
vu terrassés à la suite du 31 prairial. Le Directoire a éprouvé en brumaire le sort qu'il
avait fait subir aux conseils en fructidor.
Les vainqueurs n'étaient jamais plus avancés
que les vaincus. Les premiers effrayaient
la terre de leurs victoires, et ne pouvaient
se rassurer eux-mêmes. Les vaincus avaient
beau être étendus à terre, ils ne paraissaient
jamais assez vaincus. La France ne savait
que penser de cette série interminable de
victoires et de défaites sans résultat final.
L'esprit se dirigeait, avec stupeur, vers un
état de choses qui, sous quelque rapport
qu'on l'envisageât, offrait ce constant et
singulier caractère, que, ne pouvant le
maintenir et ne sachant le combattre, on
frémissait également d'avoir à l'attaquer, ou
à s'y attacher.

Dans cette position singulière, où toutes
les pensées étaient indécises et les espérances
consternées, les flots rapportèrent sur la
côte de Fréjus, un homme que la Providence appelait à la plus grande gloire politique, et qu'elle s'était plu à couvrir d'avance
de la plus grande gloire militaire. Dès le pre-

mier moment, cet homme réunit toutes les
espérances, et cependant il n'était guère
possible de prévoir ses destinées. C'était
beaucoup de renverser la révolution ; ce
n'était pas assez. Il fallait créer en entier
une nouvelle organisation sociale. Il fallait
tout faire à la fois. Je destine à une autre
partie, les travaux du réparateur de la
France (1); c'est ici du vainqueur de la révolution que j'ai à m'occuper.

Dès que le 18 brumaire fut déclaré, les
politiques ne manquèrent pas de rappeler
l'exemple de César et des empereurs romains, ainsi que celui des chefs de nos différentes dynasties. Ces exemples ne sont
point applicables au 18 brumaire.

Il y a une première chose à remarquer relativement aux dissensions civiles de Rome;
c'est que leur objet était tellement précis,
qu'une grande victoire suffisait presque tou-

(1) Je suis intimement convaincu aujourd'hui que,
sans les ébauches de Bonaparte dans toutes les parties de l'ordre religieux, moral, civil et politique,
(encore que ces ébauches me paraissent extrêmement
défectueuses) la France ne serait pas habitable.
(*Note ajoutée.*)

jours pour en décider : tout se faisait par des
chefs et pour des chefs. Dans la révolution,
au contraire, comme les dissensions avaient
un objet vague, leur résultat n'avait rien de
précis. L'ordre social n'ayant pas de liens,
les individus n'étant attachés entre eux que
par des intérêts emportés par un cours rapide, un parti qui changeait sans cesse de
couleur et de position déplorait quelquefois
le lendemain la victoire qu'il avait remportée
la veille.

Les dissensions civiles de Rome offrent
une autre différence. Dès qu'un empereur
était établi, tout était établi. Une révolution précédente n'avait pas tout détruit. La
loi des Douze Tables, les institutions de
Romulus et celles de Numa, l'usage des pa-
tronages et des clientelles, les esclaves de
la maison et ceux de la glèbe, les fonctions
du sénat, celles des pontifes, des consuls,
les cérémonies civiles et religieuses n'étaient
point changées. A l'avénement de César,
dans ce passage remarquable de la république à la monarchie, le régime politique
lui-même offrit peu de bouleversement. Le
titre d'empereur ne fut pas même une nou-

veauté. C'était une dignité conférée depuis long-temps aux généraux victorieux. Pour ce qui est de l'autorité, ce n'était autre chose que la dictature, à laquelle les esprits étaient depuis long-temps familiarisés.

L'exemple des différentes dynasties qui ont régné sur la France n'offre pas plus d'application au Gouvernement du 18 brumaire.

Clovis fut appelé par les prêtres des Gaules ; il embrassa lui-même la religion du pays. Il ne changea rien aux mœurs et aux lois.

Pépin put de même être roi avec facilité. Petit-fils de Charles-Martel, il possédait depuis long-temps, dans sa famille, la première dignité de l'État. Hugues Capet était de même duc de France avant d'être roi. Il était le premier des souverains secondaires de ce temps. Une fois établi, il n'eut, non plus que ses prédécesseurs, ni révolution à combattre, ni révolution à tenter.

On citait avec plus de raison, en faveur du gouvernement consulaire, la lassitude générale, l'avantage de l'unité du pouvoir et celui d'une grande gloire militaire. Il faut examiner ce qu'on pouvait faire avec ces avantages.

Il est sûr qu'à l'avénement du premier consul, toute la France était disposée à l'obéissance. Il ne faut pas se tromper sur ce point : la nation était assez soumise aux temps du Comité de Salut Public. On coupait la tête aux généraux avec la même facilité qu'aux représentans du peuple. Relativement aux corps délibérans, on ne s'étonnera point de trouver leur ton affaibli sous le consulat ; on sait ce que tout cela etait sous la Convention, et après le 18 fructidor.

L'unité du pouvoir était, avec raison, un sujet d'espérance ; il en résulte certainement plus de vigueur dans l'exécution, et plus d'ordre dans les desseins. Mais c'est en vain que l'ordre est dans la tête, si le désordre est dans les bras. C'est en vain qu'il y aura harmonie dans les vues du chef, s'il y a en même temps discordance dans tous les instrumens. En supposant les circonstances les plus favorables, tout n'est pas avantage dans l'unité. Le sénat de Rome ne perdait jamais de bataille ; c'étaient les généraux. Un chef

unique, au contraire, est un point de mire
général. Du côté de l'opinion, tous les coups
portent ; car ils sont directs. Du côté des
combats, on ne manque pas d'imputer les
revers ; chacun s'attribue les succès. *Pros-*
pera omnes sibi vindicant, dit Tacite ; *ad-*
versa uni imputantur.

Enfin la gloire militaire méritait de la
confiance ; et cependant à quoi eût servi la
science des camps à celui qui n'aurait pas
eu en même temps la science des peuples ?
Une nation ne se poste pas comme un corps
d'armée. Autre chose est de commander à
des bataillons ou à des passions ; autre chose
est de dresser et de discipliner des soldats,
ou de dresser et de discipliner des intérêts.

Tels sont les avantages qu'on reconnaissait au général qui a fait le 18 brumaire. Ces
avantages, tout grands qu'ils paraissent,
étaient encore loin de se trouver égaux à la
tâche qui lui était imposée. Il faut d'abord
se faire une idée de cette tâche.

Elle consistait à concilier des choses qui
semblaient inconciliables. Il fallait ne pas
attaquer la révolution : on ne pouvait la
conserver. Il fallait faire disparaître les fo-

lies du temps : on ne pouvait les fronder.
Enfin, il fallait établir au milieu des violences le règne de la justice : il était dange-
reux de l'annoncer.

Je dirai bientôt comment le général du
18 brumaire est parvenu à remplir cette
tâche. Il faut que je parle auparavant de la
seule force qui existait alors, l'armée : instrument redoutable que plusieurs avaient
voulu saisir, que personne n'avait su diriger.

En principe général, l'armée se gouverne
par l'État, quand elle est ce qu'elle doit
être. Quand elle est devenue elle-même
l'État, elle ne peut subsister.

Nous voyons en France, l'armée suivre
toutes les phases du mouvement intérieur.
Elle a été, pour l'ancien régime, avec le
maréchal de Broglie, constitutionnelle avec
M. de La Fayette ; Girondine avec Dumourier ; sous Pichegru et le Directoire, elle a
commencé à se lasser de tous les partis.

On connaît le sort de toutes ces tenta-
tives. Le maréchal de Broglie est sorti de
France sans emmener un homme ; M. de
La Fayette en a emmené huit ; Dumourier

quinze cents; Pichegru a eu un moment
d'influence qu'il n'a su comment diriger.

Ces vicissitudes sont faciles à expliquer.
L'armée était aristocrate sous le maréchal
de Broglie; c'est que l'aristocratie alors faisait partie de l'État. Elle est devenue constitutionnelle sous M. de La Fayette; Girondine sous Dumourier; conventionnelle sous
le Comité de Salut Public, parce que, dans
ces différentes vicissitudes, l'État est devenu successivement constitutionnel, Gi-
rondin et conventionnel.

La faute de tous les généraux, à l'égard
de ces changemens, a été de ne savoir ni les
empêcher de s'opérer, ni s'y façonner quand
ils ont été opérés. C'était à Louis XVI et au
maréchal de Broglie à tâcher de conserver
la monarchie aristocratique avec l'armée,
quand l'État et l'armée étaient encore aristocrates.

C'était à Louis XVI et à M. de La Fayette
à tâcher de conserver la monarchie constitutionnelle avec l'armée, quand celle-ci
était encore constitutionnelle.

C'était à Dumourier et aux Girondins à

tâcher de conserver la république Girondine, lorsque l'armée était Girondine.

Mais quand l'État, qui était aristocrate
avant le 14 juillet, est devenu constitutionnel, et que les généraux et les officiers,
qui n'ont pu empêcher ce changement de
s'opérer, n'ont pas voulu s'y façonner, ils
se sont trouvés tout d'un coup en dehors de
l'armée et en dehors de l'État. Ils ont été
obligés, après beaucoup de crises, de passer
la frontière et de se réunir aux princes.

De même, quand de constitutionnel qu'il
était, l'État est devenu Brissotin au 10 août,
M. de La Fayette, qui n'a pu empêcher ce
changement de s'opérer, et qui n'a pas voulu
s'y façonner quand il a été opéré, s'est trouvé
comme le maréchal de Broglie et les officiers aristocrates, en dehors de l'armée et de
l'État. Il a été entraîné comme les autres sur
le sol étranger.

Il en a été de même de Dumourier; il en
aurait été de même de Pichegru.

Nous voyons par là que ces fameux généraux, dont on a tant préconisé la puissance,
étaient à cet égard comme les assemblées;

tout, dans l'esprit de la révolution; rien,
dès qu'ils voulaient s'en séparer. De simples
représentans du peuple faisaient trembler,
au milieu de leur armée, ces généraux qui
faisaient trembler l'Europe.

S'il pouvait rester quelques doutes sur ces
explications, le 18 fructidor les lèverait. Il
n'y a pas de démonstration plus claire du
rapport qui liait alors l'armée et l'État,
l'État et la révolution.

L'État ayant subi une première métamor-
phose de la république de Marat à celle des
hommes d'état, il était prêt à en subir une
nouvelle de la république des hommes d'état
à une monarchie quelconque, si le Directoire et les généraux ne l'avaient arrêtée.
Ceux-ci se trouvèrent alors dans une position semblable à celle où s'étaient trouvés,
en 1789, Louis XVI et le maréchal de Broglie, lorsque l'État passa de la monarchie
aristocratique à la monarchie constitutionnelle. La seule différence, c'est que le Directoire et les généraux eurent une conduite
plus vigoureuse.

J'ai vu, à l'étranger, des mémoires pour
la restauration de la France, dont on aurait

pu écrire le titre ainsi : *Moyen de changer le cours du Rhône et de le faire couler désormais non plus du sommet des Alpes à la mer, mais de la mer au sommet des Alpes.* L'intérêt de la maison régnante et celui de quelques hommes fidèles une fois établi, on ne comptait pour rien de changer toutes les directions, de dénaturer tous les penchans, de bouleverser tous les intérêts. On pensait gagner ceux-ci avec de légères récompenses, ceux-là, en oubliant leur conduite passée. On aurait été jusqu'à pardonner à l'armée française ses victoires. A condition des plus grands services, on promettait des récompenses à un des principaux chefs de cette armée, auquel on n'osait, en attendant, donner le titre de général. On ne faisait pas attention que cet homme, qu'on prétendait isoler ainsi, n'était quelque chose qu'avec tout le système auquel il appartenait, et que c'était moins cet homme que le système entier qu'il fallait gagner et s'approprier. Les faibles parlaient ainsi de leur protection aux puissans : les vaincus voulaient bien faire grâce aux vainqueurs.

Le ton général de l'opinion publique ayant

mis à découvert ces données, comme point
dirigeant du parti qui figura en fructidor, l'armée n'eut pas de peine à se ranger
vers un gouvernement qui, en maintenant
la révolution, maintenait ses intérêts. Le
Directoire et les armées frappèrent à la fois,
et les auteurs du nouveau système, et ceux
qui, engagés par l'acrimonie des débats dans
une ligne qui n'était pas de leur choix, se
trouvaient, sans le savoir, complices de la
monarchie, dont ils n'avaient que faire, et
de la contre-révolution, à laquelle ils ne
pensaient pas. On vit ainsi, dans les mêmes
tables de proscription, Carnot et La Vil-
leurnois, Cochon et Brottier, Bourdon de
l'Oise et Richer de Serizy.

Le vulgaire s'imagine que la fortune est
tout dans les grands événemens. Il n'accorde
point aux mouvemens qui agitent les peuples, l'esprit de raison et de combinaison
qui se trouvent dans les actes particuliers.
Oh! comme cette supposition est fausse!
C'est surtout dans l'histoire de la révolution
qu'elle est démentie.

En combattant pour le Directoire qui l'avait appelée au secours de la révolution, l'armée avait cru combattre pour l'État. Bientôt, lorsque toutes les voix annoncèrent la détresse de ce Directoire, placée entre des conseils frappés au front et dégradés par cette injure, et un Directoire non moins dégradé lui-même, puisqu'il annonçait l'impossibilité de se conserver, l'armée chercha en vain quelque part une apparence d'État. Elle n'en trouva plus. Elle se rangea vers le grand capitaine qui était son chef, et vit en lui désormais tout l'État, toute l'autorité, toute la patrie.

Depuis le maréchal de Broglie jusqu'à Pichegru, on avait vu successivement échouer tous les généraux. Leur méprise consistait à croire que l'armée leur appartenait, parce qu'ils appartenaient à l'armée. Le 18 brumaire est remarquable, en ce qu'on vit pour la première fois un général à qui l'armée appartenait. Une grande erreur sur cette journée, est de n'y voir que le renversement du Directoire.

Le besoin de donner une forme sensible à tout ce qui nous frappe par de grands résultats, a fait personnifier tous les acteurs cachés de la révolution. Une jeune fille, pleine d'innocence et de courage, a cru que tous nos malheurs étaient dans Marat. Marat qu'elle tue aujourd'hui se retrouve le lendemain dans Roberspierre. Dans la suite, ceux qui avaient tout vu dans Roberspierre, ont tout vu dans le Directoire. Ces cinq hommes, auxquels on attachait tant d'importance, n'étaient pourtant, comme ce qui les avait précédés, quelque chose, que par métaphore. Il a fallu sans doute faire tomber cette enveloppe comme embarrassante, et mettre même dans cette entreprise de second ordre de l'habileté et de la grandeur de combinaison. Toutefois il ne fallait pas oublier que, derrière cette enveloppe, était la véritable puissance : celle-là était autrement difficile à attaquer ; elle demandait un autre effort, un autre développement du génie. Il est encore, à cet égard, une erreur que je dois relever.

On croit communément que le 18 brumaire est tout entier dans les vingt-quatre heures qui ont composé cette journée : il faut entendre par là un ensemble d'antécédens qui l'ont préparé, et de mouvemens

ultérieurs qui l'ont consommé. La France a
attendu long-temps le sens du 9 thermidor;
le sens du 18 brumaire s'offrant diversement à tous les partis, a dû de même laisser,
pendant quelque temps, de l'indécision,
jusqu'à ce qu'enfin le monstre de la révolution, destiné, non à être conservé avec
honneur, comme quelques-uns l'espéraient,
ni à être subitement abattu, comme d'autres
le voulaient, mais à mourir d'une mort
lente et graduée, ait paru à tous les yeux
complétement enchaîné. C'est cette manœuvre qu'il me reste à exposer.

J'ai dit de la révolution, que le général
du 18 brumaire ne devait ni la conserver,
ni l'attaquer; c'est vrai. On va bientôt la voir
comme un jouet dans sa main. Avant tout,
il fallait s'en rendre le maître. Le trait de
génie a été de voir dans un objet extrêmement complexe, deux points, dont l'un, les
principes, était devenu insoutenable; l'autre, les résultats, était devenu inattaquable.
Le trait de génie a été d'apercevoir dans les
principes eux-mêmes, ce que leur donnait
de valeur une petite portion de vérité em-
pruntée à la sagesse des temps antiques, et

tout ce qu'y avait ajouté de mensonge la
fausse sagesse des temps présens.

Et d'abord ce serait une grande erreur de
regarder les philosophes modernes comme
les inventeurs de leurs dogmes. Bossuet
avait parlé avant eux et aussi bien qu'eux
de la dignité et des droits de l'homme. Les
livres saints nous parlent souvent de même
de l'égalité (1).

Les principes de liberté et d'équité n'ont
pas plus de nouveauté. L'antiquité étrangère les a consacrés; la nôtre les a consacrés
de même. Lorsque la noblesse française demanda à Saint-Louis la liberté des prisonniers retenus dans les fers; lorsqu'elle allégua
que, dans le royaume des Francs, nul ne
devait être dépouillé de ses droits sans le
jugement de douze de ses pairs; lorsqu'e

(1) Precepique eos, dicens : audite eos et quod jus-
tum est judicate : sive civis sit ille, sive peregrinus,
nulla erit distinctio personarum, quia dominus Deus
vester ipse est Deus deorum et dominans dominan-
tium, Deus magnus et potens et terribilis qui perso-
nam non accipit nec munera.

(DEUTÉRONOME.)

près avoir exposé sous Philippe le Bel les entreprises contre la liberté publique, elle déclara : «Ce que nous ne voulons, ni ne « pouvons souffrir en conscience ; car ainsi « perdrions nos honneurs, franchises et li- « bertés, et nous et cis qui après nous ver- « ront ; » elle parla assez bien en faveur de la liberté. Qu'ont dit de mieux les illuminés du temps ?

Toutes ces doctrines, en ce qu'elles ont de vrai, ne sont pas nouvelles ; ce n'est pas même une chose nouvelle de les falsifier et de les altérer. Ce mélange, quand il est adroitement présenté, peut obtenir un mo- ment de faveur ; mais comme c'est dans leurs parties impures qu'on veut principale- ment les faire honorer, et dans ce qu'elles ont d'impraticable qu'on veut surtout les faire pratiquer, on n'obtient aucun succès durable. Et alors un nouveau scandale suc- cède à ce scandale. Les dogmes les plus chers à la conscience des hommes sont tra- duits par les uns en source de dévastation et de désordres, par les autres en chimères et en frivolité. Le monde, accoutumé à l'empire de la justice et de la morale, se voit tout-à-coup abandonné à la fureur et à la force.

Cependant, la violence peut triompher un moment de la conscience publique; il faut à la fin que celle-ci triomphe. Ne pouvant parvenir à établir leurs principes comme ils les entendaient, les révolutionnaires ont cru que c'était les hommes qui leur faisaient obstacle : ils ont détruit les hommes. Ils n'ont pas détruit pour cela les affections naturelles. Ils ont eu beau élever échafaud sur échafaud, constitution sur constitution, l'esprit humain, détourné pendant quelque temps de sa voie, a dû revenir insensiblement à la vieille raison des siècles.

Le chef du gouvernement consulaire a très-bien aperçu ce mouvement. Après avoir démêlé dans les principes révolutionnaires le point complexe de vérité et de fausseté, l'essentiel était de reconnaître ce qui faisait de la révolution une masse formidable de puissance, son point d'union et de désunion, de force et de faiblesse.

Il a fallu distinguer à cet égard les opi-

nions et les situations. Le chef du gouvernement a bien vu que, parmi des élémens
aussi hétérogènes, l'union, quand elle s'é-
tablit, ne peut provenir que de l'impression
du danger. *Un côté gauche* sera toujours
uni en présence d'un *côté droit*. Un club
de Jacobins sera très-uni en présence d'un
parti d'aristocrates Une armée se révolte
rarement en présence de l'ennemi. Le peuple romain était uni lorsqu'il avait la guerre.
Il est facile de reconnaître à quoi ces unions
tiennent. Otez la guerre, et observez le
peuple romain. Otez le côté droit de l'Assemblée Nationale, et observez le côté gauche; ôtez la royauté et la noblesse, et observez le club des Jacobins. Tout cela se
subdivisera et se déchirera au même moment.

Tel était l'état de la France. Dans les pays
bien constitués, l'union est l'état ordinaire
et durable; la désunion, l'état accidentel
et passager. En France, au contraire, l'u-
nion était l'état accidentel; la désunion,
l'état stable. Le pays était composé de manière à ce que ses habitans pussent combattre ensemble et non pas vivre ensemble.

Ce n'était pas assez d'apercevoir cette situation étrange : il fallait connaître les moyens d'en triompher. Au milieu de cette ostentation de zèle prétendu révolutionnaire, le premier consul a pu croire que c'était moins la contre-révolution qu'on craignait que ceux qui voulaient la faire ; que c'était moins des rangs qu'on se défendait, que de ceux qui se désignaient pour les reprendre ; que si on paraissait redouter le rétablissement d'un ordre social, c'était en le supposant au profit des vaincus plutôt qu'au profit des vainqueurs. Enfin, il a pu croire que la révolution consentirait à transiger pour ses erreurs, dès qu'on lui abandonnerait ses conquêtes.

C'est ainsi que le premier consul a mis en sa faveur les intérêts révolutionnaires. Il a pu s'arranger aussi avantageusement avec les intérêts opposés.

Au milieu de cette ostentation de zèle pour l'ancien régime, il a pu s'apercevoir qu'en retranchant quelques traits d'hostilités particulières, tout cet ensemble de vues d'ordre, de religion, d'honneur et d'équité

lui serait d'un grand service. Il a compri-
mé, non pas comme on le dit quelquefois,
tous les partis, mais seulement dans chaque
parti, ce qu'il y avait d'offensif. De cette
manière, il a tout réuni à lui, les amis et
les ennemis; ceux qui étaient désenivrés et
ceux qui étaient demeurés calmes. Il a recruté les rangs, les opinions, les délits; il
a recruté aussi les intérêts.

On comprend aisément pourquoi les possesseurs de 1789 n'aimaient pas la révolution; c'est en méfiance de ses conséquences
ultérieures. Cela explique les dispositions
des possesseurs de 1801. Ils ont aimé les
effets de la révolution; ils n'en ont point
aimé les principes. Les intérêts et les idées
d'ordre ont eu alors le même langage. Ceux
qui avaient beaucoup acquis et ceux qui
n'avaient pas tout perdu, se sont trouvés
réunis contre des principes qui voulaient
tout perdre.

Fort de cette impulsion générale formée
comme un vaste tourbillon autour de lui,
le premier consul s'est placé hardiment sur
la rive qui avait manqué sous les pieds de

ses prédécesseurs. Après avoir fait tomber et ce Directoire si terrible, et ces assemblées si redoutables, de deux côtés opposés, la révolution et la contre-révolution sont venues se mettre dans ses mains. Il a vu se ranger autour de lui, en auxiliaires, toutes les opinions et toutes les factions.

FIN DE LA TROISIÈME PARTIE.

SUPPLÉMENT

ET

NOTES.

I.

Sur l'Histoire de France, et le peu de cas qu'en ont toujours fait nos savans.

(Les réflexions suivantes sont de M. l'abbé du Bos.)

« IL n'était pas dans l'ordre naturel des choses, que ceux de nos savans qui, dans le temps de la connaissance des arts et des sciences, laquelle devait suivre de près l'invention de l'imprimerie, s'adonneraient à l'étude des lettres humaines, s'imposassent la tâche dont nous venons de parler (*de rechercher notre histoire*). Ils devaient être trop épris de la Grèce et de l'Italie, la patrie et le principal objet des ouvrages de Démosthènes, de Cicéron et de tous les auteurs anciens dont la lecture les charmait, pour s'occuper d'autre chose, et surtout s'affectionner à notre histoire, et pour employer leurs veilles à déchiffrer des

écrits où ils n'entrevoyaient que des faits peu intéres-
sans pour eux, et racontés encore dans un style qui
ne pouvait manquer de les dégoûter, tant il était dif-
férent de celui de Thucydide et de celui de Tite-Live.
Enfin, les Goths, les Francs, les Allemands, les
Bourguignons et les autres peuples qui, dans le cinquième siècle et dans le sixième, avaient envahi le
territoire d'Occident, étaient-ils autre chose, aux
yeux des savans du règne de François Ier., adora-
teurs du code et du digeste, et pleins de respect pour
le nom romain, que des bandes de barbares effrénés
qui avaient détruit l'État fondé par Romulus et par
Numa, au mépris des productions de Virgile, lesquelles lui promettaient une durée éternelle, que des
brigands attroupés qui avaient profané les tombeaux
des Scipions, renversé les statues des Césars, et qui,
pour tout dire en peu de mots, avaient été cause, par
leurs déprédations sacriléges, qu'on eût perdu des
traités entiers de Cicéron, je ne sais combien d'autres
écrits précieux, et peut-être quelques odes d'Horace?
Avec quel dédain, les savans dont je parle, ne de-
vaient-ils pas regarder des histoires grossières, et qui
ne les entretenaient encore que des disgraces de l'empire romain réduit à ne pouvoir plus se défendre
contre les barbares mêmes! »

« Alléguons quelque fait qui prouve sensiblement
que tels ont été les sentimens de nos premiers savans.
Quoique les manuscrits de l'Histoire de Grégoire de

Tours fussent des moins rares, néanmoins la première édition de cet ouvrage, qui fut faite à Paris,
ne parut qu'en mil cinq cent douze, et quand il y
avait déjà cinquante ans que la presse y roulait. Ce
ne fut encore qu'en mil cinq cent soixante que Guil-
laume Morel donna, dans la même ville, la seconde
édition du père de notre histoire. Combien avait-on
vu déjà d'éditions de Virgile, de Cicéron, de Tacite
et de Tite-Live : il y avait eu dès-lors plus de trente
éditions de l'Histoire romaine, écrite par le dernier,
dont un grand nombre avaient été faites à Paris. »

« La première édition des Lois saliques, faite en
France, n'y vit le jour qu'en l'année mil cinq cent
soixante et treize ; et bien que ce livre manquât alors
dans toutes les bibliothèques, et qu'il dût par conséquent être bientôt débité, cependant il ne fut réim-
primé qu'en mil six cent deux. » (*Établiss. de la
Monarchie française, discours préliminaire,
abbé Du Bos.*)

Il n'a pas tenu aux savans de ce temps-là que nous
ne revinssions tout-à-fait à la barbarie.

II.

Guerres privées.

On voit assez, par la note précédente, pourquoi notre histoire n'a jamais été écrite : elle n'a pas même été recherchée. Il est vrai qu'il n'est question là que de nos origines. Le corps de notre histoire a été tout aussi négligé, s'il faut que je dise ici toute ma pensée ; il est beaucoup plus obscur ; les monumens sont moins nombreux, plus altérés, par l'esprit du temps, et plus falsifiés. Qu'y avait-il de plus important à rechercher dans notre histoire, pour faire connaître nos anciennes mœurs et le fil de nos anciennes traditions, que les guerres privées ? Cherchez, si vous trouverez quelque chose, à cet égard, dans quelqu'un de nos historiens : rien.

On a vu comment le droit de guerre établi dans les Gaules, de cité à cité, conservé ainsi sous les Romains, conservé de même sous les rois Mérovingiens, s'était porté ensuite par le mouvement des temps de château à château, c'est-à-dire de domaine à domaine. On a vu comment il s'était conservé ainsi jusqu'à Saint-Louis, qui règle, dans certains cas, la guerre même qu'on peut faire au roi. Il n'y a ni

changement ni trouble à cet égard jusque vers le
règne de Philippe le Bel.

Je passe quelques ordonnances contre les tournois
de Philippe le Bel, et ensuite de Philippe le Long. Me
réduisant aux simples guerres privées à l'époque de
la décadence de la féodalité, je les trouve permises
par une ordonnance de Philippe de Valois dans le
duché d'Aquitaine; elles le sont de même en Auvergne par l'article 14 de l'ordonnance du mois de juin
1319; par l'article 6 de l'ordonnance du 12 avril
1315; elles sont permises aux nobles de Bourgogne,
des évêchés de Langres, d'Autun et du comté de
Forêst. Permises dans l'Aquitaine par Philippe de
Valois, elles sont défendues sous le roi Jean. Je pense
que c'est à l'occasion de la guerre d'Angleterre; car
son ordonnance de 1352 défend positivement toutes
guerres privées ou défis pendant qu'il sera en guerre
contre le roi d'Angleterre. Il rappelle l'ordonnance
prohibitive de son père : « Nihilo minus ad nostrum
« pervenit auditum, quod non obstantibus prædictis,
« uno potius scriptis, non nulli regni nostri, tam
« nobiles quam ignobiles, sub colore privilegiorum,
« consuetudinum, usuum, aut observantiarum pa-
« triarum suarum, vel locorum, etc. » Ces guerres
privées sont encore rappelées comme existantes et
généralement établies dans une ordonnance du même
Jean, 1353. Elles sont rappelées; et le même roi
Jean fait des réglemens pour les régulariser au mois

de décembre 1354. L'article 15 de cette ordonnance est remarquable pour les non nobles : « Que aucuns « non nobles ne pourront guerroyer, et aussi ne « pourront être guerroyés par nobles. » Ordonnance de 1356, pendant la régence de Charles V, qui dé-fend les guerres privées couvertes ou non couvertes pendant la guerre ; nouvelle ordonnance contre les guerres privées, du roi Jean, 1361. Ordonnance de réglement de Charles V, qui défend de « prendre les biens des sujets du roy ou de ceux qui ne sont pas en guerre. » Les guerres privées sont rappelées sous Charles VI, et donnent lieu à différens réglemens comme si elles étaient légitimement établies. Par exemple, il est dit que celui qui a des effets dans la ville de Vienne, ne les perdra point, encore qu'il s'é-lève une guerre entre son seigneur et cette ville ; an 1391. Le Dauphin, Humbert II, confirme Raymond de Montauban dans le droit de faire des guerres pri-vées ; an 1404. En 1408 il est défendu à Paris de s'at-taquer l'un l'autre, sous prétexte de guerres privées. Elles sont proscrites par l'article 255 de l'ordonnance générale de police du royaume ; an 1413.

C'est à cette époque que les duels commencent à les remplacer. Le duel, tel que nous l'entendons au-jourd'hui, n'a aucun rapport aux combats judiciaires ; il est la suite des défis particuliers qui ont toujours accompagné les guerres privées. Il est vrai que, quel-quefois, le duel semble se rattacher aux combats ju-

diciaires. Du temps de Beaumanoir, il y avait cette
différence entre les roturiers et les gentilshommes, en
ce que ceux-ci avaient le droit de fausser le jugement et de venir en duel (ch. 67); cette circonstance ne change rien à la nature du duel. Le même
sentiment qui faisait traduire en *barbarie* toutes nos
anciennes mœurs, s'est efforcé de rattacher le duel à
l'absurdité des combats judiciaires : on avait ses raisons pour lui ôter sa filiation avec le sentiment naturel de l'homme d'une naissance noble, c'est-à-dire
avec tout ce qu'il y a de plus beau, de plus grand, de
plus libéral dans les mœurs françaises.

III.

Troubles de la France.

Si vous lisez des histoires de France, vous n'y
trouverez rien ni sur le règne de Louis XI, ni sur
la guerre du bien public. Le traité du 29 octobre
1465 dévoile une partie des désordres. On y remarque l'article suivant :

« Pour pourvoir aux plaintes et doléances qui, de
« la part desdits seigneurs et de plusieurs sujets du
« roi de divers États, lui ont été faites d'aucuns dé-

« sordres et fautes que l'on dit être au fait de l'église,
« de la justice et de plusieurs griefs, exactions et
« vexations indues, à la grande charge, foule et dom-
« mage du peuple et bien public du royaume, a été
« traité et apointé que le roy commettra trente-six
« notables hommes de son royaume ; et lesquels il a
« commis : c'est à savoir douze prélats et notables
« gens d'église, douze notables chevaliers et escuyers,
« et douze notables gens de conseil et de justice,
« auxquels le roy donnera et a donné plein pouvoir
« et commission d'eux assembler en la ville de ......
« et d'eux enquérir et informer des fautes et désordres
« dessus dits et autres choses touchant le bien public
« et universel du royaume, et d'ouyr et recevoir
« toutes les remontrances et advertissemens que tou-
« chant ce que dit est, leur seront faites et baillées....
« lesquels advis, délibérations et conclusions, ainsi
« et par la manière qu'ils auront été faits, accordés
« par les dites trente-six personnes ou la plupart
« d'entre eux, tant par forme d'ordonnance, édits
« perpétuels, déclarations ou autrement, le roy veut
« et ordonne dès-à-présent, comme pour lors et dès-
« lors comme à-présent valoir et sortir leur plein et
« entier effet, et estre entretenus selon leur forme et
« teneur, comme si lui-même en personne les avoit
« faits....

En même temps que Louis XI signait cette chartre,
il allait au parlement *protester contre cet acte et*

contre tout autre de ce genre. Bientôt il inventait les fillettes, les cages de fer, il mettait en mouvement les massacres illégaux et judiciaires.

Le roi ayant donné l'exemple, la France entière se mit à l'unisson. On n'a qu'à lire Brantôme. Ce n'est rien dire que les hommes de guerre se battaient; ils en vinrent, comme Louis XI, à l'assassinat. Ces assassinats ne laissaient ensuite ni honte, ni scandale. Le baron de Vitaux ayant assassiné, avec des hommes à lui, M. Dugua, qui était au lit et malade, Brantôme se contente de lui dire : « Ah ! mon frère et « grand ami ! vous avez tué un autre mien grand ami ! « Plust à Dieu que vous ne l'eussiez jamais faist, je « vous aymerais davantage. »

M. d'Andelot, un autre grand personnage, fit assassiner M. de Chary qui était mestre-de-camp de la garde du roi à pied. On se faisait garder dans son logis, à Paris, comme on l'eût fait dans son château. Ce M. Dugua entr'autres se faisait garder par dix à douze soldats qui étaient à lui : il en était de même de tout le monde. Dans le seul ouvrage de Brantôme on pourrait compter près de deux cents assassinats. Ces crimes ne laissaient point de scandale. Les princes, les grands, les seigneurs assassinaient ou faisaient assassiner par des coupe-jarrets. Brantôme parle quelquefois du châtiment du ciel, jamais de l'opprobre. Les assassins qui s'échappaient n'étaient pas même déshonorés : quelquefois même ils dédaignaient de s'échapper. François Ier. eut un jour avis d'un certain comte de Saxe qui voulait l'assassiner ; il se contenta de lui en donner beau jeu, et affecta de se trouver avec lui dans une forêt, en tirant son épée nue et la lui montrant bien affilée. Ce comte se soupçonnant découvert, s'éloigna : il aurait pu demeurer.

IV.

Autorité royale.

A tous les détails de la tyrannie de Louis XI on serait tenté de croire qu'il avoit, systématiquement comme Louis XIV, des prétentions au despotisme. Il n'y a jamais pensé. Le lecteur va en voir une preuve bien positive dans le trait suivant de Philippe de Comines, un des personnages les plus considérables de ce temps, et le plus attaché à ce roi.

« Notre roi (c'est Louis XI) est le seigneur du
« monde qui a le moins cause d'user de ce mot de
« dire : *J'ai privilege de lever sur mes subjets ce qui*
« *me plaiet.* Car ne lui ny autre l'a. Et ne luy font
« nul honneur ceux qui ainsi le dient pour le faire
« estimer plus grand, mais le font hair et craindre
« aux voisins qui pour rien ne voudroient être soubs

« sa seigneurie. Mais si notre roy, ou ceux qui le
« veulent louer et agrandir disoient : J'ai les subjets
« si bons et loyaux, qu'ils ne me refusent chose que
« je leur sache demander, et suis plus craint, obéy et
« servi de mes subjets que nul autre prince qui vive
« sur la terre, et qui plus patiemment endurent tous
« maux et toutes rudesses, et à qui moins il souvient
« de leurs dommages passés ; il me semble que cela luy
« serait grand los, et en dis la vérité ; et non pas de
« dire : *Je prens ce que veux ; et en ay privilege.*
« *Il me le faut bien garder.* Le roy Charles Quint
« ne le disait pas. Aussi ne l'ai point ouï dire aux
« rois ; mai je l'ai bien ouï dire à leurs serviteurs, à
« qui il sembloit qu'ils feroient bien la besogne. Mais
« selon mon advis, ils mesprenoient envers leur sei-
« gneur, et ne le disoient que pour faire les bons va-
« lets, et aussi qu'ils ne savoient ce qu'ils disoient. »
(*Mém. de Philip. Com. liv. v, chap.* 18.)

V.

*Autorité royale. Force des anciennes mœurs
de la France.*

Je viens de citer le témoignage de Philippe de

Comines, relativement à un point devenu dans la suite fondamental. En voilà d'autres.

Brantôme raconte d'abord l'histoire de M. de Matignon : lequel étant valet-de-chambre de M. le connétable de Bourbon révéla au roi tous les secrets de son maître. « Du premier abord, dit Brantôme, le roi fit bonne chère à ce serviteur ingrat et l'estima pour ce coup. Depuis lui et toute sa cour l'estimèrent méchant, ingrat et ingratissime, importun et très-odieux. »

Il cite ensuite le discours de M. de Montmorency, lorsqu'il s'arma contre le roi en Languedoc. Ayant proposé, par ce discours, à tous ceux de ses serviteurs et gentilshommes qui voudroient le quitter, de le quitter ; ceux qui prirent ce parti furent généralement honnis. Enfin, il rapporte le trait suivant :

« Lorsque MONSIEUR s'en alla mal content de la
« cour, j'en scai plusieurs qui en firent de même et
« ne le voulurent suivre, ni courir sa fortune, allé-
« guant toujours ce vieil dictum, qu'ils ne vouloient
« aller contre le roi. Quand il alla aussi en Flandre,
« la première fois contre l'opinion du roi, il y en eut
« aussi qui l'abandonnèrent, et qui ne le voulurent
« suivre : disant qu'ils ne vouloient aller contre la
« volonté du roy. Mais je vous jure que le roy, ni la
« reyne, ni toute la cour, ne les en estimèrent nul-
« lement, et n'en firent nul cas, et se mocquoient
« d'eux. Car je scai bien que la royne m'en nomma
« un qui se fit deffendre au roy exprès, dont il en fut

« mocqué et fouetté de belles paroles, à mon advis.
« J'ay veu fort bien tout cela, et en parle comme
« certain. Car j'estais de la partie moy-mesme, pour
« leur donner des fessées, et les appellions : les *cons-*
« *cientieux d'eau douce, et les devots et les reli-*
« *gieux reallistes*, et les bons secoureux de leurs
« maîtres et bienfaiteurs en leurs nécessités. »

Brantôme raconte d'autres traits de ce genre, art.
de M. de Lanoue.

VI.

Domesticité, pages, laquais.

LES mots pages et laquais marchent ensemble dans
nos anciens temps, et sont presque toujours accou-
plés. Boileau lui-même a dit :

> Des ouvrages,
> Faits pour l'amusement des laquais et des pages.
>
> (SAT. IX.)

En effet, ces deux sortes de personnes vivaient toujours ensemble, et étaient associées aux mêmes fonctions. A Vassy, ce furent les pages et les laquais qui
commencèrent à tirer sur les Huguenots.

Après avoir parlé de ce qu'on appelait aventurier,
Brantôme ajoute : « Avant ce nom d'aventuriers, pra-

« tiques, aulcuns appelaient les soldats laquais, même
« dans Monstrelet..... ce que j'ai vu confirmer en
« mes jeunes aus à aucuns vieux routiers : mais ils les
« appelaient les ALLAQUAIS, comme voulant dire
« les gens de pié allans et marchans près leurs capi-
« taines.... dont par ainsi ne se fault hesbahyr, si au-
« jourd'hui nous voyons si braves capitaines et sol-
« dats sortir des laquais. » Sur le trait de Monstrelet,
qui appelle les soldats laquais, un annotateur fait la
remarque suivante. C'étaient proprement les fantassins français qu'on appelait laquais, ou plutôt lac-
quets, à la différence des fantassins allemands qu'on
nommait lansquenets, de l'allemand, landsknecht, dont
laquais n'est aussi qu'une corruption. Il renvoie à l'histoire de Louis XII, publiée en 1617, page 189.

Ailleurs, Brantôme dit : « l'on a vu une infinité
« de bons et braves capitaines qui ont été laquais. J'en
« ai connu force, et même les Basques, que le feu Roi
« Henri II se fesait fort à les pousser, et après lui,
« M. de Montmorency d'à-présent, et connétable de
« France. »

Louis XIV qui fit la guerre à toute l'Europe au
duel, aux jansénistes, aux protestans, ne dédaigna
pas de la faire aux laquais. Sa première ordonnance
contre eux est de l'an 1655. J'ai eu bien de la peine à
la trouver. Elle défend le port d'armes aux pages et aux
laquais dans l'enceinte de la ville de Paris. Cette première ordonnance ne lui suffit pas. Dix ans après, c'est-

« à-dire en 1665, il parut une nouvelle ordonnance
« qui défendit le port d'armes aux pages et aux laquais
« dans les bourgs et dans les villes fermées. » Ces points
de nos mœurs expliquent ceux de notre jurisprudence
par lesquels un marchand dérogeait, un valet-de-
chambre dérogeait : un laquais ne dérogeait pas.

On peut regarder ces deux ordonnances de Louis XIV,
comme le dernier coup de massue porté à la noblesse.
Il ne suffit pas de considérer ces deux ordonnances en
elles-mêmes ; mais surtout dans leur connivence
avec l'esprit des parlemens et des gens de loi. On a
vu de nos jours l'état de laquais complétement déshonoré, et défense aux gens de livrée d'entrer dans les
lieux publics.

VII.

Sur la Féodalité; exemple de la Pologne.

DEPUIS une certaine époque, la France ayant été
entraînée dans les mœurs et dans les lois romaines, ce
n'est pas toujours une chose facile de la distinguer
ensuite, et de la reconnaître dans ce fatras. Mais cette
calamité ayant été particulièrement propre à la France,
les autres nations, surtout vers le nord, ne l'ayant
éprouvée qu'à un moindre degré, pour comprendre

II. 29

l'histoire de France, il est bon de savoir l'histoire et la langue des peuples du Nord. Il y a à cet égard des gradations à observer. Les parties voisines de l'Allemagne ne nous donnent que les mœurs de la France, il y a trois ou quatre siècles. Mais si vous vous avancez davantage vers le Nord, jusqu'en Pologne, par exemple, vous avez presque trait pour trait notre histoire et nos mœurs du temps de Charlemagne. Il n'est personne aujourd'hui qui ne croie devoir appeler féodal, et rapporter au gouvernement féodal, les censives, les justices, la servitude de la glèbe, le colonage, tous ces droits de seigneurie. J'ai repoussé précédemment toutes les faussetés dans le texte. Mais l'opinion publique est tellement établie en ce point, que je désespérais, même avec l'évidence, de faire la moindre impression, lorsque je lus l'ouvrage de M. de Rulhières, sur le gouvernement de la Pologne. Qu'on fasse attention au trait suivant :

« C'est une erreur de confondre cette constitu-
« tion, comme on le fait communément, avec le gou-
« vernement féodal établi dans l'occident de l'Eu-
« rope long-temps après la conquête des provinces
« romaines par les Barbares ; et il importe de réfuter
« cette erreur. Il est vrai que la nation polonaise est
« armée sur ses terres, et fortifiée dans ses châteaux ;
« mais sans aucun droit de suscraineté sur les terres
« voisines, sans aucun assujettissement d'hommages,
« de services ou de redevances envers qui que ce soit,

« sans aucun autre devoir qu'envers la patrie. Un
« gentilhomme polonais, DOMESTIQUE d'un autre
« gentilhomme, se tiendrait offensé qu'on le crût son
« vassal. Il n'est sujet que de la république. Tous sont
« égaux et se nomment frères. Un seul est égal à tous. »

M. de Rulhières entre de là dans des détails sur nos
temps anciens, mais il ne les connaît pas. Il sait mieux
l'histoire de la Pologne que celle de la France.

Il ajoute : « Ce n'est donc point le gouvernement
« féodal qui subsiste en Pologne, mais un gouverne-
« ment plus ancien : celui des Francs, des Celtes, des
« Goths, de presque tous les peuples sortis des forêts du
« Nord et de celles de la Germanie ; celui qui a précé-
« dé la féodalité, d'où elle a pris naissance parmi nous
« et chez presque toutes les nations de l'Europe. »
Voilà le vrai.

VIII.

Comparaison des Romains et des nations de la Germanie.

SALVIEN, prêtre de Marseille au cinquième siècle,
était Romain. « Rougissons, dit-il dans son livre du
« *Gouvernement de Dieu*, et soyons couverts d'une
« salutaire confusion. Partout où les Goths sont les maî-
« tres, on ne voit de désordre que chez les anciens

« habitans. Ceux-ci se sont même corrigés sous la do-
« mination des Vandales. Evénement incroyable! pro-
« dige inouï! La sévérité de la discipline des Barbares
« a rendu chastes les Romains mêmes. Les lieux souil-
« lés par leurs désordres, les Goths les purifient par
« leur chasteté. »

« Esse inter Gothos non licet scortatorem Gothum.
« Soli inter eos præjudicio nationis ac nominis per-
« mittuntur impuri esse Romani.... Impudicitiam nos
« diligimus, Gothi execrantur. Puritatem nos fugi-
« mus : illi amant. Fornicatio apud illos crimen at-
« que discrimen est, apud nos decus.... Omne im-
« puritatis scelus, omnis impudicitiæ turpitudo à Ro-
« manis admittitur, à Barbaris vindicatur. »

Je trouve dans la belle *Histoire des Républiques
italiennes*, par M. Sismondi, le trait suivant. C'est
Luitprand, évêque de Crémone, et Lombard d'origine, qui s'adresse à Nicéphore Phocas, qui lui avait
reproché qu'Othon son maître n'était pas Romain,
mais Allemand. « Nous autres Lombards, dit-il, de
« même que les Saxons, les Francs, les Lorrains,
« les Bavarois, les Suabes et les Bourguignons, nous
« méprisons si fort le nom Romain, que dans notre
« colère nous ne savons pas offenser nos ennemis par
« une plus forte injure, qu'en les appelant des Ro-
« mains. Par ce nom seul, nous comprenons tout ce
« qu'il y a d'ignoble, de timide, d'avare, de luxu-
« rieux, de mensonger; tous les vices enfin. »

Je prie le lecteur de se souvenir de la citation
de cet article des lois ripuaires, par lequel on élevait son esclave à la dignité de citoyen romain.
Il a vu ce que c'était que cette dignité. Elle était
presque de niveau avec les classes serviles. L'enthousiasme qui s'éleva pour les mœurs et pour les lois romaines, au seizième siècle, est d'autant plus étonnant,
que, dès le temps même de Juvénal, ces mœurs et
ces lois étaient déjà méprisées. Ce poète compare un
grand seigneur de Rome à la statue d'Hermès. Je
n'y vois de différence, dit-il, qu'en ce que sa tête
est de marbre, et la vôtre est vivante.

Marmoreum caput ; et tua vivit imago.

Quand les nations du nord vinrent à Rome et qu'ils
y trouvèrent, au lieu de peuple, un amas de statues
vivantes et de statues mortes, il ne faut plus s'étonner s'ils jetèrent tout cela pêle-mêle dans le Tibre.
Qu'on admire aujourd'hui tant qu'on voudra ces
statues.

IX.

Du Règne de Louis XIV.

Sur la prétendue grandeur de ce prince, je prie
le lecteur de lire avec attention les *Mémoires du duc*

de Saint-Simon. Peut-être y trouvera-t-il trop de disposition à la critique. Il peut consulter de même tous les mémoires du temps ; mais entre autres deux lettres, l'une de Fénélon à madame de Mainte-non, l'autre de madame de Maintenon sur la nullité réelle de ce prince, et sur le besoin qu'il avait d'être gouverné : besoin qu'il reconnaissait lui-même. Elles sont dans la *Vie de Fénélon*, par M. de Bausset, tome premier.

Relativement à l'état de la France à cette époque, qu'on veuille bien faire attention au passage suivant, extrait d'un mémoire de Fénélon.

« Comme chacun de nos ministres traite en parti-culier avec le roi, ce qui regarde sa charge, je crains que chacun d'eux ne soit guère en état de rassem-bler, par une vue générale qui soit juste, toutes ces diverses parties de gouvernement pour les comparer, pour juger de leur proportion et pour les ajuster en-semble. — Pour moi, si je prenais la liberté de juger de l'état de la France, par les morceaux du gouver-nement que j'entrevois sur cette frontière, je conclue-rais qu'on ne vit plus que par miracle ; que c'est une vieille machine délabrée qui va encore de l'ancien branle qu'on lui a donné, et qui achèvera de se briser au premier choc. Je serais tenté de croire que notre plus grand mal est que personne ne voit le fond de notre mal ; que c'est même une espèce de résolution prise de ne vouloir pas le voir, qu'on n'o-

serait envisager le bout de ses forces auquel on touche;
que tout se réduit à fermer les yeux, et à ouvrir la
main pour prendre toujours; sans savoir si on trouvera de quoi prendre; qu'il n'y a que le miracle d'aujourd'hui qui répond de celui qui sera nécessaire
demain, et qu'on ne voudra voir le détail et le total
de nos maux, pour prendre un parti proportionné,
que quand il sera trop tard........ »

Effrayé d'une telle situation, Fénélon pense que des
maux extrêmes exigent des remèdes extrêmes; qu'on
doit renoncer avec courage aux formes accoutumées
d'un gouvernement qui ne peut plus se soutenir, ni
se défendre. En un mot, il pense et il prononce que
le moment est venu d'associer la nation elle-même
à l'administration de l'État...... *Vie de Fénélon*,
tome III, chap. VII.

www.ingramcontent.com/pod-product-compliance
Lightning Source LLC
Chambersburg PA
CBHW070837300326

41935CB00038B/729